赵丕承　著

第二册

陕西新华出版　三秦出版社

目　录

后燕（鲜卑）

民　　族：鲜卑族

建 国 者：慕容垂。为五胡十六国第八个建国者

时　　间：公元 384—407 年，计二十四年

疆　　域：东迄辽海

西到黄河、汾河

南至琅邪（山东省南境）

北暨燕、代（内蒙古自治区）（依《读史方舆纪要》）

首　　都：中山（今河北省定州市）

历代帝王：燕成武帝慕容垂：公元 384—396 年

燕惠愍帝慕容宝：公元 396—398 年

燕昭武帝慕容盛：公元 398—401 年

燕昭文帝慕容熙：公元 401—407 年

后燕的开国皇帝慕容垂，是前燕慕容皝的小儿子，又是前燕亡国皇帝慕容暐的亲叔叔。

前燕慕容暐建熙十年、东晋太和四年（369），慕容垂是前燕的吴王。是年，东晋大司马桓温北伐前燕，进兵河南省浚县的枋头，与前燕的首都只有一河之隔。前燕举国震惊，计划迁都龙城。慕容垂自告奋勇，督军应战，一举击败了东晋的桓温，慕容垂因而名声大噪。当时的太傅慕容评妒

忌慕容垂，于是与太后可足浑氏设计暗杀慕容垂。这个阴谋被慕容垂提前得知，他连夜投奔前秦苻坚。

苻坚早有兼并前燕的野心，只是害怕前燕的名将慕容垂，现在慕容垂前来投效，自然喜出望外，于是封慕容垂为冠军将军。第二年，苻坚就灭了前燕，俘虏了前燕的末代皇帝慕容暐及其皇族。

慕容垂在前秦五年间，每次用兵必有他的参与，也必建立战功。苻坚委任慕容垂为京兆尹，晋封泉州侯。

东晋孝武帝太元八年、苻秦建元十九年(383)，苻坚挟统一了华北、大西北诸胡六十二王之余威，计划东下犯晋。在御前会议中，群臣及太子等都反对进攻东晋，只有慕容垂极力赞成。而苻坚也就因慕容垂的赞成而决计东征东晋，命慕容垂率步骑二十五万为前锋。

在当年的淝水之战中，总指挥官苻融战死，前秦军大败，而“诸军悉溃，惟慕容垂一军独全”(《晋书》)。前秦几乎全军覆没，只有冠军将军慕容垂所属三万部队因在第二线得以保全。

苻坚率残兵败将千余骑投奔留守河南项城的慕容垂。当时慕容垂为了表示忠诚，以消除其“一军独全”的嫌疑，除把所属部队交付苻坚外，还把苻坚护送到河南洛阳。

当苻坚逃到河南项城慕容垂的军营时，那副狼狈不堪的惨相，失尽了往日神采。那时慕容垂的儿子、部属等很多人建议慕容垂杀了苻坚，恢复燕祚以雪亡国之恨。

慕容垂寻思再三，答复以下三个理由：

一、以前因在燕国为太傅不能容，才冒死投秦。到了秦国又为王猛设计构陷，几乎丧生，都是秦王明察，待以国士之礼。这份恩情不能不报。

二、乘人之危，取之不义。

三、假如天意亡秦，以后还有机会。

其实，慕容垂真正的顾虑是他自己的周围环境，当时他确实没有发动政变的实力。五年前慕容垂仅带着近侍、小儿数人逃奔苻秦，苻坚授他以冠军将军，所属部队的军官都是苻坚嫡系的氐族，慕容垂指挥他们为苻秦而战，自然没有问题，每战必胜。可是如果动员他们去反秦，恐怕首先遭殃的是慕容垂自己。慕容垂的兵学素养很高，这一点他心知肚明。当苻坚从淝水投奔到他军营时，他毅然把所属部队交付苻坚，在那个时候、在那个地方，这是取信于苻坚的高招。他护送苻坚到洛阳以后，才设法摆脱，是因为已经接近故地，如鱼得水，也是一招必胜之棋。慕容垂老谋深算。

到河南渑池，慕容垂向苻坚请求代表前秦政权到河北各郡去宣慰诸胡，并回家拜扫祖庙。苻坚特许，还派李峦、闵亮、尹国等率军三千护送慕容垂。后来苻坚听说慕容垂有叛心，怕他攻取邺城，于是又加派骁骑将军石越率众三千助苻丕戍守邺城。骠骑将军张蚝率羽林军五千戍守并州，留羽林军四千配给镇军将军毛当戍守洛阳，这都是防备慕容垂的措施。

慕容垂到达河南安阳，此地距离河北的邺城不到一百里，这一地带聚居很多前燕遗民，苻丕听到慕容垂北来的消息，唯恐他会引发动乱。一面待以上宾之礼，安排在邺西住下，一面暗中派军严密监视。

当时慕容垂的谋臣曾劝他相机突袭苻丕，起兵叛秦，接管邺城，慕容垂基于实际情势而没有采取行动。苻丕也曾打算谋杀慕容垂，事为其谋臣劝阻。

慕容垂在邺城私下集结一些前燕的故旧遗老秘商复国之计，正巧，当时游牧在河南新安的丁零部落酋长翟斌聚众起义反抗前秦，计划进攻洛阳，苻坚令慕容垂率军讨伐。

秦骁骑将军石越警告苻丕说万万不可授予慕容垂兵权，以免为虎添翼。

可是苻丕对于慕容垂留在身边，总觉得枕席难安，惟恐变生肘腋。借此机会调他远离，一则可以解除近忧，二则可使慕容垂与丁零的翟斌二虎相斗。于是配给慕容垂报废的盔甲武器与老弱残兵两千人，另派广武将军苻飞龙率嫡系氐人骑兵一千，作为慕容垂的副手，苻丕秘密吩咐苻飞龙“相机杀了慕容垂”。

慕容垂明白苻丕的阴谋诡计，但却欣然受命，还把儿子慕容农、侄儿慕容楷留在邺城作为人质。

苻丕赏给他大批金帛，慕容垂都没有接受，只要求凯旋后发还旧有田园，战后还乡养老而已，苻丕也都应允。最后慕容垂要求准他进城拜祭祖庙，苻丕借口应尽快发兵而不许。慕容垂乘夜色着便装入城，被守卫阻止，慕容垂盛怒之下杀了守卫，放火烧了守卫站房然后出发南下。

慕容垂率军行至河南汤阴西北的汤池时，发现苻飞龙的阴谋，于是开始招兵买马。到河南沁阳时，十几天中已经招募八千多人。被困在洛阳的秦平原公苻晖，再三派遣使节要求苻飞龙迅速前进。苻飞龙也再三催促慕容垂，而慕容垂先以兵力太少为理由，然后下令编组部队，氐人士卒每五人为一战斗单位，派世子慕容宝率先头部队，幼子慕容隆统御主力部队。于是年(383)十二月二十七日月黑风高之夜对苻飞龙所部发动奇袭。

当前后夹击的部队进入苻飞龙的大营，顿时战鼓擂动，号角齐鸣，喊杀之声震天动地。苻飞龙在睡梦中及其千余氐族部队全被杀死，但慕容垂对文职人员及随军眷属一律释放。慕容垂上书苻坚，详陈其此行为的前因后果，苻坚自知理屈也无话可说。

是年(383)十二月二十八日，慕容垂南渡黄河，已拥有部众三万人。把辽东(辽宁省)鲜卑人可足浑谭所部驻防河内郡(河南省沁阳市)东北的沙城。慕容垂派田山返回邺城，秘密通知儿子慕容农等聚众起兵，互相呼应，这时已是黄昏，慕容农跟慕容楷在邺城命慕容绍先行出城，前往蒲池(邺城郊外)盗取苻丕军区战马数百匹，埋伏等待。

十二月二十九日除夕，慕容农、慕容楷率数十名骑兵改穿平民服装逃出邺城跟慕容绍会合，一同投奔河北肥乡的列人县。

同时以恢复燕祚为由号召当地胡汉壮勇三万多人，渡过黄河，拆了浮桥。这时候盘踞在河南新安的丁零族酋长翟斌听说慕容垂渡河南下，于是召集地方族众和新来归附的前燕遗臣慕容凤、王腾、段延等宣布效忠慕容垂。

前秦平原公苻晖派镇军将军毛当攻击翟斌，被慕容凤等杀得片甲不留，毛当战死。慕容垂的儿子慕容农和堂兄慕容楷、慕容绍，听说慕容垂的消息之后，急忙赶往河北肥乡的列人县，联络另一乌桓族人张骏、刘大等，还说服匈奴族的贵族屠各毕聪、屠各卜胜、张延、李白、郭超以及敕勒族人各率其武装族众几千人归附，慕容农又就地募集东夷杂胡、流民、群盗共有一万多人声援慕容垂。

苻丕派骁骑将军石越北上讨伐，石越大军挺进到慕容农的营地附近，并没有立即进攻，却先构筑营栅，保护阵地。慕容农对他的部将们说："石越兵团铠甲穿在身上，我们的铠甲穿在心上。石越既然筑栅防守，我们就应立即迎头痛击！"于当夜派营门官刘木率壮士四百人突入石越大营，斩了石越，所部羌兵为慕容农收编。石越和毛当是前秦当时的名将，二人先后战死，使前秦军心士气大伤。

慕容楷和慕容绍逃到河北冀县的辟阳，山西上党的鲜卑族、山东阳谷的诸胡族各率族众一万多人来归。

慕容农就近向东发展，攻陷山东的馆陶（今属河北省邯郸市），缴获大批军用物资，再攻陷康台（河北省曲周县）牧场，获战马几千匹。一面组成步骑正规作战部队，一面派人向慕容垂报告联络，慕容垂喜出望外。

慕容农对内整训部队，对外又联合盘踞在山东东阿的乞特归部落和盘踞在上党的库傉官伟的部众，并派大员到蓟县（今北京）找到前燕时代的先烈将军平叡与平幼兄弟俩，在蓟县纠众起义。库傉官伟率领部众武装起兵响应，加上慕容农治军有方，军纪严明，号令统一，使慕容垂在河北很快拥有武装部队十多万人，势力不断壮大，最重要的光复燕国的心理战很快地扩散到前燕的故土上。

慕容垂渡过黄河后，曾以臣下之礼求见前秦的洛阳都督苻晖，本来是打算赚开城门，兵不血刃而据有洛阳的，可是苻晖也非等闲之辈，乃闭城据守。

慕容垂检讨目前形势，认为洛阳北有黄河的阻隔，东、西、南三面受敌，要想恢复前燕的故土，还是得先取得邺城。于是命令建威将军王腾为东进先锋，到石门搭建浮桥准备进攻邺城。石门是慕容垂七年前自邺南下打败东晋桓温的老战场，他很熟悉这里的地理环境。

慕容垂自引丁零、乌丸族众以翟斌所部近二十万，兵至荥阳（河南省荥阳市西南）就徇众将士之请，宣布自己是大将军、大都督、燕王，建年号为“燕元”。时为东晋太元九年，公元384年。

这时候关中地带的慕容泓起兵华阴，慕容冲进逼长安。原留在长安的鲜卑族人前燕胄裔慕容暐、慕容肃等两千余人在长安城内因计划内应慕容冲而遭苻坚集体屠杀，长安城内自此大乱。而潼关以东，由于前秦连续败绩，一时人心浮动，盗贼蜂起，前秦各郡相继归降慕容垂。

慕容垂攻下邺城外城，苻丕固守内城。慕容垂一面动员部队老弱战士分别在肥乡（河北省邯郸市以东）、魏郡（河北省临漳县西）筑新兴城囤积辎重，一面引漳水灌邺城内城。

慕容垂移师新兴城，意思是让开一条路使苻丕退去，而苻丕不唯不退，反而向东晋求援，愿以邺城作为交换晋兵来救的条件。慕容垂乃又回师攻邺，留西门让苻丕出走。

可足浑谭攻占野王（河南省沁阳市）之后，率两万多步骑兵来与慕容垂会师。

这时候前燕故土上的六州（河北的幽州、冀州，河南的司州、豫州，山西的并州，山东的兖州)各郡县，很多都已阵前起义归降慕容垂。慕容楷选拔青壮年十多万人入伍，一起开赴前线增援攻邺之战。

公元384年春三月，前燕故皇帝慕容儁的儿子慕容泓，在前燕亡国时随同末代皇帝慕容暐投降前秦，现任前秦北地长史。听说叔父慕容垂已在故国建立反秦根据地，复国运动正在如火如荼地发展中，他就纠集数千鲜卑人占据华阴(陕西省华阴市)，击败前秦守军强永，自称大将军、都督陕西诸军事、济北王。

苻坚下令调回雍州牧苻叡为都督中外诸军事、卫大将军，命龙骧将军姚苌为司马，左将军窦冲为长史，配合五万武装部队讨伐慕容泓。

前燕末代皇帝慕容暐的幼弟慕容冲，时为前秦平阳太守。十多年来一直忍辱负重。现在机会来了，他就举兵反秦。先占晋南永济，再进攻长安占据阿房宫城。

紧接着慕容泓战胜，又斩了前秦苻叡，龙骧将军姚苌在渭北牧马场起兵反秦。苻坚逃出长安，被姚苌勒死。

东晋太元十一年、前秦太安二年(386)正月，慕容垂占据中山(河北省定州市)，听说慕容暐在长安遇害，遂在中山称帝，是为“燕武成帝”。史称其国为“后燕”。

这时候慕容垂已经恢复前燕故土，西北是前秦、后秦，在不断争的争城之战中，南方的东晋已经是内忧外患，无力自保了。除了西北新兴的拓跋魏是他的劲敌外，在整个北中国大地上到处都有后燕与杂胡、流寇、流民以及割据地方各式各样的军阀、部落的战争。慕容宙、慕容农、慕容温、慕容绍、慕容楷、慕容麟等人，都是慕容垂麾下纵横华北大平原的著名战将。

丁零之叛

慕容垂围邺城久攻不下，计划决漳河之水灌城。一晚慕容垂亲自视察阵地，忽然遭无名敌军突袭，顿时喊杀震天、箭如雨下，把慕容垂包围起来，经冠军大将军慕容隆率精骑冲杀，慕容垂才得冲出重围。

原来是年前归降后燕，由慕容垂封为河南王、建国大将军的丁零部落酋长翟斌，眼看邺城久攻不下，而他又是唯利是图之辈，对后燕的复国运动已经失去信心。他开始要挟慕容垂，他要他的亲信高级官员出面向慕容垂建议委任他为尚书令，这是一个国家行政权力的总枢纽，所以慕容垂没有答应。翟斌又暗中和城内的苻丕联络，约定由其部下突袭慕容垂，并掘开漳水河堤，解除邺城被淹的危险。事情败露，慕容垂遂把翟斌和其同谋的弟弟翟檀、翟敏等一起收斩，卿余参与者赦免。

翟斌的侄儿翟真率部逃往邯郸，稍事整备后又回师邺城西郊，打算接应苻丕，又被慕容宝和慕容隆联手击败，翟真退守邯郸。后燕军攻邯郸，翟真再向北逃窜，燕军也紧追不舍。河北西部近太行山地区是丁零聚落最多的地带，385 年春，燕军又把丁零翟真赶出他所盘踞的河北定州南方的承营。

这个地区是后燕的粮仓，所以燕军一定得把反对势力清除掉。由于这地区中丁零族部落很多，又加上物产丰饶，所以翟真也下决心坚守。这时苻丕所派冗从仆射光祚也赶到与翟真会商援救邺城之道，翟真联合与他最接近的代郡（河北省蔚县）的前秦振威将军匈奴族刘库仁，要求发兵救邺。刘库仁派公孙希率兵来会翟真，正好又遇到王永派来的援军宋敞。前秦阳平郡守邵兴也率骑兵数千人，又分头邀集散在各郡的旧部，约定在中山（河北省定州市）集合，于是前秦军又振作起来。

慕容垂得到情报，立刻派冠军将军慕容隆、龙骧将军张崇率军截击邵兴。命骠骑大将军慕容农率轻骑兵自清河(河北省清河县)西进定州，驱散邵兴召集的部众。邵兴被慕容隆击败，逃到广阿(河北省隆尧县)又被慕容农擒获。

光祚得到这些战败消息，仅率数人沿太行山逃回邺城。刘库仁下令集合所有武装部队，南下援救苻丕。因为他所征集的地方团队都不愿意和后燕作战，于是有鲜卑族慕舆文、慕舆常等乘势发动叛变，杀了刘库仁，乘夜投奔后燕，公孙希所部也一哄而散。

后燕骠骑大将军慕容农自定州北上，在鲁口(河北省饶阳县)攻击丁零族翟辽部落。翟辽西奔无极(河北省无极县)打算南下救邺，慕容农径行进占藁城(河北省藁城区)堵着他的去路。翟辽只好北逃投奔据守承营(河北省定州市南)的翟真。

公元385年春，慕容农会合慕容麟部进攻翟真大营，先命骁骑将军慕容国率一百装甲骑兵直冲翟真率营。翟真猝不及防，仓皇退保承营城。部众争相逃命，自相践踏，伤亡甚众。后燕遂占据了承营外城，锁定翟真主力部队。慕容农一面安抚原住民，招徕难民就地归农；一面征集粮秣军糈，护送南下供应慕容垂。

翟真被困孤城，内无粮草，外无救兵，不得已突围西窜行唐，自称“赵王”，不久他的司马鲜于乞刺杀了翟真以及翟姓将领。丁零部众又杀了鲜于乞，拥立翟真的堂弟翟成为首领。是年(385)秋，翟成的长史鲜于得又杀了翟成，率全体部众向后燕慕容垂投降。慕容垂下令屠城，把行唐的居民与丁零部众三千多男女全部活埋。

翟真的堂弟翟辽逃奔东晋黎阳(河南省浚县)太守滕恬之。东晋泰山(山东省泰安市)太守张愿又献出守城，向翟辽投降，不久翟辽又逐滕恬之而据有黎阳，以后扩张势力到山东泰山。翌年(386)还曾觊觎晋属谯城(安徽省亳州市)，陈留(河南省陈留镇)、颍水(河南省禹州市)。被驻江苏淮阴的晋太守朱序击败。翌年(387)夏翟辽又回归后燕，慕容垂封他为河南公、徐州牧。公元388年又叛后燕自称“魏天王”，改元“建光”，都滑台，设文武百官，俨然一个小朝廷。

魏天王丁零翟辽派属员故堤向后燕冀州刺史慕容温诈降，十月四日故堤刺死慕容温和长史司马驱，率守卫部队二百户人家投奔西燕。后燕慕容农在襄国(河北省邢台市)发兵拦截，把参与暗杀的人马全部俘虏，只有故堤逃脱。

苻丕放弃邺城

苻丕在邺城，粮食吃完了，士兵杀副马来吃，副马吃完了，吃战马；居民吃树叶、树皮，甚至吃死人肉。苻丕遂决定放弃邺城，率所有部众男女六万多人冲出西门，投奔驻镇潞城(山西省黎城县南)的骠骑将军张蚝。前秦驻守壶关的幽州刺史王永与并州刺史王腾，护送苻丕到晋阳(山西省太原市)。得到来自长安的消息，知道苻坚遇害，苻丕就在太原宣布登基，追尊苻坚为“宣昭皇帝”，改年号为“太安”，是为秦哀平帝。时在公元385年冬。

慕容垂进占邺城，一面部署各郡县的行政机关，全面安抚居民。一面派骠骑大将军慕容农率军北上直趋龙城(辽宁省朝阳市)，集合各路人马讨伐叛将余岩。派抚军大将军慕容麟、冠军大将军慕容隆进占勃海(河北省南皮县北一带)和清河(河北省清河县)二郡。

慕容农率步骑三万自龙城南下进攻占据令支(河北省迁安市一带)的余岩。后燕军攻势凌厉，余岩部众纷纷投降，余岩也只好出城投降。慕容农斩了余岩，收编其部众，回头进攻高句丽，收复辽东(辽宁省辽阳市)、玄菟(沈阳市)。

东晋山东泰山(山东省泰安市)郡守任泰，诱使后燕所属清河郡绎幕(山东省平原县西北)的豪族蔡匡占领县城，宣布起义，脱离后燕。

后燕抚军大将军慕容麟、冠军大将军慕容隆联合进攻蔡匡。晋泰山郡守任泰也派军接应蔡匡，慕容麟采取“围点打援”战术，一面把蔡匡军紧紧包围在城内，一面派骑兵两面夹击任泰派来的援军。结果晋军战死一千多人，大败退去。蔡匡也只好开城迎降，慕容麟斩了蔡匡，下令屠城。

在河北，前秦苻丕还有两个小据点，一个是前秦平州刺史王兖驻守的博陵(河北省安平县)，另一个是冀州(河北省中部)牧苻定据守的信都(河北省冀州区)。当年(385)冬后燕慕容麟攻下博陵，斩王兖、苻鉴。慕容精同时攻下信都，苻定西奔。

慕容垂进驻中山，见大势已定，乃于公元386年冬，宣布中山(河北省定州市)为其国都。当年就在中山自称皇帝，改年号为“建兴”，设置文武百官，史称“后燕”。

齐涉之变

河北安次的地方领袖齐涉，集结八千多家居民，据新栅(河北省清河县西)向后燕输诚；后燕皇帝慕容垂任命齐涉为魏郡(河北省临漳县)郡守。不久，齐涉叛变，跟东晋叛将、泰山(山东省泰安市)郡守张愿秘密联合，由张愿率一万多部曲进驻山东长清东北祝阿的盆口，再结合丁零部酋长翟辽，共同声援齐涉。

是年(386)春二月，慕容垂研判敌情，认为齐涉如果没有张愿的支持，他自己不可能独立生存，所以决心先对张愿发动总攻击。

慕容垂命范阳王慕容德、陈留王慕容绍、龙骧将军张崇等率步骑二万与慕容隆会师攻击张愿。

后燕大军开到距离张愿的根据地盆口只有二十多里的斗城，不见张愿的动静。后燕军乃解鞍下马，稍事休息。这时张愿突然全军倾巢而出，向后燕军猛攻。以致后燕军惊慌失措，慕容德仓皇逃离阵地，而慕容隆却镇定如故，只是下令各在本位加强备战。张愿的儿子张龟奋勇冲来，慕容隆从容令左右近侍迎头痛击，斩了张龟，张愿才下令撤退。

慕容德重整旧部，回军与慕容隆会师，开始反攻盆口。双方在盆口会战，张愿军大败，所部被杀七千八百人。张愿落荒而逃，到了山东肥城东的三布口，又向东晋投降。山东历城、山东半岛的青州、山东西南部的兖州、江苏北部的徐州等重要城市都为后燕所有，各地方的民团自卫堡寨相继向后燕输诚。

慕容垂命陈留王慕容绍为青州刺史，驻镇山东历城。齐涉宣布叛离后燕，又招徕张愿合伙作乱，在盆口一战，张愿大败，而齐涉还在固守河北清河西的新栅。当地居民都怕后燕军来伐齐涉，兵连祸结，人人丧胆。新栅地方领袖冬鸾乃发动兵变，活捉齐涉送给后燕军发落，慕容垂下令把齐涉父子俩斩首，余众赦免。

三年前，苻秦的北地刺史慕容泓叛秦称帝，史称“西燕”。鲜卑族集体东下，打算重返前燕故国时，慕容垂的家属都还在长安，后来也随慕容泓军东来。军行至山西长子时，听说慕容垂已经占前燕故国全部疆域，自知东返故国已不可能，遂在长子自行宣布称帝，以长子为国都，并扣留了慕容垂的眷属。慕容垂的儿子慕容柔、孙子(慕容宝的儿子)慕容盛、慕容会等自长子逃出，辗转半年多才逃到后燕国都——中山(河北省定州市)。

慕容垂在山东战地得到这个消息后，乃自山东茌平的碻磝返抵京师(中山——河北省定州市)。见到儿孙平安归来，自是一番欣喜，听到西燕的军情后，乃决心大军西进，消灭西燕。

清河、代郡有变

公元388年八月，后燕的宦官吴深占据河北清河，杀了后燕清河郡守丁国而后起义。章武(河北省大城县)义民首领王祖击斩郡守白钦，占据章武城。勃海(河北省南皮县)义民首领张申占据高城(河北省盐山县)，宣布脱离后燕统治。慕容垂亲率大军讨伐。吴深只身逃奔绎幕(山东省平原县西北)。慕容垂追到山东聊城的逢关陂(聊城市境)。翌年(389)清河人孔金斩吴深，把人头呈献到后燕的首都——中山。

章武义民首领王祖攻击后燕属的乐陵(山东省乐陵市)，勃海义民首领张申攻击广平(河北省鸡泽县)。后燕高阳王慕容隆、太原王慕容楷、赵王慕容麟在河北沧县西的合口会师。先进攻势力比较弱的张申。王祖发兵来救张申，被慕容隆与平幼打败，斩获很多。张申见唯一的靠山王祖败走，只好打开城门投降。他们所集结的义民都是当地被饥饿所逼迫的人，一旦与正规军交战，绝大部分是一哄而散。王祖也跟着投降了，时在公元388年冬，河北与山东全部被后燕平定。

河北怀来(上谷郡)的民间领袖王敏，率众发动民变，杀了后燕的上谷郡守封戢，又联合近邻代郡(河北省蔚县)的农民领袖许谦(此许谦不是北魏拓跋珪右司马的许谦)，联军驱逐后燕的郡守贾闰，各献所据城池，向当时盘踞在山西朔县马邑城的匈奴部落酋长刘显投降。

翌年(389)春，后燕派赵王慕容麟率军讨伐，大破许谦部。许谦只身逃奔到山西长子的西燕。后燕慕容垂下令撤销代郡之名，把当地居民全部迁移到鲜卑族的老窝——龙城(辽宁省朝阳市)。

消灭丁零部落

公元391年，翟辽死在滑台。他的儿子翟钊继立，改年号为“定鼎”，仍与后燕为敌。公元392年(后燕建兴七年)春，由于丁零族不断向北扩展，慕容垂决心彻底消灭丁零族的翟钊部落。慕容垂出发东巡战略要地河间郡(河北省献县)、勃海郡(河北省南皮县)。这时候翟钊派部将翟都进攻后燕馆陶(河北省馆陶县)，慕容垂就近率大军南下进攻翟钊北犯的根据地平原(山东省平原县)。

翟钊撤退到翟都新占领区(河北省馆陶县)。慕容垂紧追到馆陶。翟都、翟钊退守他的首都——滑台(河南省滑县)。翟钊向西燕慕容永求救。慕容永畏惧后燕势力强大不敢答允出兵。

是年(392)夏，慕容垂大军到达黎阳(河南省浚县)，与滑县隔着黄河(古道)对峙，翟钊在黄河南岸严密布防。慕容垂在黎阳以西四十里路的西津渡口制造大批牛皮筏，黎阳大军也在向西移动，准备在西津渡河。翟钊得到情报，立即把主力移向西津渡口准备堵击后燕大军。慕容垂见“调虎离山”之计已成，就下令中垒将军慕容镇乘夜色之掩护在滑县正面强行渡过黄河，立即构筑营垒，一夜筑成滩头阵地。翟钊再自西津渡口回师猛烈反击时，慕容镇只是坚守营垒，兵不出击。西津方面后燕的总指挥是骠骑大将军慕容农，他乘翟钊主力还师东去之隙，真的在西津渡过黄河向东挺进，配合慕容镇军前后夹击翟钊。大战一昼夜，翟钊军完全崩溃。翟钊集合残余，携妻子儿女逃进黄河北岸河南修武境的白鹿山中，利用高山险地，严密防守。后燕军一时也没有进攻，只是封锁翟钊的对外交通，断绝其粮源，翟钊终于被迫下山，后燕军围捕翟钊所部，只有翟钊单身匹马逃奔山西长子的西燕慕容永去了。一年后翟钊匪性未改，因为又幻想借尸还魂——造反而被西燕斩首。这个有制造战争、制造战乱传统的丁零部落，就在战乱中被消灭了。

翟家彻底失败之后，他手下原有前秦归顺东晋而又投靠翟辽的高级知识分子们，如清河人崔宏、新兴(山西省忻州市)人张卓、辽东(辽宁省辽阳市)人夔腾、阳平(河北省大名县)人路纂等，都来归顺后燕，慕容垂依其所长，分别录用。

原在翟钊割据之下的七个郡三万多户人家安居如常。慕容垂任命章武王慕容宙为兖州、豫州刺史，崔荫为司马，驻镇河南滑县(滑台)。彭城王慕容脱为徐州刺史，镇守黎阳，把徐州七千多户居民移居黎阳。慕容垂要求他们尽量减少刑罚，减轻赋税，招徕逃离家乡的难民回乡。

公元390年秋九月，北平郡(河北省遵化市)的民间领袖吴柱，集结义民一千多人，拥护和尚法长为皇帝。曾攻陷北平郡，再攻辽宁凌源南白狼山下的白狼城。后燕幽州刺史高阳王慕容隆命安昌侯慕容进率一百余骑兵进攻白狼城，吴柱部众溃散，慕容进斩吴柱。

西伐慕容永

慕容垂决定伐西燕。公元393年，后燕建兴八年、西燕中兴八年冬，慕容垂于十一月出动步、骑兵混合兵团七万人，派镇西将军慕容瓒和龙骧将军张崇，从井陉(太行山八陉之五)出发攻击西燕慕容友据守的晋阳(山西省太原市)。征东将军平规自邺城出兵攻击西燕镇东将军段平驻守的沙亭(河北省武安市西南，在太行山东麓)。西燕慕容永的情报是慕容垂把前进基地设在邺城。权衡地理情势，他认为慕容垂一定会从太行山最南端的轵关陉(太行第一陉)或太行陉(太行第二陉)入侵。因为这两个峡谷口都距离邺城比较近，而且峡谷路宽，比较容易运输。所以他把西燕的防御主力全部集中在太行陉和轵关陉两个峡谷口。也就是《十六国春秋》所说：“慕容永屯轵关，杜太行口以拒慕容垂。”

翌年(394)春，慕容垂在北战场攻下晋阳(山西省太原市)，东战场上攻下黎城(山西省黎城县)、潞川(山西省潞城区)、台壁(在山西省黎城县西南，西燕的军糈基地)，再下西燕首都长子，慕容永逃出北门被擒。慕容垂把西燕遗老大臣数十人，连同慕容永一起斩首。西燕所属八个郡、七万多户人家，全为后燕所有，西燕遂亡。

慕容垂任命慕容瓒为并州(山西省北半部)刺史，驻镇晋阳(山西省太原市)。慕容凤为雍州(山西省南半部)刺史，镇守长子(山西省长子县)。至于西燕的高级官员们，除被处决者外，都依其才能分别派任官职。

公元394年秋，慕容垂自长子回师邺城，部署新的拓展计划。慕容垂灭了西燕统一了黄河以东地区，他的扩张野心开始向东发展。他亲临阳平郡(河北省大名县)、平原郡(山东省平原县)，命慕容农会同安南将军尹国，向青州(山东半岛)、兖州(山东省西部)，夺取晋属土地，慕容农攻陷廪丘(山东省郓城县)，晋守将韦简战死。高平(山东省巨野县)、泰山(山东省泰安市)、琅邪(山东省诸城市)等地郡守都望风而逃。

是年冬，慕容农攻陷临淄(山东省淄博市临淄区)，击败东晋守将辟闾浑，班师回京(中山——河北省定州市)。慕容垂也自平原郡经过广川(河北省枣强县)、勃海(河北省南皮县)、长乐(河北省冀州区)，而回京师(中山)。

后燕建兴六年(391)，当慕容垂收复了前燕故土，正在绥靖社会秩序时，在后燕与北魏边境的匈奴族裔贺讷与贺染干兄弟俩互相攻击。北魏打算出兵平乱，先行照会后燕，请求出兵响应。当时慕容垂的势力比北魏拓跋珪强，当然不愿魏军染指贺兰部落的事。于是径行派赵王慕容麟率军攻击贺讷，同时又派镇北将军兰汗自龙城出兵，在牛都(山西省大同市西北)深入魏境击破贺染干。慕容垂下令把贺染干部迁到中山(河北省定州市)。慕容麟生擒贺讷，又送回他部落为酋长。

后燕全盛时期疆域图

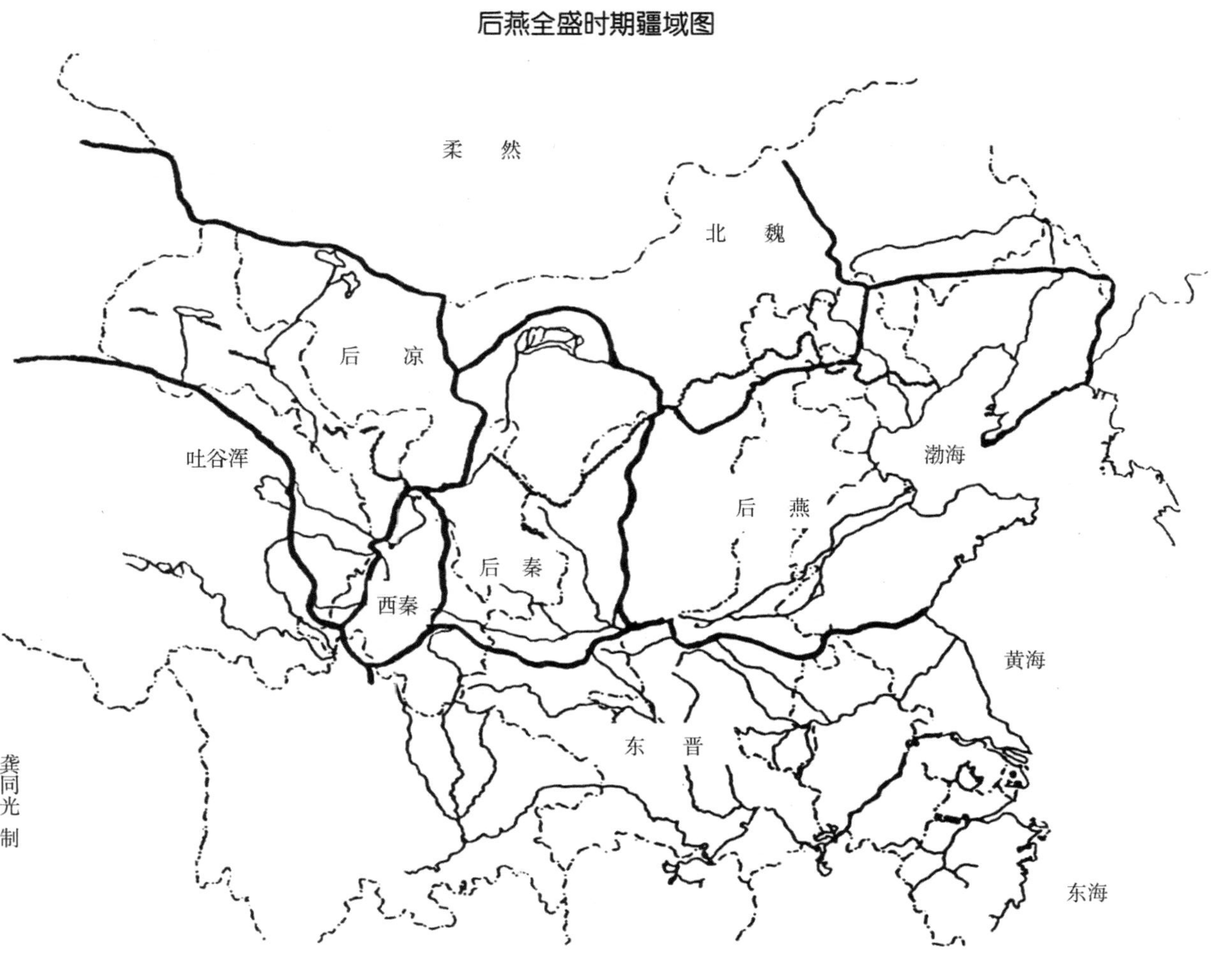

这一仗后燕是胜了，可是惹起北魏的妒恨，招致以后北魏与后燕的势不两立，甚至被北魏灭国。

兴兵伐魏

北魏拓跋珪登国十年，后燕建兴十年(395)，魏王拓跋珪公开背叛后燕，兴兵驱逐侵入他领土南部的后燕军，又抄掠沿边境各种族部落。后燕反应强烈。慕容垂立即派太子慕容宝、辽西王慕容农、赵王慕容麟率众八万出兵伐魏。范阳王慕容德、陈留王慕容绍另将一万八千精骑为后继。

拓跋珪见势不敌，就施以坚壁清野的战法，把所有重要资源与部落西撤一千多里，凭借黄河对抗后燕。一面把军队分批西撤，留下老弱出来虚与支应后燕军，实则刺探军情；一面派右司马许谦(此许谦不是前文所说的代郡变民领袖)到长安向后秦求援。

后燕军沿着黄河进攻五原(内蒙古自治区包头市)，收降魏留下来的人户三万余，掠得穈谷军粮一百多万斛，在包头北郊筑黑城仓储之。再兼程西进追击到临河(故朔方城西北)。

后燕在临河征集木材，砍伐树木，赶造船只，准备强渡黄河。不料船成时突然东北风起，船被风吹漂到西岸，被拓跋魏军掳去甲士三百多人，后燕军的作战计划因而泄露。拓跋珪派出很多武装密探，在五原到中山的路上截捕后燕军邮差使者，致慕容宝数月得不到中山音信。拓跋珪又到处散布谣言说:“慕容垂已死!”致使燕军士气受到严重打击。

后燕和北魏两军隔河僵持二十多天。慕容麟的部将慕舆嵩等听信谣言，误以为慕容垂已死，于是计划发动军事政变。不过很快被慕容宝发现，把他们都处死了。慕容宝眼看军心不稳，于是下令焚毁其余船只，乘夜撤退。

拓跋珪使拓跋虔率精骑五万进屯黄河东岸，堵住后燕军左翼北进，命拓跋仪率骑兵五万接应拓跋虔。使拓跋遵率七万骑兵大军堵在通中山的路上，后秦支援军队杨佛嵩部也已适时赶到加入战斗。

这时魏军精锐尽出，时间是公元 395 年的初冬十月，黄河仅结薄冰。慕容宝估计魏军还没有办法渡过黄河追击。出乎意料的是十一月初，暴风突起，气温突然下降，一夜之间冰封黄河，魏王拓跋珪下令冰上行军，紧急渡过黄河，立即派遣精骑两万急追后燕慕容宝军。六天六夜不停地追击，后燕军在参合陂(山西省大同市东南)东蟠羊山南麓河边扎营，魏军到达后，后燕军竟不知觉。魏军施以拂晓奇袭，魏王拓跋珪下令猛攻。后燕军士卒大惊，人马自相践踏而死的、赴水淹死的至少也有一万多人，放下武器投降的四五万人，被魏兵擒后遭坑杀的有文武将吏慕容绍、慕容道武等数千人，拼命逃出的只有数千人而已。慕容宝单骑逃出，仅以身免。军糈、粮秣、车辆器械、战马损失数十万，最后北魏又把投降过去的俘虏后燕兵四万多人全部坑杀。

慕容宝整合残兵败将，调派阳城王兰汗为北中郎将，代其皇孙慕容盛镇守蓟州老窝。命慕容隆引精兵转进中山整补，准备明年春大举反攻。

慕容垂派征东将军平规召集河北中部(冀州)各郡民间武力，作为攻魏的后备部队。可是平规很势利，他见后燕败给北魏了，同时慕容垂的统御力也日渐式微，于是他就领着河北衡水地区的博陵(河北省安平县)、武邑(河北省武邑县)、长乐(河北省冀州区)三郡的地方武装部队叛变，占据衡水饶阳的鲁口，宣布衡水地区脱离后燕而独立。平规的弟弟平翰也率海阳(河北省卢龙县)、辽西(河北省迁安市)地方武力起兵响应平规。

慕容垂率兵讨伐，兵临鲁口(河北省饶阳县)，平规不敢应战，弃军携子女等人逃往黄河南岸。平翰也在辽东被后燕的慕容会、慕容根等打败。平翰逃往白狼山(辽宁省朝阳市南)中为流寇。

平规逃到高唐(山东省禹城市东南)，又被慕容隆等追到斩首。

翌年是慕容垂的后燕建兴十一年、东晋太元二十一年、北魏拓跋珪皇始元年、公元 396 年。春正月，后燕高阳王慕容隆引龙城之精锐甲士进驻中山，燕人士气大振。三月，慕容垂以范阳王慕容德留守中山（河北省定州市），自率龙城大军秘密出发，翻过河北易县的五回山，越过悬崖绝壁的天门，凿山开道，打通笔直上升的鸟道，直指云中（山西省大同市）。急行军到山西代县东北六十里的猎岭，命慕容宝率征北将军慕容隆、征西将军慕容盛，出魏不意奇袭平城（山西省大同市东）。魏守将拓跋虔仓皇出战，结果战败阵亡，其所属部落三万多户为燕军掳去。

慕容垂行经参合陂（山西省大同市东南）战场，去年在此被魏集体屠杀的五万多具尸骸，余臭令人窒息！慕容垂设奠祭之，全军将士为之恸哭！慕容垂也因而呕血。乃进驻平城（大同市）西北三十里，在大同北筑燕昌城而还师，慕容宝等听说慕容垂病重，也下令退兵。

慕容垂行至上谷郡（河北省怀来县）时病逝。做了十三年的皇帝，活到七十一岁。时在公元 396 年，东晋太元二十一年、后燕建兴十一年的四月十日。

慕容宝封锁消息，回到首都——中山（河北省定州市）后，四月二十五日才公布死讯，举行安葬。

慕容垂的儿子：大段后生慕容令、慕容宝。小段后生慕容朗、慕容鉴。其他姬妾生慕容麟、慕容农、慕容隆、慕容柔、慕容熙。

太子慕容宝继立，是为燕惠愍帝，改元“永康”。

慕容宝做了皇帝后第一件大事是整顿朝内人事，先下令划分在职官员和退休士族的户籍管理制度，严格校正所有户籍分类，各种“营户”一律划归地方郡县政府管辖，不再实行军事管制，彻底消灭贵族官僚和军事高官们既得的特权。然后整顿军事制度与军风军纪，检讨失败因素，重塑国家新形象。

当他正要力图复兴的时候，是年（396）秋，拓跋珪接受参军张恂（汉人)的建议，立即乘势向中原发展。于是拓跋珪下令乘后燕国丧且又内斗不已的机会，大举进攻后燕南境各重要城池。步骑四十万大军自山西朔州的马邑誓师，兵分北路、南路，联营两千余里，旌旗蔽天、鼓行而进。北路以左将军李栗率五万骑兵为先锋，越过句注山，绕太行山道出第八陉的军都陉(即今居庸关——在北京市昌平区西北)，径取后燕的后方重镇幽州(北京市大兴区)。南路是魏军主力，由冠军将军于栗磾、宁朔将军公孙兰率步、骑两万南下进攻晋阳。后燕驻镇晋阳的并州牧慕容农，在晋阳以北二十公里的阳曲迎战魏军，缠斗三昼夜，后燕军大败。慕容农率残兵败将退回晋阳，却被他的留守部队闭门拒纳。慕容农再率残军东走，又遇魏军截击，于是转进南下，在潞川(山西省黎城县南)被魏军中领军将军长孙肥追杀，慕容农的妻子儿女被俘，后燕军全军覆没。慕容农也受箭伤，仅有数骑卫士保护逃回中山。

魏军占领并州(山西省)之地，拓跋珪进驻晋阳，一面命令长孙肥、于栗磾等率精骑南下潞川，沿慕容垂灭西燕的老路线越过太行山，进攻邺城。一面自率步骑主力大军沿八十年(316)前石勒灭刘琨的故道(史称韩信故道)，东下井陉关(河北省井陉县)，攻常山(河北省正定县西南)，再攻后燕首都中山(河北省定州市)。拓跋珪在井陉收降了燕将李先及其部众数千人，进占常山又获后燕太守苟延等。于是后燕的南疆，除了邺都、中山、信都三大都城外，余各郡邑守宰或逃或降，都已成为北魏属地了。

慕容宝召开御前会议，中央大臣们众说纷纭，加上慕容皇族内部不和故未得出结论。最后慕容宝接受慕容麟的建议：派慕容农驻屯安喜(河北省定州市东三十里)建立外围据点以拱卫京师(中山)。城防由慕容麟为都督，修缮城池，囤积粮秣，坚壁清野，准备长期抗魏。

中山之战

公元396年十一月，拓跋珪开始攻击中山城，后燕守将慕容隆出战，短兵相接鏖战一整天，双方伤亡都很惨重。战场横尸遍野，魏军始终没有攻下。魏军游击将军匈奴族没根，有胆识，骁勇善战，但不受拓跋珪的器重。没根不满现状，是时率亲近士卒数十人阵前投降后燕。慕容宝封他为镇东大将军、公爵。没根立刻回去打着魏军旗号袭击魏军大营，一直冲到拓跋珪营帐，斩杀、俘虏一部魏军后撤退。拓跋珪突然遭此奇袭，在战场上一时不知所措，只好乘夜色的掩护东进博陵（河北省安平县）、鲁口（河北省饶阳县）。时值魏冠军将军王建正在围攻信都（距饶阳县一百五十里）拓跋珪准备南下支援。后燕博陵守将申永弃城逃走，邻近的高阳郡守崔宏也弃城逃走，旋即被魏军追回，拓跋珪爱重崔宏之才，立即委派他为黄门侍郎。

拓跋仪攻邺的部队刚刚到达邺城附近，燕守将慕容德以逸待劳，趁着魏军正忙于扎营，乘夜突袭，魏军惨败。相持数日，就转进到邺城东北的肥乡休整。

北魏将军王建围攻信都僵持两个月，多次进攻都不能攻下。有人建议拓跋珪：中山防守严密，强攻一定有重大伤亡，久围对于人力、物力和时间都是浪费。于是拓跋珪改变作战计划，先取位于中山与邺城中间的信都。再撤中山之围进驻中山东南、信都北方的饶阳鲁口，对信都形成又一攻势。这一个大军压力才使王建一鼓而下信都。燕将慕容凤弃城逃回中山，余众一千余人降魏。

慕容宝在中山为救援信都乃以库存珍宝及宫女们为饵，招募各地流民、群盗、散兵游勇组成新军。这时候拓跋国内发生兵变，拓跋珪急于回师，曾向慕容宝求和而遭慕容宝拒绝，并且发动步兵十二万、骑兵三万七千，进驻河北藁城北三十里的柏肆寨(藁城在饶阳县西南一百五十里)。沿滹沱河北岸布下战阵，准备拦截拓跋珪军并与之决战。后燕永康二年，北魏皇始二年，东晋隆安元年(397)二月，拓跋珪自信都撤退，军队行至滹沱河才发觉燕军阵势，只好在河南岸扎营。慕容宝组成赶死队深夜偷渡滹沱河，以火攻魏营，魏军退出营区，稍事整顿后，就利用火光照耀，发动骑兵鸣鼓而冲杀回去。燕兵败退滹沱河北岸，魏军乘胜浮马渡河抢滩，接着全军渡河总攻。后燕军既没有好的训练，临阵也没严明的作战纪律，一败而士气丧尽，因之一战而溃不成军，慕容宝仅带两万骑兵奔回中山。魏军穷追不舍，当时正值大风雪，士兵战死、冻死、饿死的不计其数。慕容宝为急于脱离战场，命令士卒丢弃战袍、仪仗、兵器、辎重，回到中山的两万多人已是手无寸铁了。后燕的朝臣、将卒降魏或为魏俘虏的不计其数。

后燕据守邺城的慕容德，曾向长安的后秦政府求救，后秦由于不敢得罪新兴起的拓跋魏而拒绝了慕容德的请求。

围攻邺城的魏将贺赖卢与统帅拓跋仪不和，拓跋仪的司马丁建，暗中联络慕容德接洽投降，并将魏军将帅不和与布置情形透露给慕容德，要求慕容德出兵攻击魏军。慕容德派慕容镇、慕容青率骑兵七千出击，大破魏军，邺城的危机暂时解除。

魏军再次包围中山，慕容宝一面召开御前会议，一面下令调他的儿子驻镇龙城的清河王慕容会发兵来救中山。可是慕容会根本就没有南下奔赴国难之意，只派征南将军库傉官伟、建威将军余崇等率军五千人担任前锋。库傉官伟等所部逗留在河北迁安北方的卢龙塞三个多月，粮秣吃完，牛马也吃完了，而慕容会还是不肯南下。慕容宝大怒，不断下诏严厉谴责。慕容会不得已乃声称还要准备行装，加强训练，又逗留月有余。这时候全国已经大乱，道路不通。库傉官伟打算减轻辎重，先行出发开道，侦察北魏军的部署情形，加强自己声势。可是各将领心怀恐惧，都不愿意南下。建威将军余崇自告奋勇挑选步、骑兵五百人应战，与魏巡逻部队遭遇，余崇下令擂动战鼓，全体大声呐喊。余崇一马当先，在密云的渔阳亲手斩杀十余人。北魏军退走，余崇也凯旋回军。既杀敌人，又获有俘虏，详细分析敌军得失利害，后燕军心稍稍振作。慕容会才开始上道，但仍在路上慢慢前进。三月中抵达蓟城(北京市大兴区)。

北魏军包围中山为时已久，城中后燕军将士们都盼望出城决战。征北大将军慕容隆向慕容宝建议出城迎战，慕容宝也曾表示同意，可是别有用心的卫大将军慕容麟每次都破坏慕容宝的决定。慕容隆集结武装部队，准备出击，结果临时取消，这样前后四五次之多。

慕容宝派人向拓跋珪请求和解，准备把六年前扣留北魏的使臣拓跋觚送回，并割让太行山以西土地，拓跋珪同意。可是不久慕容宝又后悔。三月十三日，魏军再度包围中山。后燕帝国将士数千人，向慕容宝请求出击，慕容麟坚决阻止这次军事行动。慕容宝最后下令停止。部众大为悲愤。慕容隆哭泣流泪，下马而回。

三月十三日夜晚，慕容麟用武力劫持左卫将军、北地王慕容精，要他率领禁卫军诛杀慕容宝。慕容精义正词严，誓死拒绝。慕容麟大怒，斩慕容精后逃奔丁零部落。中山城中更加人心惶惶。

慕容宝放弃中山

慕容宝不知道慕容麟的去向，因为清河王慕容会的军队就在附近，恐怕慕容麟夺取慕容会这支军队，先行占领龙城(辽宁省朝阳市)故都称帝。于是召集慕容隆及骠骑大将军慕容农，讨论放弃中山回师固守龙城方案。

三月十四日(慕容麟逃走的第二天)夜晚，慕容宝跟太子慕容策、辽西王慕容农、高阳王慕容隆、长乐王慕容盛等共一万多骑兵，出城投奔慕容会大营。慕容宝的三个儿子河间王慕容熙、勃海王慕容朗、博陵王慕容鉴年龄还小，无法出城。慕容隆亲自驾车再回中山迎接他三人一同逃出。后燕将领李沈等见大势已去，乃投降北魏军。乐浪王慕容惠、中书侍郎韩范、员外郎段宏、太史令刘起等，率领皇家乐队专门人才三百人，径行投奔邺城慕容德去了。

中山霎时间群龙无首，人民惶恐万状，东门大开，魏王拓跋珪当夜就打算入城，北魏的冠军将军王建只为一心抢劫民间财物，而抢劫只有白天才可为所欲为，于是警告拓跋珪说："深夜入城，恐怕士卒盗取政府仓库中的金银财宝，不妨等到天亮再进城。"

后燕帝国开封公慕容详来不及参加慕容宝北逃行列，城中军民遂共同拥戴他当盟主。重新关闭城门，严密防守。

拓跋珪出动他所有军队猛烈攻城，一连数日不能攻克，使人向城中喊话："慕容宝已抛弃你们逃走！你们抵抗大军，白白找死！向谁效忠?"城中回答说："我们是一群无知无识的小民，只是害怕像参合陂那样，投降之后再被活埋！现在只有苟延残喘！活一天算一天!"拓跋珪回头看看参合陂之役的主将王建，吐他一脸唾沫，下令中领军将长孙肥、左将军李栗等率三千骑兵部队追击慕容宝，追到范阳(河北省涿州市)，攻破新城戍(河北省徐水区西)而返。

后燕帝国皇帝慕容宝逃出中山后，路上跟赵王慕容麟相遇，慕容麟大吃一惊！急急率领部众投奔蒲阴(河北省易县西北)，再到望都(河北省望都县)，当地居民很多人供应他粮秣。中山城中盟主慕容详派军突击慕容麟，生擒他的妻子儿女，慕容麟急急逃入西山(太行山)。

三月十六日，慕容宝抵达蓟城，宫廷亲信流散死亡，几乎一空，只有高阳王慕容隆所率数百骑兵担任警卫。清河王慕容会率两万庞大骑兵兵团在蓟城南郊迎接。慕容宝下令解除慕容会的兵权，把军队移交给慕容隆与慕容农。又派西河公库傉官骥率军三千人南下协防中山。

三月十八日，慕容宝把蓟城仓库中所有财宝，全数装车北运龙城。北魏将领石河头此时驻渔阳，便率军拦截。三月二十日在夏谦泽（蓟城北一百公里）遭遇。慕容宝并不打算作战，慕容会却指挥军队反击。慕容农、慕容隆率自己从中山带出来的骑兵冲刺，北魏石河头军大败。后燕军追赶百余里，杀数千人，慕容隆又单独多追赶数十里才回师。

慕容宝左右建议诛杀慕容会，慕容宝也已察觉到这个儿子的危险性，向弟弟慕容农、慕容隆商议，他们二人都以为父子情深，不应该自相残杀。

变生肘腋

是年（397）夏季四月六日，后燕帝慕容宝到达广都（辽宁省凌源市境）。晚间住宿黄榆谷（辽宁省凌源市境营州故城西南二百五十里），政变果然爆发，慕容宝的儿子慕容会派他的党羽仇尼归、吴提染干率战士二十余人分别突击慕容农、慕容隆。吴提染干直闯慕容隆寝帐，斩慕容隆。慕容农身受重伤，但仍生擒仇尼归逃向深山。慕容会得到仇尼归被慕容农掳去的消息，知道阴谋无法隐瞒，遂在深夜晋见慕容宝，报告说："慕容农、慕容隆谋反，我已经把他们铲除。"慕容宝准备讨伐慕容会，假装十分高兴，用好话安慰说："我怀疑他们二人已经很久了，杀掉他们正合我意。"

翌日（四月七日）清晨，慕容会下令备战戒严，慕容宝御驾在大军保护下继续北上。慕容会打算抛弃慕容隆的灵柩，建威将军余崇流泪请求，才准许随军运载。慕容农从深山出来，回到大营，慕容宝下令逮捕收押。前进十余里，慕容宝命文武百官集合，一同进餐，并且商议如何定慕容农的罪行，实际是布局捉拿慕容会的。迨慕容会入席就座，慕容宝向卫军将军慕舆腾使眼神，慕舆腾拔出佩剑，直砍慕容会。仅伤到头部，没有砍断脖子。慕容会带伤逃走，投奔他的军营，紧急集合部队向他父亲慕容宝御营进攻。慕容宝不能抵挡，率数百骑兵一口气奔驰二百里，下午抵达龙城。慕容会派骑兵追击，追到石城(龙城以南)没有追上。

四月八日，慕容会派仇尼归进攻龙城，慕容宝派军于夜间反击，击败仇尼归军。慕容会派使节请求封自己为太子，慕容宝拒绝。慕容会把皇帝用的衣服、车轿以及姬妾宫女，全部分赏给各个将领，设立文武百官，自称皇太子，主管政府机要(录尚书事)。率军直指龙城，声称讨伐叛徒慕舆腾。四月九日，兵临城下，慕容宝登上西门城楼，与慕容会骑马遥遥对话。慕容宝大声斥责逆子，慕容会则命军士向他父亲大声呐喊示威，城中将士义愤填膺，怒火冲天。黄昏时分出城攻击，大破慕容会军。慕容会士卒死伤过半，慕容会退回军营。入夜，侍御郎高云率敢死队一百余人突击慕容会军营，军营霎时崩溃，慕容会率十余骑投奔中山。开封公慕容详在中山斩慕容会，慕容宝则斩杀了慕容会的母亲和慕容会的三个儿子。

慕容宝擢升高云为建威将军，封夕阳公，收作自己的义子。高云，原是高句丽王国皇家远亲，前燕慕容皝击破高句丽时，把高句丽皇族强行迁移到青山(辽宁省锦州市西北)，后裔遂成为前燕臣属。高云沉默寡言，当时人并不十分看重他，只有中卫将军、长乐(河北省冀州区)人冯跋对高云的恢宏气度印象深刻，跟他成为好友。十年后(407)冯跋就拥护高云做了北燕的第一任皇帝。

中山城内人心惶惶，留守的慕容详闭城自守。魏军一面围而不攻，一面命拓跋仪到巨鹿筹积军粮。燕将慕容详派部队出击，被拓跋仪拦击，斩首五千，生擒七百人，燕军大败，残众逃回中山。魏王拓跋珪也下令把俘虏来的燕兵全部释放。

是年(397)五月，燕西河公库傉官骥受命率族众三千救援中山。可惜与慕容详发生冲突，慕容详杀了库傉官骥，并诛灭他的同姓数百人，又杀了与库傉官骥相通的中山尹苻谟，并夷其九族，以致举城人心大乱。

慕容详在中山称帝。他自认为有实力击败魏军，为了树立威信，他就接受部下的请求，宣布他是后燕的皇帝，改年号为“建始”。任命新平公可足浑谭为车骑大将军、尚书令。

慕容详嗜酒好色又杀人不眨眼，登基不到三个月，杀了他扣留为人质的魏王拓跋珪的弟弟拓跋觚，又杀了他所任命为车骑大将军、尚书令的可足浑谭以下数百人。城中没有粮食了，他又不准百姓出城采摘野生植物充饥，因而民心尽失。

这时候慕容麟率丁零兵攻进中山城，杀了慕容详及其亲党三百余人而自立为燕主。当年冬中山城内粮尽，公卿将士饿死的百数十人，民间人吃人、父子相食的事件时有所闻。慕容麟准许人民出城掘野草、抢粮食，能使军民吃饱肚子，在当时这就是恩及百姓的贤明君王。拓跋珪下令魏军向新乐方向撤退。一则就地征发粮秣，二则是要引蛇出洞。是年(397)八月间，慕容麟自称燕皇帝，九月间就率两万多军队出城追击拓跋珪。几度接触，由于燕军士气不振，慕容麟退守泒水(沙河)。最后在河北新乐西南的古战场——义台决战，燕军大败，士卒战死九千多。魏军乘势冲进中山城，慕容麟率领数十骑兵侍卫救出他的妻子儿女，沿太行山根逃往邺城投奔慕容德去了。

魏军进入中山，后燕遗老大臣们投降的两万多人。燕宫御玺、图书、仪仗、宫女、奇珍异宝等不计其数，拓跋珪分赏给有功将士们。把慕容详的尸首挖出来砍下头颅焚尸扬灰。然后一面安民，一面下令迁移中山及所占郡县胡、汉居民十余万口以实代都，另遣大军追击慕容麟到邺城。

东晋隆安二年、北魏天兴元年、后燕永康三年(398)春，原驻镇邺城的后燕范阳王慕容德放弃邺城，南渡河南滑县的滑台，并在滑台自称“燕王”。翌年又被拓跋珪追迫，东迁山东青州，以广固为都城，史家称为“南燕”。

北魏征后燕，除了掳人，掠财物、牲畜之外，最重要的是扩张地盘。这时候的后燕慕容宝已经退到他祖先留下的老窝——龙城了。整个华北大平原除了山东一角为南燕慕容德盘踞外，其余都已成为拓跋魏的版图了。

拓跋珪规划一整套建国蓝图：第一要件是把他的基地和新占领区统一。军事统一了，还要完成今后的政治、经济和文化的统一。这些统一的先决条件是交通建设，所以拓跋珪巡视了新占领区后，自邺城回到中山，就下令兵工建设，让俘虏来的后燕士卒开发一条直通代郡的国道。从河北望都起穿过太行山恒岭的地下隧道，到北魏的老窝代郡(河北省的蔚县)长达五百多公里。然后在中山设皇帝行营，派卫王拓跋仪驻镇。又任命抚军大将军拓跋遵为尚书左仆射，代表皇帝驻镇勃海郡的合口(河北省沧县西)。新占领区中的三个重镇(中山、邺城、勃海郡)完全在他军事管制之下。

慕容宝是一个妄自尊大的人，虽然战败了，但他并不体察国家实际艰苦，也把慕容隆“中山对策”的劝说早已忘记。他在龙城略事整顿之后，就积极筹划南下反攻。听了慕容农的建议，要南下必先解决北方库莫奚部落乘虚而入的后顾之忧。于是大军北上今内蒙古地区，当他刚刚渡过西拉木伦河时，就接到慕容德还在邺城的报告，并且又听说拓跋珪已经返回代郡，中原空虚。慕容宝这个粗心大意的皇帝没有调查就立即下令班师回龙城。下令他的次子慕容盛和权臣尚书、顿丘王兰汗统管留守龙城。后燕永康三年、北魏皇始三年，公元398年的二月十七日，他亲自率领太子慕容策及文武百官出师，大举南下反攻。

后燕军将士经过连年征战，而且都是败仗，早已师老兵疲，厌战思想弥漫全军。就在慕容宝出发第三天，还没有与魏军接触，段速骨等发动兵变，他反对这种永无止境的战争。要求另立慕容崇为盟主，宣布停战。

慕容宝会同慕容农，急召前锋慕舆腾的部队回头讨伐叛变的段速骨。可是这些部队统统响应停战，一声呼哨全军四散逃亡。弄得慕容宝、慕容农、慕舆腾、太子慕容策以及文武大臣们手足无措，狼狈逃回龙城。

留守在龙城的兰汗是慕容宝的娘舅，在朝中最有实权，也早有篡位自立的野心。这次他和发动兵变的段速骨秘密联络，嘱其回师攻城。由于慕容盛的严密防守，兰汗又诱使慕容农投奔段速骨。慕容农是慕容垂的儿子，是慕容宝的同父弟弟，是后燕的名将。他这一降，对慕容宝的打击非常严重，士气崩溃。段速骨入城，放纵士卒杀人、抢掠，血流成河，慕容宝、慕容盛等仓皇出城向南奔逃。

段速骨见慕容农没有利用价值了，就杀了他。兰汗觉得段速骨的做法又破坏了他的阴谋，于是杀了段速骨，连同他的党羽全部诛斩。一面拥戴太子慕容策代行皇帝职权，一面派人南下迎接皇帝慕容宝回城。他这一套老谋深算的计划，并没有取得慕容宝的信任。慕容宝是打算南下和慕容德结合再图恢复的。于是从小路南下，过邺城，到黎阳，离滑台只有五十里，听说慕容德已经自己做了皇帝，他知道危险就在眼前了，于是又急急绕路北上冀州，派慕容盛、慕舆腾招募乡勇和失散的部将。

兰汗听到慕容宝的行踪，立即派左将军苏超迎接慕容宝还都。又派他的弟弟兰加难率领五百精骑兵出城迎接慕容宝。随后又下令城中戒严，不准携带武器进城。

兰加难在辽宁朝阳境内索莫汗陉觐见慕容宝，以天子礼相迎，并随侍慕容宝身边，表示保护。慕容宝随行官员一再提醒慕容宝，可是慕容宝执迷不悟，快要到龙城时，兰加难下令先把慕容宝的随侍人员一一逮捕，然后把慕容宝带到龙城郊外官邸杀死(慕容宝时年四十四岁)。兰汗在城内捕杀太子慕容策以及王公大臣一百多人。

兰汗自称大都督、大将军、大单于、昌黎王，并改元“青龙”。这时候慕容宝的次子，也是兰汗女婿的慕容盛在冀州募兵，听说父亲慕容宝遇害，立即奔回龙城。表面向兰汗称臣，实际是联络以前的卫士李旱、卫双、刘忠等利用兰汗大宴群臣喝得酩酊大醉的机会发动兵变，杀了兰汗全家以及侍卫一百多人，还将驻屯在龙城外围据点的令支(河北省迁安市)、白狼(辽宁省凌源市)的兰和、兰阳等与其所统御的禁军数千人全部消灭。时在公元398年，后燕永康三年夏。

李旱等共推时年二十六岁的慕容盛为后燕主，是为燕昭武帝，改元“建平”。两年后慕容盛又自去帝号改称“天王”。

慕容盛封慕容豪为幽州刺史，封张通为尚书左仆射，张顺为镇西将军、昌黎尹。可是就在当年冬，这些人(慕容豪、张通、张顺)又因叛乱罪统统被杀。同时新任昌黎尹留忠、新任尚书令慕容根、尚书段成、右将军张真、城门校尉和翰、散骑常侍余超、左将军高和等一百多人都先后以叛乱罪被杀并株连了家族。

慕容盛把他父亲慕容宝的失败归咎于大臣们的不忠。他自认为后燕的中兴大业非他莫属。所以在强烈的集权观念下，他采取严刑峻法来整肃内部。慕容盛加强特务组织，设立一个“燕台”，其中训练出来的是从各族群中拣选出来的特务人员，利用各种职业掩护，专门监视各部落、各地区，乃至每个官员。慕容盛每十天亲自主持大审一次，诛杀元勋、屠戮异己，手段极尽残酷。肃杀气氛弥漫全国，以致宗亲、勋旧、满朝文武人人自危。左将军慕容国与殿中将军秦舆、段赞谋弑慕容盛事败，株连朝中大臣死难者五百多人。辽西郡守李朗在职十年，政绩斐然，唯对慕容盛这种残酷杀戮心生畏惧，生怕有一天会轮到他的头上，所以暗中与魏结纳。事被慕容盛侦知，遂下令灭李朗全族，并派辅国将军率兵讨伐李朗。在无终擒斩李朗。

公元401年，慕容盛自称“天王”的第二年的八月二十日，前将军段玑和秦舆的儿子秦兴、段赞的儿子段泰等秘密进宫，半夜擂鼓呐喊，慕容盛在睡梦中惊醒，率近侍出战，段玑受伤，躲在廊下，慕容盛开始搜寻，就在稍为平定的时候，一个叛兵突然自暗中蹿出猛刺慕容盛。身受重伤的慕容盛忍痛强行登上前殿，大呼禁卫军捉拿刺客，指挥了一阵子才气绝倒地而死。

慕容盛自公元398年六月自称“天王”，是年冬称帝，401年八月二十日被杀，在位三年，死时才二十九岁。

慕容盛死了，中垒将军慕容拔、冗从仆射郭仲等向丁太后报告，并反映满朝文武大臣们希望慕容盛的弟弟尚书令慕容元继立。可是执掌大权的丁太后却早有安排，扶持她一手养大的小叔子骠骑大将军慕容熙登基。慕容熙是慕容宝的幼弟、慕容垂最小的儿子，从小受到慕容宝夫妇的照顾，长大成人后又成为慕容宝遗孀——丁太后的入幕之宾。

慕容熙做了昭文皇帝，改元“光始”。首先把发动兵变、杀死慕容盛的段泰、秦兴等人斩首东市，并灭其三族，再把亲太子派的大臣段玑等问斩，然后托词把慕容元和慕容盛的太子慕容定等赐死。

苻氏姐妹俩

公元402年，慕容熙才十八岁，又娶了苻氏姐妹二人入宫。而且对她们宠爱有加，百依百顺。

丁太后对于慕容熙的作为当然争风吃醋，于是就和她的弟弟兵部尚书丁信密商废了慕容熙。结果消息泄露，慕容熙命令丁太后自杀，并把丁信以及丁太后近臣们统统斩首东市，并灭其三族。

慕容熙对他的国家并没有什么建树，当时后燕西邻的北魏最强，可是一则是正在北征柔然，二则是对于新占领区的绥靖与建设，导致其没有再对后燕用兵。东邻高句丽，北邻契丹都是弱势族群。慕容熙就在这种环境之下苟安一时，所以他就尽情地奢靡享受。

公元402年冬，慕容熙到北原（龙城北郊）打猎。当时石城（河北省承德市北）郡守高和与皇家卫队在首都叛变，斩司隶校尉张显并大掠宫廷，取出军械库中的武器，命令军营将士紧闭城门。慕容熙立刻赶回，才算平定这场危险万分的叛乱。

公元403年五月，慕容熙兴建御花园龙腾苑，面积十多平方里，征发民夫两万多。在龙腾苑中建一座假山，地基广五百步，峰高一百七十尺，奇石嶙峋、峰回路转，还有仙洞、流水。又在龙腾苑修建逍遥宫，亭台楼阁，一连数百间；开凿曲光海，时正在酷暑盛夏，士卒民夫有大半为赶工而热死。

慕容熙兴兵伐辽东，带着苻后去看热闹。结果城池没有攻下来，又值天下大雪，士卒冻死的很多，无功而返。

后燕光始五年，公元405年的正月，慕容熙率军进攻高句丽(首都丸都在吉林省集安市)的辽东(辽宁省辽阳市)。城池就要攻下的时候，慕容熙突然下令不必进城，先把城墙铲成平地，使他能陪同苻训英坐在辇上一起进城。高句丽守军就利用这个机会，整军再战，结果后燕军大败，撤兵回国。

翌年(406)，慕容熙下令北伐契丹(内蒙古自治区赤峰市境内)。兵临城下，见契丹军容壮盛，又下令回师，可是陪伴他的皇后苻训英却坚持要看打仗，不准撤兵。慕容熙只好下令全军放弃辎重粮秣，轻骑兵绕道南下再去偷袭高句丽的首都丸都。进攻丸都西北的重镇木底城(辽宁省新宾满族自治县西)，打算攻下木底城由北道(《读史方舆纪要》："高句丽有二道，其北道平阔、南道险狭。")东南下进攻丸都。大军翻山越岭，走过艰险狭谷，跋涉三千多里路，天寒地冻，人马疲惫，成千上万的尸体几乎塞满道路，结果还是败退。大将慕容云(原名高云)受到箭伤，又怕慕容熙的凶暴残忍，也乘机退隐而去。由此种下一年后(407)冯跋等发动政变，建立北燕的火种。

慕容熙为苻氏训英二姐妹造龙腾苑，方十余里筑景云山，基广五百步，峰高十七尺，为筑山需要从乡下挖得大量的土，运到首都北门，造成土的价格跟粮食一样高，臣下有谏诤的都被斩首。凿曲光海、造逍遥宫、起承华殿连房数百间，工程之浩大无与伦比，动员民众两万多人，时正暑热，士卒日夜不停地赶工，中暑而死的一半以上。苻训英在盛夏的时节要吃鱼冻。在那个时候，夏天哪能结冻？慕容熙命有关官员送来，没法送到的就把官员斩首。苻氏要在冬天游猎，北登白鹿山，东上距离龙城东南二百公里的“青陉”（青岭），南到海阳城（河北省卢龙县），士卒为虎狼所噬或冻死的五千多人。苻氏在严寒冬天要吃生地黄，慕容熙交代有关官员采办。这种生地黄是出产自北方的草药，冬天北山雪厚数尺、地下冰冻，很难找到、挖到，采办官员也因找不到、挖不到而被斩首。

苻氏有病，广征名医会诊。龙城一个名叫王温的医生应征说可以治好她的病，可是结果苻氏死了，慕容熙立即把这个医师五车裂死，并焚其尸。

苻氏死了，慕容熙身穿重孝，恸哭到几次昏倒。在宫内设置灵堂，命百官祭奠哀哭。暗中监看如果没有流泪的就斩首东市。殡葬的灵车由慕容熙自己指挥设计，豪华无比，高大无比。

龙城北门没有灵车高，灵车不能通过，慕容熙竟然下令拆了城门，使灵车通过。

慕容熙身穿重孝，恸哭如丧考妣。最荒唐的是在大殓之后，又开棺与苻女的尸体交合（奸尸），然后手持哀杖，赤脚步行送殡二十余里。是年七月二十六日葬徽平陵。

选宫中美女数十人来为苻氏殉葬，慕容熙的嫂嫂——高阳王慕容隆妻张氏貌美，慕容熙便命令赐死陪葬，动员公卿以下以至士卒兵民，按户摊钱来营造苻氏的陵墓。周围数里，制作壁画，极尽豪华。有这样的皇帝，这个国家的命运可想而知了。

就在这个暴君送殡的时候，前被慕容熙免职的中卫将军冯跋、左卫将军张兴等发动政变，共立慕容宝的养子夕阳公慕容云为燕王，史称北燕。

慕容熙在苻氏陵园中得知这个消息后，立即身穿甲胄，回城平乱。到了龙城北门就被城上守军乱箭射击不能前进，于是败走龙腾苑，换了便服逃到城北深林中藏匿，等待他的中军领军将军慕容拔来救援。哪知道慕容拔所率领的两千多禁军，听说城内兵变就一哄而散了。慕容拔也为乱兵杀死。

慕容熙身着农民服装，躲在林中也被当地民众捉拿送给慕容云。结果连同他的儿子、妻妾、仆从、侍卫等三百多人全被斩首。

时在东晋义熙三年、后燕光始七年(或称建始元年)，公元407年，后燕亡。慕容熙做了六年多皇帝，死年二十三岁。自慕容垂建国传四世，历二十四年。

依《读史方舆纪要》说，后燕全盛时期的国境四至：“东迄辽海，西到河汾，南至琅琊，北暨燕、代。”是十六国后期中原地区最强大的胡国。

南燕（鲜卑）

民　　族：鲜卑族

建 国 者：慕容德。为五胡十六国中第十二个建国者

时　　间：公元 398—410 年

疆　　域：东自东海、山东半岛，南临山东省南部泗水，西到山东省西部的巨野县，北至山东省境内黄河

首　　都：先在邺城，后迁滑台，两年后（400）再迁山东广固（山东省青州市）

两代皇帝：献武皇帝慕容德：公元 398—405 年

慕容超：公元 405—410 年

南燕的建国者是慕容德。

慕容德是前燕开国皇帝慕容皝最小的儿子，是前燕末代皇帝慕容暐的叔叔，是后燕王慕容垂的幼弟。

慕容德的学问好，有胆识，思想、性格在他那一代中都算是佼佼者。前燕第二任皇帝慕容儁时他就做了幽州刺史、左卫将军，还封了梁公。后来他的侄儿慕容暐做了前燕皇帝，又封他为范阳王，加散骑常侍，还曾以征南将军身份随他的哥哥慕容垂大胜晋师。当年由于慕容垂叛燕投秦案的株连，他被免职。四年后苻秦灭了前燕，掳去慕容暐王朝所有文武官员与慕容氏皇族。慕容德也在其中，被迁到长安。苻坚也久仰慕容德的才华，

就派他为西北边陲的张掖太守。苻坚举兵犯晋时，还拜慕容德为奋威将军。淝水之战败后，慕容德又随慕容垂回到前燕故都——邺城。

在慕容垂做后燕王时期，慕容德是车骑大将军，范阳王驻节邺城参断政事兼督冀州（河北省）、兖州（山东省）、徐州（江苏省）、青州（山东省）、荆州（湖北省）、豫州（河南省）六州诸军事；权倾天下，显赫一时。

后燕永康三年、东晋隆安二年（398）春正月，后燕主是慕容垂的儿子慕容宝，被北魏拓跋珪军打得屡次大败。当时后燕的首都中山（河北省定州市）也被魏军占领。慕容宝夤夜逃回他龙城（辽宁省朝阳市）老窝。慕容德在邺的情势也已进入战争状态。

北魏东平公拓跋仪率两万精骑攻邺，慕容德派南安王慕容青乘夜奇袭，魏军败退洛阳以南的新城；慕容青正要追击时，慕容德认为自己军力不适宜野战，于是下令回师。

北魏拓跋珪又派辽西公贺赖卢率骑兵与拓跋仪会师包围邺城，慕容德知道自己力量不敌魏军，于是派遣参军刘藻飞马向长安的后秦姚兴求救。魏军得知这个消息，又加上拓跋仪的司马丁建在阵前率众投降慕容德，也就不声不响地撤军。

后燕赵王慕容麟，在首都中山还没有沦陷于北魏以前，曾打算杀了慕容宝而自立为王。这一计划失败了，他逃出了中山，投靠太行山中丁零部落。等慕容宝放弃了中山奔回龙城之后，原来留守在中山的后燕开封公慕容详称帝。这时候慕容麟就率西山丁零部落武装部队出击，先攻下常山（河北省正定县），收并了慕容详的辅国将军张骧的五千部众，又攻进中山杀了自称皇帝还不到两个月的慕容详和他的文武官员五百多人；慕容麟乃自称皇帝。紧接着拓跋珪向中山发动猛烈攻击，慕容麟大败，率残众投奔邺城慕容德。这是公元 397 年冬的事。

这时候前燕原有的领土如山西、河北、河南的北部等地都已沦入北魏之手，邺城也已完全暴露敌前。慕容麟就劝慕容德为避魏锋，放弃邺城。

于是在东晋隆安二年(398)春，慕容德带着两万七千多人的军队和四万多户居民渡过黄河向南移驻到河南滑县的滑台。到了滑台，慕容麟又领衔建议慕容德称尊。于是慕容德就在滑台宣布自称“燕王”，把原来的“永康”三年，改为“燕王”元年，史家称他为“南燕”。

慕容德任命慕容麟为尚书令，执掌国家行政大权，又兼国家监察御史(司空)。可是慕容麟一心想当皇帝，他又计划推翻慕容德，结果被慕容德事先发觉，把他抓起来斩首。

这时候在中国的版图上又添上了“南燕”，除东晋仍在江南以外，五胡所建的国家计：后燕、后凉、后秦、北凉、北魏、西秦、南凉和南燕。

此时称雄黄河以北的拓跋珪，一下子扩张了河北、山西、山东等地大块领土。一面忙着建设山西平城的新都城，一面忙着把新占领区的人民大量移植到他的老根据地——代郡。这时候拓跋珪年事已高，一时无意南进，于是给了慕容德在滑台从容整顿的大好机会。

内部多次叛乱，都被他救平。慕容宝在龙城南下反攻魏军，所部中途哗变。慕容宝跑到黎阳(河南省的浚县，距滑台只有五十里)，曾派黄门令赵思传话，慕容德接受黄门侍郎张华和慕舆护的建议，由慕舆护率壮士数百人随赵思去黎阳见慕容宝，本来打算去刺杀慕容宝的，可是慕容宝听说慕容德业已称帝，也明知慕舆护等来意不善，于是又急急北返龙城了。

前秦苻登的弟弟苻广，率部众三千多人投靠南燕；慕容德任命苻广为冠军将军，把他们安置在河北河间战时难民聚散地区(乞活堡)。苻广觉得南燕所控制的地盘不过十个城池，军队不过一万多人，实在没什么前途。于是据乞活堡宣布自己是“秦王”，公开反叛南燕。苻广先攻破了南燕派来监视他的慕容钟部队，慕容钟所部纷纷逃亡或归附苻广。

慕容德命鲁阳王慕容和留守滑台，亲自率大军讨伐苻广。由于受皇帝慕容德亲征的心理影响，此前投降苻广的南燕军又纷纷归来，苻广的原有部众也都随之来降，慕容德乃收斩苻广而回师。

就在慕容德征伐苻广期间，留守滑台的鲁阳王慕容和的长史李辩，秘密引导东晋宁朔将军邓启芳、南阳太守闾丘羡率两万大军进驻管城(河南省郑州市)，距离滑台一百三十里。但却被南燕留守的中军将军慕容法、抚军将军慕容和联合截击，晋军败退。邓启芳单枪匹马逃出一命。李辩又乘慕容德出兵北伐苻广的机会，力劝慕容和发动叛变向东晋投降，被慕容和严词拒绝。李辩就暗下毒手，刺杀了慕容和。但他见晋军败退了又把滑台奉献给北魏，北魏驻邺城行台尚书和拔率轻装骑兵赶到滑台，把慕容德所有的家属、宫女、库房宝藏、精锐兵器全部运去邺城。慕容德急急回师拦击，又被和拔击败。南燕桂阳王慕容镇来援，也被北魏击败，战士被俘一千多人，附近郡县也都纷纷向北魏投降。

留守滑台的南燕右卫将军慕容云将李辩斩首东市，然后率领所部与将士家属两万多人冲出滑台与慕容德会合。

慕容德在走投无路的情势下，回想自己虽然年已六十五岁了，可是雄心未老，在滑台过去这两年的时间，生聚教训、整军经武。可是经过这一次打击，几乎是没有立足之地了。他分析自己的处境：西方洛阳以西是羌族的后秦；北方则是南燕的世仇大敌，虽然同为鲜卑族，但却是生死决斗十多年的北魏拓跋珪。慕容德深明当前是强凌弱、众暴寡的世界，他一时不敢轻撄魏、秦之锋，于是南方国势日衰、内乱不已的东晋就成为他再拓疆域的目标了。

慕容德听从了他的汉人参谋团建议：先行进军山东西部东晋属下的兖州，进而山东南部的琅邪(山东省诸城市)，然后再一步一步地向东、向南扩张，取得山东半岛两千多里的大平原，可以养十万大军。于是慕容德派北地王慕容钟率步骑两万占领晋属幽州的山东堂邑一带。慕容德率精锐进占琅邪。由于慕容德军纪严明，所经过的徐州、兖州一带人民望风归附的十多万户，自莒县北进，沿途郡县四万多人在路上欢迎。于是驻守东莱的晋将任安弃城逃走，益都各郡县完全为南燕占领。

山东青州的广固，是316年前赵时期青州刺史曹嶷建筑的，城内城外的军事设备非常坚固而又完备。无论在军事、政治观点上看都是一个很难得的帝王之都。公元356年前燕的慕容恪、段龛等都曾经营过广固。这时候驻守广固的东晋青州刺史辟闾浑，以前也曾做过前燕的官，所以慕容德就派参军去青州游说辟闾浑，希望能够和平取得广固。辟闾浑拒绝了慕容德的要求，并强制迁移附近各郡县居民八千多户以实广固防务。

慕容德派北地王慕容钟率步骑兵两万人进攻广固。慕容德则攻取主战场以外的琅邪各地，又进攻莒城（山东省莒县），晋守将任安弃城南逃。再东进攻陷诸城（琅邪）之后，挥师北上广固。这时候山东南部及江苏北部的徐州，山东西部的兖州地方起义来归的民众也有十多万户。

原在后燕担任吏部尚书的封孚，现任辟闾浑的勃海（河北省南皮县）郡守。听说慕容德进攻广固，也自动来降，给慕容德带来不少的助力。大军抵达广固近郊，给辟闾浑打击最大的是他派驻青州西部的崔诞和驻守青州南郊柳泉的平原郡守张豁二人宣布向南燕投降。辟闾浑携眷逃出城，打算投奔北魏，却被慕容德的射击校尉刘纲追击斩杀。

南燕王三年（400），慕容德将广固定为南燕国都，自称献武皇帝，改元“建平”；并且把他自己的名字改为“慕容备德”，表示可以德配天地。

当时的东晋是内乱频仍，无暇北顾。后燕也在内乱，拓跋魏正在北征柔然，西战诸胡。慕容德的南燕就在这种国际夹缝中小康数年。

慕容德的旧属赵融，新自长安来，把前秦杀害慕容氏家族及慕容德母亲逃出长安的悲惨经过告诉慕容德；当时慕容德恸哭流涕以至于吐血，因而病倒。司隶校尉慕容达、牙门官皇璆、殿中帅侯赤眉等阴谋篡弑，嗣经慕容德敉平。慕容达又引魏军来攻，中军将军慕容法率众在济水之北长清境迎战魏军，大战三日夜，魏军伤亡惨重而败退。这一次胜仗，使慕容德政权稳定数年。

这时候的东晋，由于桓玄计划篡夺司马氏政权而大肆诛杀异己。因此冀州刺史刘轨、襄城太守司马休之、征虏将军刘敬宣、广陵相高雅之、江都张诞等人都来投奔慕容德。

慕容德也力图建设，一面援边增防，一面派遣大员分别巡视郡县，访察民间疾苦，又采纳尚书韩讳的谏议：强化户政，清除名门豪族或寺庙的荫庇冒替，解放世家大族的佃户、奴隶、私家部队，使差徭赋税公平合理，因而又得五万多户晋民自动来归。慕容德再办土地重划、重新分配，使外籍移民安居乐业于农耕。

慕容德还在山东淄博桓台的商山开采铁矿，冶铸兵器与农具。在沿海寿光东北的乌常泽大量制盐，设官监护。

这时候南燕的经济建设很成功，他的疆域东至海、南临泗水、西到巨野县、北至黄河，占领山东的大部分。

慕容德对于教育是文武兼举。常集诸生亲临策试，在城西办讲武堂，集中训练步兵、骑兵和车战各兵种。这种军事化的国民教育，不数年使南燕的实力大增。

东晋朝廷内斗，桓玄失势，晋廷群龙无首时，慕容德有心南下犯晋。乃在首都广固西校场集合步兵三十七万、骑兵五万三千、战车一万七千辆，举行阅兵大典。然后任命慕容钟为大都督、慕容镇为前锋将军，配以步兵两万，精骑五千，正在待命出发时，竟因慕容德病重而作罢。

公元402年，东晋冀州刺史刘轨邀同刘敬宣（东晋名将刘牢之的儿子）、高雅之、司马休之等为避桓玄之乱而自山阳（江苏省淮安市）逃到山东投奔南燕。本来是想借重南燕的兵力讨伐桓玄，恢复晋室的。后来他们发现南燕终是胡人，他们如果打败了桓玄，很可能是胡人自己称帝，对于匡复晋业的运动没有真正的助力。于是他们秘密结交山东地方的豪门大族，以及诸胡部落酋长，打算推翻慕容德，拥戴司马休之。可惜事机泄露，慕容德将刘轨、高雅之斩首，刘敬宣、司马休之则逃回江南。刘敬宣又做了东晋刘裕手下的晋陵刺史、宁朔将军、宣城内史等职。

南燕疆域图

（400—410 年）

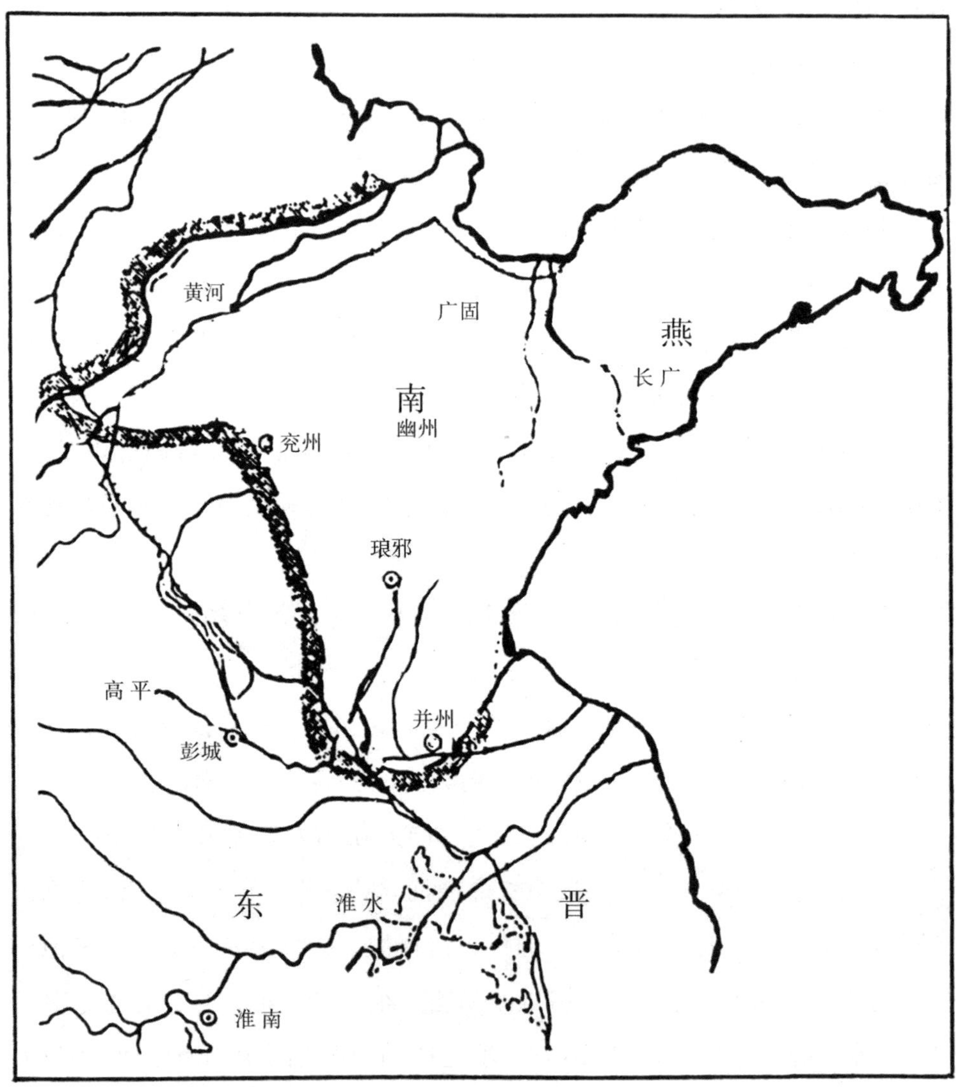

取自《中国史稿地图集》

南燕建平六年、东晋义熙元年(405)，慕容德病死，活了七十岁，做了两年的王、五年的皇帝。太子慕容超继立，当夜做了十二具棺椁，分别抬出四城门，悄悄埋葬在四门外的山谷中，谁也不知道真正的尸首在哪一个棺木中。这是五胡十六国时期胡人帝王为防后人鞭尸而特有的现象。

慕容超

慕容德的几个儿子都是二十年前在邺城被苻坚掳到长安去，后来又都因为慕容冲叛秦案而被苻坚集体屠杀了。

慕容纳是慕容德的胞兄，前燕慕容暐政权曾封为北海王。苻坚灭前燕，把慕容氏王族一并掳去，苻坚还派慕容纳为广武太守。不数年慕容纳就退隐家居羌中(甘肃省张掖市)。当时慕容德就是苻坚属下的张掖太守。苻坚南下犯晋，征召慕容德为奋威将军。慕容德向慕容纳及母亲辞行时，留下一把金刀作为传家信物。

翌年，苻坚愤于慕容冲反叛，把留在长安城内所有慕容氏族众，不分男女老幼集体屠杀。当时慕容德的母亲公孙氏因年逾八十岁得免一死。慕容纳妻段氏因怀孕而入狱，待分娩后再斩。适逢这个监狱的管理员以前曾受过慕容德的恩惠，于是设法放出段氏。段氏就同她的婆婆公孙氏逃到张掖匿居。不久，段氏生下一男孩，就是现在的慕容超。

慕容超十岁那年，他的祖母公孙氏病故。临死之前把他们的家世和慕容德与金刀的经过说给他(慕容超)听，并将金刀交付慕容超，要他设法去找到他的叔父慕容德。慕容超费了近十年的工夫才得知叔父慕容德的南燕现况。

慕容超为了安全起见，没有与他母亲商议，辗转到达慕容德的南燕国都——广固。把他的经过述说了一遍，又把金刀呈还给慕容德。当即蒙慕容德赐名“超”，又封他为北海王，拜侍中、骠骑大将军、司隶校尉。还在万春门内特别给他建造了一所太子府第；又立慕容超为太子。慕容德死，慕容超以太子身份当然继立，改年号“太上”。

慕容超是在战乱中出生，在危险环境中长大的，历尽苦难；如今位极人尊，自然产生享受安乐的心态。他把国家大事都交由他亲信权臣武卫将军兼屯骑校尉公孙五楼，参与中央决策。公孙五楼是汉人，是前朝慕容德时代的大臣。北地王慕容钟、段宏等都很歧视公孙五楼，慕容钟建议“不应把旅客接待到卧室”。而慕容超不听，所以他们埋怨慕容超是“黄狗皮终于用来补狐裘大衣”（《通鉴》）。因此慕容超把他们分别外调为青州牧、徐州刺史。

三年前，当慕容超刚从甘肃逃到山东，行经泰安的兖州牧慕容法任所，慕容法对慕容超并没有表示欢迎。等慕容德死了，慕容法又没有来京奔丧。于是慕容超登基后借此理由谴责慕容法，而慕容法也深知慕容超早晚会报复他的，所以就联络慕容钟、段宏等谋反。慕容超把他们在朝的同党侍中慕容统、右卫将军慕容根、散骑常侍段封等收斩于东市，又车裂仆射封嵩等数百人于东门之外。

慕容超还制定一套新的刑法。其法有六种：

1. 墨刑（在额、面、臂上刺字，注明所犯何罪）；

2. 劓刑（割掉鼻子）；

3. 刵刑（砍掉双脚）；

4. 宫刑（男人去势、女人幽闭）；

5. 烹刑（把人放到锅里煮死，还要吃他的肉）；

6. 轘刑（五马分尸、车裂，这种刑法在五胡中石勒、石虎执行得最多）。

慕容超做皇帝的第二年（406），他又派大军分别攻打那些和他意见不合的青州、徐州、兖州等镇守将领。朝中自相残杀以致举国震惊，谋士、大将、忠臣们人人自危。

权力会使人性变成兽性，会使野兽去吃人，去排斥异己，也会使人屠杀异已。公孙五楼就是在这个规律中把南燕推向灭亡。

公孙五楼不断向慕容超密报说慕容钟、慕容法、慕容统等阴谋造反。

慕容钟时任青州刺史，慕容法是兖州刺史，慕容统为侍中，慕容超先把朝内的叛乱分子慕容统和左仆射封嵩等斩首。然后派慕容镇(公元409年慕容镇为太尉)率兵进攻青州(山东省莱州市)捉拿慕容钟；在攻城之战中，慕容钟把慕容镇留在青州城中的妻子儿女们满门屠杀之后逃奔后秦。慕容超派慕容凝率领韩范所部进攻梁父(山东省泰安市东南六十里)，捉拿兖州刺史慕容法，派慕容昱进攻莒城捉拿徐州刺史段宏。慕容法和段宏都投奔北魏。

慕容凝本来是打算杀了韩范，联合慕容法反抗慕容超的。可是韩范却先反击慕容凝，慕容凝投奔后秦。南燕经此自相残杀的大变乱之后，公孙五楼身兼侍中、尚书左卫将军等数个要职，中央大权都掌握在他一人手中。慕容超的享受一天比一天豪华奢侈，南燕的国势也就一天不如一天了。

慕容超有一天朝会群臣，他嫌所供奉的乐队不好，于是公孙五楼就派他老哥公孙归和将领慕容兴宗、斛谷提等率大军寇略晋境江苏宿迁一带，掳来东晋阳平(山东省馆陶县)太守刘千载、济阴定陶太守徐阮，并大肆掳掠男女数万口，在其中简选美女两千五百人交付乐师教授乐舞。又遣公孙归率骑三千入寇济南，执东晋太守赵元俘与少女千余人而还。他的上一代慕容德打仗是为了略地自保，而慕容超打仗，专为掳人自娱。可以想见他的政权能维持多久了。

东晋的军事家刘裕分析南燕的国情，认为慕容超既没有真正人才，朝中大臣又各怀异志。在战力、兵员方面仅靠一支传统骑兵，且慕容超的统御能力也大有问题。刘裕乃报告晋廷，准备北伐南燕，于是调集船只、军糈，尤其特别训练一支骑兵新军。

慕容超也已知道这些资讯，曾召开了御前军事会议，并派他最信任的公孙五楼为征虏将军。公孙五楼主张据守大岘山，使晋军不能进入心脏地带，阻其锐气。然后再派精骑二千自晋军右翼沿水路南下，切断晋军后援。另派兖州刺史段晖率所属部队自梁父山(山东省泰安市南一百十里)东进袭击晋军左翼，这是上策；命令各郡县固守城池，严格执行坚壁清野，使晋军无粮可因，是为中策；其下策是让晋军入岘谷，然后发挥骑兵的灵活作用，在都城郊外决战，歼灭之。

既没有军事知识，又没有作战经验的慕容超自以为骑兵胜过晋军，竟然只凭主观的“今据五州(其实只是原来的青州，慕容德划分为青、幽、徐、兖四州，另一并州是在江苏省的沭阳县)之强，带山河之固，铁甲骑兵数万，战车万乘，纵令过大岘山至于平地，徐以精骑践之，此成擒也”(《通鉴》)的自大狂妄心态，而采用了公孙五楼的“下策”。主管军事的太尉慕容镇极力诤谏不可行，慕容超不理，慕容镇再说，而慕容超竟把慕容镇下狱。

东晋来伐

405年慕容超逃出甘肃时，为了安全起见，没有告知他的母亲和妻子。现在他做了皇帝，总想着把母亲、妻子接到南燕来享受位极尊崇的荣华富贵。经过派员和后秦的姚兴接洽谈判，由于去年投奔后秦的现在后秦中央任侍中的慕容凝从中作梗，几经周折，最后南燕用一百二十个人的皇家乐队，换回慕容超的母亲段氏和妻子呼延氏。

国家将亡，必出妖孽。有一天慕容超依例祭天的时候，忽然间狂风大作，皇家仪仗和祭坛上的帷幕全被撕裂，慕容超心中畏惧。太史令成公绥向慕容超建议：减轻赋税、爱惜民力、减少差徭，停止朝内斗争、不再枉杀臣民。一善可禳千灾。

慕容超听了成公绥的话，立即下令大赦，并调降公孙五楼等弄权大臣。可是奇怪的天灾，仍然和人祸一样不断地降临。

东晋义熙五年，南燕太上五年(409)夏四月，东晋中军将军刘裕率大军由建康出发。先乘船自淮河入泗水经徐州、下邳到琅邪(山东省临沂市)，大军直趋东苑(山东省沂水县)建立前进基地。六月初，在一个月黑风高之夜，刘裕大军冲过了穆陵关(大岘山谷)，稳住进入险地后的前进阵地。

慕容超稍早曾派征虏将军公孙五楼、辅国将军贺赖卢及左将军段晖等将步骑五万进驻临朐(山东省临朐县)。大岘山谷在临朐东南一百五十里，这里是大平原。公孙五楼原打算以灵活运动的强大骑兵来制晋步兵。而刘裕却采方轨车战法，分左右两翼各有千辆战车阻挡南燕的骑兵，再以自己的少数骑兵为护卫游击，抵销了南燕骑兵的灵活运动。

慕容超一面命公孙五楼率轻骑兵进据临朐以南四十里的弥河，控制晋军所需水源，可阻挡晋军迂回广固。一面自率步骑四万大军迎战刘裕，准备在这个平原上和刘裕主力决战。

公孙五楼在行军途中被晋龙骧将军孟龙符狙击败退。晋军抢先控制水源地之后，接着进攻临朐，和燕军大战一昼夜，胜负不分。刘裕把慕容超的主力胶着在东战场，另乘燕将公孙五楼败退的机会，命胡藩、向弥等一面追击公孙五楼，一面以轻骑精锐支援，咨议参军檀韶一举而攻下临朐，于是南燕军全面崩溃。燕将段晖等十余将领或战死或被俘，士卒战死一万五千多，尸横遍野，慕容超单骑逃回广固。晋军夺获慕容超的皇帝玉玺，御用法驾车辇以及其他御用物件。

刘裕在当地建立行政组织，派遣各级地方行政官员，开始在当地征发粮秣、兵员，以减轻江南长程的后勤运补作业负担。

慕容超一面死守广固，一面向洛阳的后秦求援。晋兵乘胜猛追，第二天就攻占了广固外城；慕容超整合散卒，困守内城以等待后秦来援。慕容超最信任的心腹谋臣、尚书垣尊与京兆尹垣苗，乘夜缒下城墙向晋军投降，使刘裕获得南燕的情报，更加猛烈攻城。

慕容超先后派遣尚书郎张纲和尚书令韩范到长安向后秦求援。姚兴立即派遣卫将军姚强率步骑兵一万人随韩范前往洛阳，会同驻守洛阳的姚绍东下援救南燕。可是就在这个时候，胡夏的刘勃勃率兵南下，危及长安；姚兴又紧急命令姚强回师长安。南燕的慕容超和全城官员对于韩范一定能搬来后秦的救兵都充满着希望。韩范此行的失败，也就意味着南燕慕容超的命运行将结束。刘裕乘机诱导韩范中途归降东晋，利用韩范来向南燕绕城喊话，慕容超知道后秦的援助没有希望了。而尚书郎张纲自秦回国，路过泰山时也被晋军俘虏投降。张纲又为晋军制造冲车、楼车、悬梯、木幔等对付各种不同城防工事的攻城器械。楼车可以升到和城墙等高，上有弓箭克星的木幔。使晋军四面围攻，伤亡惨重。刘裕命张纲在楼车上绕城喊话，使城内守军和居民日夜惊惶。慕容超把张纲的母亲倒挂城墙上，活活砍下四肢，砍下人头来泄愤。广固以北的地方自卫部队都已归降晋军，南燕朝廷的重要官员张华、封恺等相继出城降晋。甚至三年前投奔北魏的南燕中郎将封融、段宏等也来投效晋军，协助进攻南燕。慕容超提出愿意割让大岘山以南的地方给东晋，并以向晋廷称藩为条件，请求和解，但为刘裕拒绝。

晋军又阻塞广固内城的水源，以致广固城内民不聊生。翌年（南燕太上六年、东晋义熙六年，公元 410 年）春二月五日，南燕尚书悦寿先劝慕容超投降，为慕容超严厉拒绝。灵台令张光、尚书令董诜，都劝慕容超顺天应人，怜念民间疾苦，停止抵抗，向晋廷投降。慕容超恨极！极狠！亲自下手把张光、董诜二人剁成肉酱，分给战士下饭吃。野蛮残忍由此可见。当天夜晚悦寿自行打开城门，迎接晋军进城。

刘裕痛恨广固久攻不下，曾下令屠城，把所有男子一并坑杀，妇女赏配参战将士。经南燕降将韩范苦谏，刘裕虽然勉强收回成命，但是气愤难消，仍然把燕室王公以下三千多人斩首东市，没收其家人一万多口并铲平广固城墙。(刘裕撤军时曾派韩范为都督青州八郡诸军事，兼燕都刺史统治南燕故土，后来韩范被东晋刘穆所杀)

慕容超仅率近侍数十骑仓皇突围出城，为晋军拦击俘虏。解送建康(南京市)被晋廷以叛乱罪处斩，时年二十六岁，南燕乃亡。慕容超做了六年皇帝，连同慕容德的五年皇位，南燕总计十一年。《通鉴》说它立国十三年(398—410)。

北燕（汉）

民　　族：汉族

建 国 者：慕容云（高云）。五胡十六国中第十六个建国者

时　　间：公元 407—436 年

疆　　域：大约是现在的辽宁省

首　　都：龙城（辽宁省朝阳市）

历代帝王：燕惠懿帝慕容云：公元 407 年称帝，恢复汉姓——高，409 年为其宠臣离班刺杀

文成皇帝冯跋：公元 409—430 年

昭成皇帝冯弘：公元 430—436 年

北　燕

后燕末代皇帝慕容熙荒淫无道，当政六年，在他二十四岁那年（后燕建始元年，公元 407 年），北燕的中卫将军冯跋、左卫将军张兴等乘慕容熙为苻氏送殡出城的机会发动政变。当时推后燕前王慕容宝的养子慕容云为“燕惠懿帝”，改年号为“正始”。燕惠懿帝慕容云即封冯跋为“使持节”（可以代表皇帝的大权）、“侍中”、“都督中外诸军事”、“征北大将军”、“开府仪同三司”、“录尚书事”、“武邑公”。又依冯跋的意思，派冯

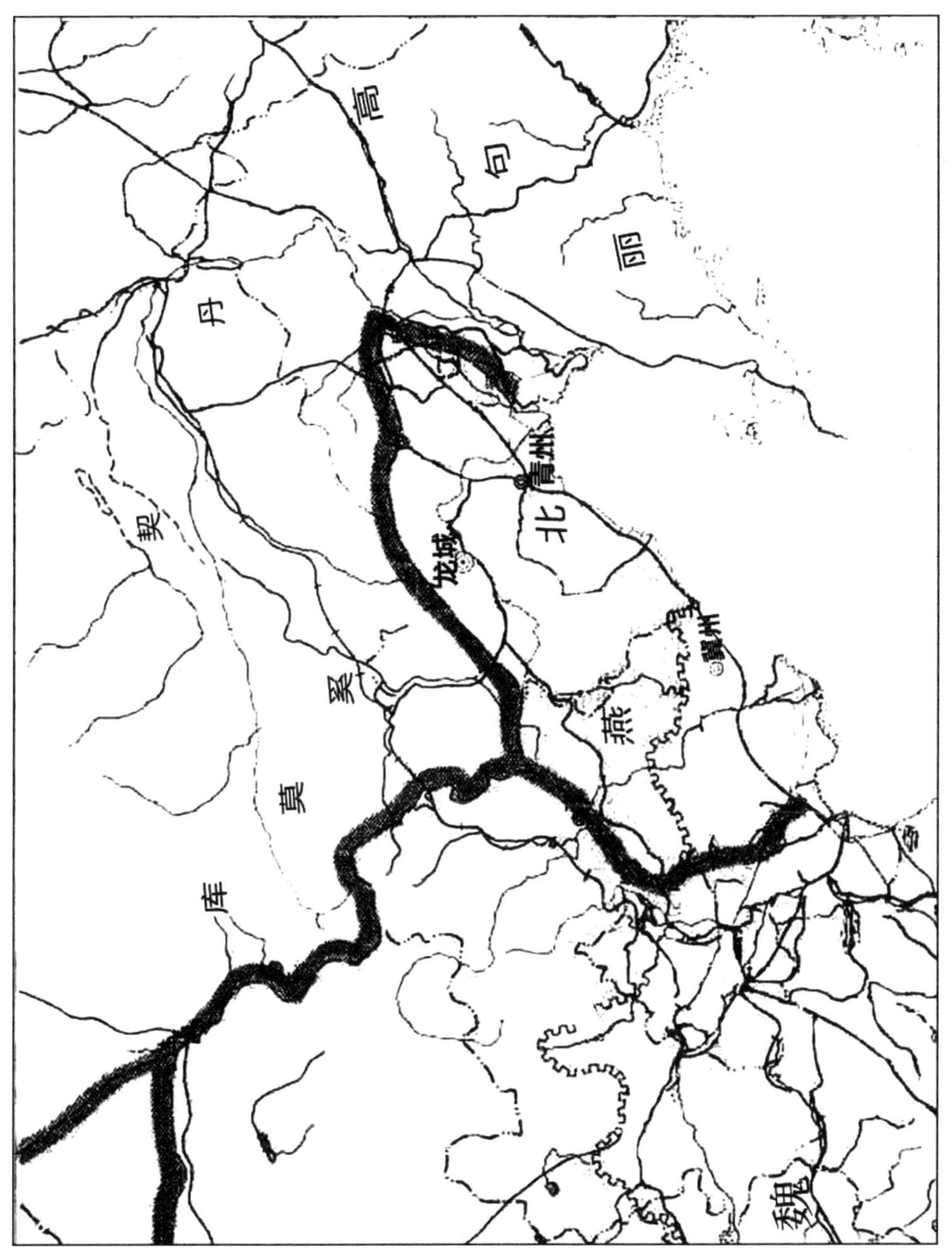
高
句
丽
丹
契
北
燕
龙城
库
莫
奚
魏

跋的堂弟冯万泥为“尚书令”，兼幽、冀二州牧，镇守京畿要地肥如(河北省卢龙县)。派冯跋的胞弟冯乳陈为中军将军兼并州牧，驻镇京畿要地白狼(今辽宁省喀喇沁左翼蒙古族自治县西南)。抚军大将军冯素弗为“司隶校尉”，职司京畿卫戍要职。这些部署，使军政大权都在冯跋的掌握中。

慕容云原是汉人，本姓高，他的祖父曾是高句丽的一位部落领袖。慕容云少年时曾与冯跋为好友，那时候慕容宝为太子，慕容云为东宫侍卫。曾为护卫太子立功，慕容宝就收他为养子，赐姓慕容氏，还封爵为“夕阳公”，是公元397年的事。

公元407年秋，慕容云做了北燕的皇帝以后，立即恢复自己的汉姓——“高”。翌年(408)春，他为了安抚慕容氏族群的心，把已故的后燕皇帝慕容熙和故后苻训英以天子礼安葬，定其墓名为“徽平陵”。追封慕容熙为“昭文皇帝”，不过他明知道自己和慕容氏没有血缘关系，而今继承慕容氏的法统，唯恐慕容氏的后代复辟，于是一面搜捕慕容熙的故旧，有的斩首、有的分尸，还坑埋了一千多人。另一方面积极培养特务、心腹爪牙来严密监控僚属与慕容氏族人。他这种残酷统治手段，不仅惹起慕容氏族的反感，他自己的左右也都不以为然。因此就在他做了皇帝的第三年(409)的冬天，高云就被他一手培养的特务头子禁卫宠臣离班、桃仁等击杀在议事堂上；同时杀死高云的妻子全家，立即拥戴中卫将军冯跋为大都督。

这时候的冯跋真是“万人之上”了，军政大权完全掌握在他一人手里。前年推翻慕容熙是他正面领导的，这次杀高云，是他在幕后唆使的，拥立高云，那不过是一时利用高云还是“慕容”族的一分子来掩人耳目罢了。现在是他揭开假面具的时机了，但他为了湮灭证据，必须“杀人灭口”。他命令他的帐下部督张泰、李桑立即把杀死高云的离班、桃仁逮捕斩首庭中，并将高云原有的禁卫军数千人一律以不忠于高云的罪名集体屠杀在西门之外，并追尊高云为“惠懿皇帝”。

公元409年，在辽宁凌源的昌黎，冯跋被他的群众拥立为“天王”。不久又自称为“文成皇帝”，改年号为“太平”。为了因应鲜卑族的向心，仍然以燕为国号。

这时候北燕的国际环境：西方是新兴强大的，也是对北燕威胁最大的北魏，燕(前燕与后燕)的固有领土已经被北魏占去十分之九以上了。北邻的库莫奚、契丹，东邻的高句丽，对他都没有什么威胁。南方是渤海湾，对海的山东半岛是南燕，更不会和他为敌。即使在一年后灭了南燕的东晋或刘宋，如果胆敢跨海征北燕，必会招致北魏来抄他的后路，来个一石二鸟之计，所以危险性不太大。至于以“兼并诸胡，统一华夏”为基本国策的北魏，对于北燕自然虎视眈眈。不过在当前不可能再来东犯，因为:

(一)魏道武帝拓跋珪被他的儿子拓跋绍所弑。拓跋绍的叔叔拓跋嗣又杀了拓跋绍母子而自立为“魏明元帝”。亟待稳定内部，没有时间东犯。

(二)在拓跋魏的心目中，北燕现据地盘只剩下五州、四郡、一都，总面积还没有现在辽宁省的三分之一大。从资源、兵源上看他都壮大不起来，所以灭北燕只是时间问题。

(三)近五年来，魏已把前燕、后燕的领土占领了十分之九还多。山西、山东、河南、河北等华北大平原上他必须进行各种建设、移民、土地分配等，都需要消化他新占领区的行政。

(四)对于西方诸胡，尤其北方蠕蠕的不断骚扰，他都必须一一攻克，才可免后顾之忧。

以上各种因素，才使北燕在辽宁偏安一隅，得过且过了二三十年。

冯跋做了北燕的皇帝，大封他的族亲。可是他的弟弟冯乳陈还是高云时代封的中军将军，驻守朝阳西方的白狼。冯跋登基之后，虽然封他为“上谷公”，但职务没变，仍然是中军将军兼并州牧，驻守首都龙城。冯乳陈心怀怨恨，于是联络镇守河北卢龙(肥如)的堂弟冯万泥一起叛变。

冯跋派冯弘率兵二万开到白狼讨伐，冯乳陈派敢死队两千人乘夜突击冯弘军，但被冯弘以空营之计诱入，伏兵四起，冯乳陈的敢死队被杀一大半。冯乳陈、冯万泥不得已出城投降，冯弘把他们二人斩首。

北燕太平三年，公元 411 年，冯跋为了争取北方诸胡族的支持，把他的女儿乐浪公主下嫁给瀚海沙漠的柔然可汗郁久闾斛律。柔然进贡战马三千匹。

冯跋在国际外交上尽力花钱买动弱势族群争取诸胡与国。对于内政建设上大力发展农业，鼓励农民种桑养蚕、提倡纺织，拓展贸易与制造军事资源。重视基层行政人员的适任性，减轻赋税徭役，使民以时，国人安居乐业。命太子冯永兼任大单于，来镇抚诸胡族。

北燕太平六年、东晋义熙十年(414)六月，北魏永昌王拓跋健、左仆射安原等发兵攻龙城，打了三天，龙城固若金汤。

北燕太平八年(416)夏六月，北魏骠骑大将军拓跋丕率步骑四万伐北燕，掳掠居民男女六千人而去。

北燕太平十年(418)、北魏太宗拓跋嗣的泰常三年夏四月，拓跋嗣做试探性的军事演习。他以东巡为名，到达河北任丘的濡源，就派遣征东将军长孙道生、黄门侍郎奚观等率精骑两万进袭北燕的龙城。又派骁骑将军延普、幽州刺史尉诸征发丁零部落一万多人担任后动支援，拓拔嗣进驻辽西督战。

北燕王冯跋婴城固守，魏军屡次攻击都不得逞，于是劫掠附近郡县一万多家居民而去。

以后的十几年中，直接威胁北燕生存的还是北魏，其次才是已经灭了南燕而收复山东半岛的东晋或南朝刘宋的刘裕。

刘裕在公元 410 年(东晋义熙六年、南燕太上六年)灭了南燕以后，先是西征长安讨伐后秦，接着又忙着准备篡晋。等他篡夺了东晋的政权之后，又在忙着整顿内部，肃清异己。再接着就是刘裕忙着做了三年的皇帝而死去，他的儿子刘义苻继位，根本没有北伐的想法了。这时北燕已经太平度过十四年了。

在过去这十几年中，冯跋大力提倡发展农业，因为农业是军事资源的根本。他除了施行计口授田制度外，还命令百姓除了种田之外，每人还要种植桑树一百棵、柘树二十棵。柘树叶可养蚕，树是制造兵器的主要材料。努力种田，增加粮产的有赏，如果把分得的田荒芜了，就要处死。他还制定法律尽量减轻民众负担的差徭和赋税，使民以时，农忙时不得扰民。

他还特别重视教育，办太学，派刘轩、张炽、翟崇等为博士郎中，简选高级官员家十五岁以上的子弟们强制入学，施以文武兼备的教育。他还亲临各学校视察、询问，十几年间很有些建树。

这时候北魏拓跋嗣占有后燕的大部分领土后，他把局促辽东海隅的北燕根本没有放在眼里。先是北征柔然，西伐胡夏，又乘南朝刘宋刘裕新丧，内部不太稳定的时候大举发兵南下，一口气攻下了刘宋所属河南滑台(滑县东南)、汜水(虎牢关)，山东泰安、邹县等地。

北燕太平十五年，北魏泰常八年，公元423年，拓跋嗣死了，拓跋焘继立。拓跋焘是个有雄才大略的英明领袖，他的扩张政略是先行西进消灭胡夏，再北伐塞外的柔然(蠕蠕)。胡夏之战打了两年，又费了两年时间把柔然赶到大漠以北。接着又回师与南朝刘宋争夺黄河以南地带，就是这样的国际局势，才使北燕在战乱夹缝中偏安二十年。

宫廷之变

北燕太平二十二年，公元430年秋，北燕天王冯跋病重，召中书监申秀、侍中阳哲进入寝殿交代身后之事。九月，冯跋病势加重，乘辇车到金銮宝殿，命太子冯翼接管政府，下令武装部队进入紧急状态，防范意外。冯跋宫女之一的宋夫人，阴谋使她生的儿子冯受居继承王位，对冯翼接管政府深感厌恶，于是警告冯翼说："皇上的病就要痊愈，你何必急于代替父亲君临天下！"冯翼认为庶母的话很有道理，遂退位到太子宫，每天三次进宫向父王问安。一天，冯翼出宫，宋夫人假传圣旨，断绝皇宫内外交通，有什么事只派宦官传话。冯翼和冯跋其他的儿子、大臣都不能见冯跋的面，只有寝宫中给事胡福可以出入，负责安全警卫。

胡福对宋夫人的阴谋极其反感，担心如此下去，阴谋可能成功，遂把这个阴谋报告天王冯跋的弟弟录尚书事、主管政府机要的中山公冯弘。冯弘抓住机会，立刻率领武士数十人，全副武装突袭后宫，禁卫军不敢抵抗，一哄而散。宋夫人这才发现她不能控制局势，急下令关闭东阁。冯弘的家僮库斗头，敏捷勇猛，翻墙跳过阁门，进入寝殿，一箭射死了一个惊慌的宫女。冯跋这时正躺在床上，震骇恐惧，霎时气绝而死。

冯弘是冯跋的幼弟，也是最具政治野心的皇家政客。当然在他手下也有一批卑躬屈膝的马屁精。冯弘就在这批跳梁小丑的拥护之下而乘机闯进金銮宝殿，登上天王宝座，大声疾呼宣告天王已死！国家已是危急万分！外有强邻压境，内有奸臣作乱。而太子既不侍奉天王病榻，又不敢面对现实，冯弘厚着脸皮，自己夸口说他有治国经验，他有应变的智慧，只有他才有对付外来压力的胆识，他大声呼吁国人支持，讲得声嘶力竭，唾沫横飞。他又要求文武官员各安本位地晋升二级，不服他领导的开除官籍。

冯弘运用双管齐下的文骗武吓，才使臣下支持他登上天王大位。

太子冯翼率太子宫卫队攻击冯弘，不幸战败，卫队溃散，冯弘强迫冯翼自尽。冯跋有妻小一百多人，冯弘把他们全部屠杀了。为了掩饰自己，他又追尊冯跋为"太祖""文成皇帝"，安葬长谷陵。冯弘遂自立为"燕昭成帝"，改年号为"太兴"。封慕容夫人为皇后，儿子冯王仁为太子。

冯弘知道自己的国力不敌北魏，而北魏对北燕的压力又一天比一天增强。他派特使向北魏求和来苟延残喘，可是北魏又不接受和议，于是冯弘就打算投靠东方的高句丽来增强自己的声势。

北燕太兴二年、北魏拓跋焘延和元年(432)夏五月，拓跋焘在东疆邻近北燕的河北检阅步、骑兵，并举行步骑兵联合作战演习，准备进攻北燕。

是年秋七月，中国北方正是秋高马肥、用兵的好季节，拓跋焘率大军进驻濡水(河北省任丘市西北)，派安东将军奚斤征发幽州民兵与密云(北京市)的丁零部落一万多人运送攻城器械，经河北迁安的卢龙道约定到辽宁朝阳的龙城会师。拓跋焘也进驻辽西(河北省迁安市)督战。兵临龙城下。这时候北燕的石城(河北省承德市)太守李崇，建德(辽宁省锦州市)太守王融等率十多郡县宣布投降北魏。石城在龙城西一百里，建德在龙城东南六十里，都是龙城外围的重要据点。北燕的兵源、粮源都靠这些地方支援，所以这两地方的易手，对于北燕首都——龙城的威胁实在很大。

拓跋焘命令李崇、王融就地征发民工三万多，在龙城外挖深沟、筑高垒来困龙城。北燕王冯弘数次出兵突击，都被魏将拓跋丘击败，士卒战死一万多人。

另一个城防据点羌胡固(辽宁省朝阳市内)是龙城最后一个外围据点，城内有军民五万多户，由北燕尚书高绍据守，也被魏军包围。

冯弘也在城内挖地下隧道通到北魏军营后乘夜施行突击。北魏军一面用小部队骚扰，一面施行迂回攻击，派遣平东将军贺多罗进占龙城东边的带方郡(今朝鲜忠清北道之地)。抚军大将军永昌王拓跋健引军进攻锦州(建德)；骠骑大将军乐平王拓跋丕攻占冀阳(朝鲜境内)。然后再三路回师围攻龙城。

八月中拓跋焘攻破羌胡固，斩高绍，收编其余众。

这一态势对龙城的压力虽然很大，但是燕兵固守龙城沉着应战。

九月，是秋末季节，寒冷的冬季就要到了，北魏军不能暴师在野战场上太久，于是下令撤兵。临走时把河北易县的营丘、辽宁义县的成州、辽宁辽阳的辽东和高句丽国境内乐浪、带方、玄菟等地三万多家民众强制移民到北魏占领区的涿县一带。

是年(432)冬，镇守河北卢龙(肥如)冯弘的儿子冯崇眼看大势已去，于是偕同他两个弟弟——冯朗与冯邈在辽西(卢龙县)举城投降北魏。冯弘派大将封羽率军包围辽西。

正巧北魏派给事中王德来见冯崇，北燕封羽见有魏军到来接应，不敢迎战而自动撤围。

翌年(433)，北燕太兴三年春，北魏派永昌王拓跋健率军接应辽西被围的冯崇。北魏拓跋焘看准冯崇还有利用价值，于是任命冯崇为“车骑大将军”，都督幽、平东夷诸军事兼幽、平二州牧，封“辽西王”，并定辽西十郡为采邑。

北魏这个不战而能屈人之兵的策略立竿见影，北燕的石城(辽宁省凌源市)郡守李崇邀同邻近十个郡向北魏大军投降。

冯崇投降北魏，被封为“王”，是因为他是北燕皇帝的儿子，重用他就是利用他来对北燕各部落产生心理影响。石城郡守投降，在外围战场上，北魏军先后攻陷了锦州的建德，距离和龙仅十多里路的羌胡固等地。和龙外围各军事据点，投降的、被攻陷的，已经全为北魏军占据，对和龙形成一种面的包围态势。求和不成，冯弘明知投降必死，乃决心“死守待变”。

公元433年秋，北魏伐北燕没有料到北燕的战斗力会这样强，但是又不能半途罢手。于是不断增兵，不断动员，连保卫宫廷的禁卫军都到前方投入战场了。这时候由去年被北魏在滑台俘虏来的南朝守将朱脩之，现在是北魏的云中镇将，阴谋乘机策动南方来的汉人志士们发动兵变，袭击在前方指挥作战的拓跋焘，计划投奔北燕后再乘海船奔回南朝。事败，朱脩之逃奔北燕。

北魏延和三年，北燕太兴四年，公元434年，冯弘遣尚书高颙上表向北魏称藩。北魏拓跋焘命冯弘把他的太子送到魏廷做人质，冯弘起初迫于无奈而应允，可是后来又舍不得骨肉分离而悔约。翌年(435)春，北燕又派大将渴烛通朝魏，谎称太子正在病中，要求宽期。北魏拓拔焘明知冯弘使诈，但为了自己调度兵力所需时间，也就将计就计允予缓期半年。

是年(435)夏，魏军为向冯弘示威，抚军大将军再进兵龙城下。先收割了四郊的麦子，再裹挟六千男女居民而去。

北燕王冯弘派尚书高颙携自称藩属的奏章觐见拓跋焘，承认自己罪行，愿意接受处罚，并愿将自己最小女儿奉献给拓跋焘做侍妾。拓跋焘看在这个“最小”的美女分上，答允下来了，不过还是要冯弘的太子到首都平城来朝见。

冯弘的臣下都劝冯弘应以国家安危为重，把太子冯王仁送到北魏做人质，先保住国家安全，然后再奋发图强。可是冯弘不听这些建议，还把提议的臣下斩首。冯弘这种心态，令人难以捉摸。

北魏抚军大将军拓跋健、尚书左仆射安原督步骑大军再攻龙城，将军楼勃率精骑五千围凡城。凡城在辽宁建昌县境，离朝阳南一百里路的白狼山附近，北燕守将封羽举城降北魏，楼勃迁去当地居民三千多家。

北燕太兴五年，公元435年，冯弘派遣朱脩之为特使泛海赴建康向刘宋称臣，刘宋封冯弘为燕王，并称北燕为黄龙国，可是在实质上刘宋也无力为助。

北魏延和四年、北燕太兴五年，公元435年夏，拓跋焘命骠骑大将军拓跋丕率镇东大将军屈桓部骑兵四万人进攻北燕，兵临龙城。北燕王冯弘不仅不应战，而且还送给魏军大批牛、羊和美酒犒赏魏军。并献铠甲三千副，魏军又掳去男女六千人。敌军临城，不仅不战，反而资敌军需，这种国家领袖岂有不亡国家之理。

冯弘亡命高句丽

北燕的领土已被魏占去了十之七八，对于首都龙城的压力也一天一天加重。这时候的冯弘无力再战，求和又怕拓跋焘施以绝招灭他冯家全族。

为了缓和魏军的进攻，冯弘派高级官员到魏都平城进贡，并称就要送太子来当人质，但是拓跋焘已经不再相信冯弘了。

北燕太兴六年(436)三月，北魏平东将军娥清、安西将军古弼率精骑一万，平州(治今河北省卢龙县北)刺史拓跋婴率辽西各地民军夹攻北燕首都龙城。这时冯弘派遣外交密使阳伊秘密访问高句丽，洽请出兵保护。当北魏军攻下龙城西南的重要据点白狼时，高句丽所派大将军葛卢孟光率骑兵数万来迎，燕王冯弘的军队已随同特使阳伊在燕都和龙城东扎营。冯弘下令所有军民及官员全部迁去高句丽。

龙城的人民都不愿意远离自己的故土到高句丽去做难民，北燕的尚书令郭生俯顺民意，开龙城西门迎降北魏军。但是北魏军误以为冯弘施诈，迟疑之下，不敢立即进城。郭生下令部属攻击冯弘，燕王冯弘乃急引高句丽军自东门进城，郭生战死，高句丽将葛卢孟光纵兵抢掠，并打开北燕政府的仓库、军械库，命士兵脱下他们原来破蔽不堪的军衣，换上取自北燕库存的新军装和精良兵器。冯弘下令妇女都换穿铠甲，杂在军中，最后放火烧了燕王的宫殿、仓库，由高句丽军保护燕王领着北燕皇族、贵族近侍及愿随行的民众出东门奔向高句丽。北魏军也没有追赶，冯弘算是运气。

稍后拓跋焘派散骑常侍封拨前往高句丽要求引渡冯弘，高句丽拒绝了，冯弘又得以多活了两年。

北燕王冯弘亡命高句丽，这时北燕土地已经完全为北魏所有。这时候华北、大西北诸胡族，除北凉又苟延残喘三年以外，其余都已臣服在北魏统领之下了。

冯弘到了高句丽，受尽了高句丽王的奚落。高句丽王先把冯弘的侍卫部队解除武装，再把那些随行的遗老、贵族、大臣们分散到各部落去做就食难民户。安排冯弘住在郊区平郭(辽宁省盖州市南)，以后又移往北丰(辽宁省大连市)，使他远离故旧。可是冯弘仍在擅作威福，常以宗主国君自居。北魏又向高句丽引渡冯弘，高句丽如果不把冯弘引渡给北魏，就得罪了北魏，如果把冯弘引渡给北魏又怕冯弘从中作祟。考虑再三，两年没有定论。

冯弘对高句丽王的不断折腾也很气愤。于是派使者泛海到南京，要求刘朝的宋皇帝出兵营救。刘宋皇帝刘义隆派遣王白驹北上高句丽交涉放冯弘南下。高句丽王高琏觉得冯弘是个很麻烦的人物，留着他麻烦还在眼前身边；如果放走他，可能会有更多、更大而且捉摸不到的麻烦。想来想去，还是“斩草除根”为上策，于是高句丽王遣中郎将高仇到北丰把冯弘和他的十多个家人全部杀死，北燕冯家政权失国两年后，又遭到灭门。时在公元 438 年，南宋元嘉十五年、北魏太延四年，北燕天王出亡二年。

北燕自高云(二年)、冯跋(二十二年)而冯弘(八年)，前后三十年(一说二十四年、《晋书》说二十八年)。

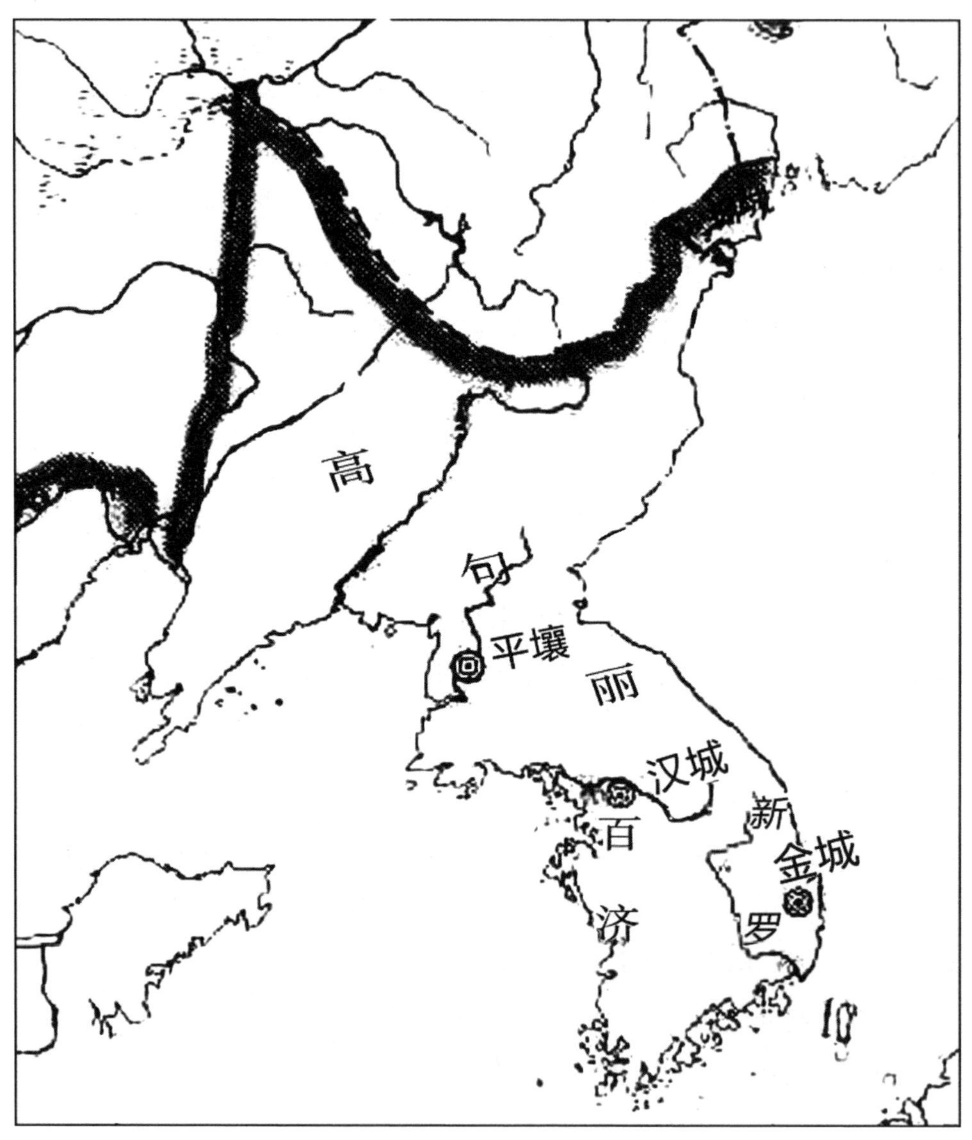
高
句
平壤
丽
汉城
百
济
新
金城
罗

后秦（羌）

民　　族：羌族

建 国 者：姚苌。为五胡十六国中第七个建国者

时　　间：公元 386—417 年

疆　　域：最盛时东自山东省西南部、安徽省北部，南至河南省的黄河流域，西到陕西省、甘肃省，北至内蒙古南边境。

首　　都：长安（陕西省西安市）

历任帝王：秦武昭帝姚苌：公元 384—394 年

文桓帝姚兴：公元 394—416 年

姚泓：公元 416—417 年，为东晋所灭

后　秦

羌族是我国西方古老族群之一。相传是三苗（浑敦、穷奇、饕餮）的后代，舜时被流放在三危山（在甘肃省敦煌市东南）。据香港某报载：在甘肃玉门的火烧沟发现距今已三千七百多年的文化遗址，经考古专家的推断是羌族部落的遗迹。于此可见羌族乃是很久很老的族群了。

秦汉时散居甘肃东部、陕西北部一带的羌族群，分为东、西两大部落。到晋朝，史家把他们列入十六国五胡之一。由于人口繁殖的必然趋

势，逐渐向南发展到甘肃的岷县、临潭，四川的松潘、茂县一带以畜牧农业为生。不过羌族在西南夷族中还是弱势的一支。

后秦的开国皇帝姚苌是甘肃陇西(南安赤亭)的羌人。他的父亲姚弋仲乘西晋永嘉之乱，率族众东迁到陕西千阳东的榆眉郡。随同前来的有羌人也有汉人，有数万人之多。

在那个大混乱的时代里，谁有群众谁就有兵源，谁有兵权谁就有官做。当时前赵皇帝刘曜曾拜姚弋仲为平西将军。迨后赵灭了前赵，姚弋仲又做了后赵石勒的安西将军，并积功升到西平郡公；率族众驻镇河北枣强县凝头戍的军事重镇。

东晋永和六年，公元350年，冉闵灭了后赵，姚弋仲看准冉闵难成大事，于是他又骤然降晋，受晋封为“使持节”、督江淮诸军事，册封高陵郡公、大单于，匈奴族、羯族、氐族、羌族、鲜卑族、巴蛮六夷大都督。

又封他的儿子姚襄为“平乡县公”“平北将军”，并州刺史兼都督并州诸军事，授权“持节”(代表皇帝)。

姚襄在中原时代

东晋永和八年(352)姚弋仲死，第五个儿子姚襄继承他的爵位，乃率众六万户南下归属东晋。一路攻占后赵阳平(河北省馆陶县)、元城(河北省大名县)、发干(山东省聊城市境运河西岸堂邑镇)后，进至河南荥阳。晋廷派他驻守谯城(安徽省亳州市)、历阳(安徽省和县)一带。当时东晋的国家政策是北伐，收复失地。姚襄也深知占据中国北方的前燕和占有中国西南半壁的前秦刚在强盛的开始，士气正旺盛，时下北伐不易成功。于是就在淮河两岸开垦荒地屯田、养兵、训练将士。这时候东晋的扬、豫、兖、徐、青五州(涵盖江苏、安徽、江西、浙江、河南、山东)都督殷浩，

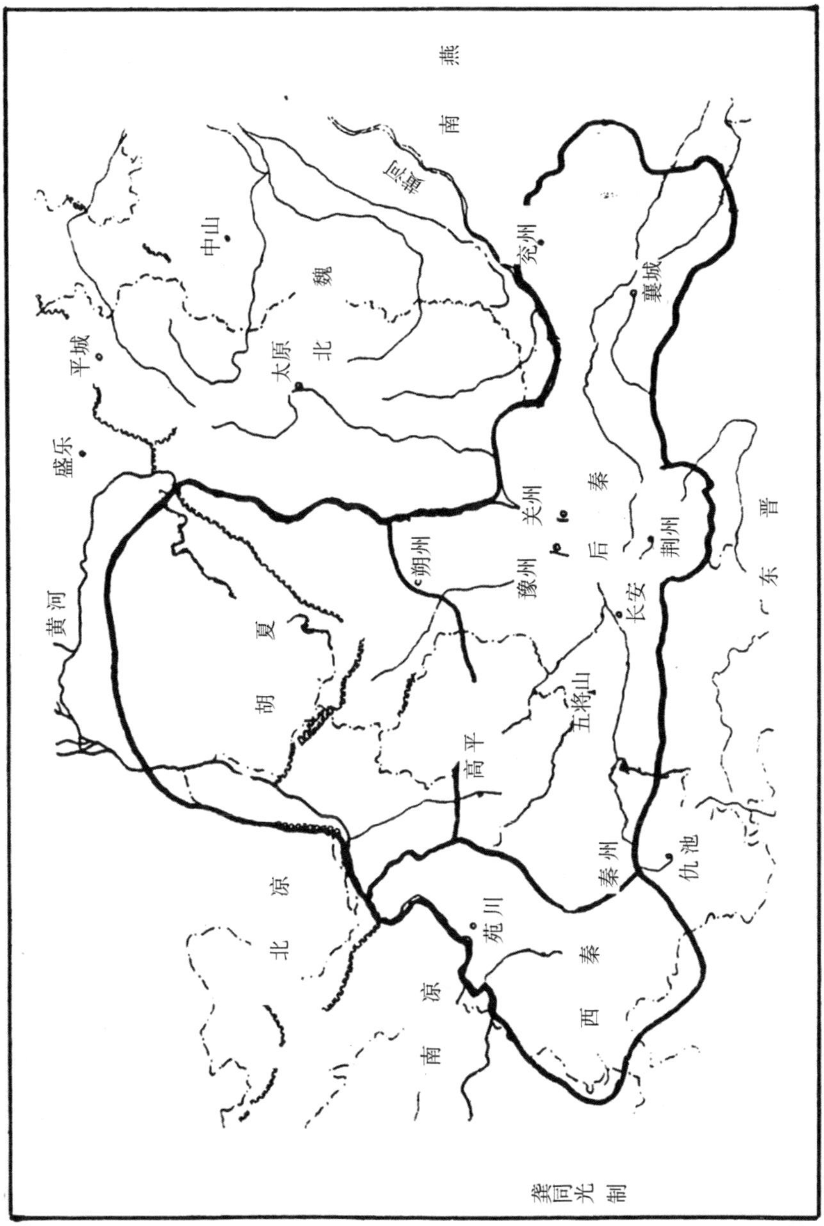

后秦、西秦与胡夏之疆域图

龚同光 制

对姚襄的势力日益膨胀深为妒忌。曾两次派遣刺客去暗杀姚襄，但刺客都是临时倒戈，反而将实情密告姚襄。晋豫州刺史谢尚素与姚襄友善，也曾暗示姚襄注意殷浩的阴谋。殷浩又暗中派遣魏憬率五千余众袭击姚襄，而姚襄也早有防备，遂斩魏憬，收并他的部队。

殷浩上表晋廷，要求调姚襄为梁国内史，驻防河南商丘的蠡台。

翌年(353)秋七月，东晋殷浩自寿春兴师北伐，计划收复洛阳，乃命姚襄为前锋。姚襄利用这个机会报复殷浩，就在安徽蒙城以北的山桑设下埋伏邀击殷浩所部，结果殷浩部众崩溃，一万多人被姚襄俘虏，杀死的还不算在内。殷浩逃到谯城(安徽省亳州市)整合残兵败将。姚襄接收了殷浩北伐军团所有军资仪仗和武器。姚襄命姚益率领一部分军队驻守山桑以防殷浩再返寿春，姚襄自己率大军南下寿县。殷浩自谯城攻击寿县前哨据点的山桑，姚襄又回师反击，殷浩的战将刘启、王彬之被斩。姚襄收编了殷浩的所有部众，并招募当地散兵游勇与流民，这时候姚襄的部众已有七万多人了，遂占据寿春作为根据地。

姚襄的部将大都是北方的汉人、胡人，所以都劝姚襄还师北地。于是姚襄宣布叛晋，自称大将军、大单于，向河北的前燕表示投诚。实际上是利用这一活动借路返回他的陕北老窝。

这时候在安徽亳州逃荒的上万难民，也宣布归附姚襄。姚襄先鼓动难民群起暴动，活捉东晋所委任的陈留郡内史刘仕以掩护其移师北上。姚襄就引兵北上，攻取河南杞县的外黄，再西进许昌，然后进入山西。再从山西吉县西五十里的姚襄城渡过黄河，进屯陕西黄陵的杏城，然后派堂兄辅国将军姚兰向北略取土地。派胞兄曜武将军姚益生、左将军王钦卢率军到各处去招收羌族部落与匈奴部落。因为这一带是他父亲姚弋仲政权的起源地，所以北地(包括甘肃省、宁夏回族自治区一带)的胡人、汉人望风来归的五万多户。于是姚襄的统治范围以杏城为中心。五年间的生聚教训，已使他实力大增，他的雄心壮志是进图长安而王关中。

这时候，长安以北的耀县已经成为姚襄的前进基地了。东晋升平元年、前秦苻生的寿光三年(357)，姚襄举兵南下进攻长安——前秦的国都，行军到池阳(三原)被前秦广平王苻黄眉的大军所阻。

姚襄师承他父亲姚弋仲的渊博家学，对于用兵的智谋很高。他这次引兵南下目的在取长安，所以在中途他无心恋战，他先把主力交由他的弟弟姚苌率领，绕过三原以东直趋长安。他自己仅带部分骑兵与前秦军周旋在三原，意图吸引秦军长安北防的主力，让姚苌能顺利攻下长安。

前秦军开始反击，秦将苻飞龙在杏城以北活捉了姚兰。姚襄自杏城南下攻陷黄落(陕西省铜川市西南)，计划进攻池阳。

前秦皇帝苻生决心消灭姚襄这一股新兴起的军事势力，乃派龙骧将军东海王苻坚、卫大将军广平王苻黄眉、平北将军苻道、建节将军邓羌等组成步骑混成兵团一万五千人投入战场。姚襄明知不敌，且战略目的已达，没有与前秦直接再战的必要，乃坚守营垒，不肯出来应战。

当年五月天，正是令人容易动气的盛夏季节，前秦的建节将军邓羌率领三千轻骑兵直迫姚襄大营挑战，并在姚襄营前筑垒作长久布阵状。姚襄顿时怒不可遏，立即下令全军出战，邓羌伪装撤退，姚襄追击，追到三原、淳化、泾阳三县交界的嵯峨山下，邓羌回军猛烈反击。苻黄眉等军也赶到，前后夹击，喊杀声震天动地，抛石、飞箭如雨。姚襄的战马中箭栽倒，把姚襄掀下马来，前秦军活捉姚襄。苻坚下令立即就地把时年二十七岁的姚襄斩首。刚到长安外围的姚苌也只有率所部投降前秦。

姚襄自河南北上，在行军途中一直护运着他父亲姚弋仲的灵柩。前秦皇帝苻生以国王的礼仪把姚弋仲的灵柩安葬在甘肃甘谷县境的孤磐，并追赠以公爵。

前秦苻生的寿光三年，公元357年，前秦的东海王苻坚发动政变，杀苻生而自称“天王”。

西北战场上苻坚与姚苌

苻坚南下寇晋时，以姚苌为龙骧将军，都督益、梁二州诸军事。淝水之战苻坚大败退回长安之后，秦北地刺史慕容泓首先叛离苻坚，在华阴自称“燕济北王”。苻坚派他的儿子巨鹿公苻叡讨伐慕容泓，并命姚苌为苻叡司马，苻叡兵败战死，姚苌恐怕苻坚怪罪于他，于是率残部逃到渭北牧马集(陕西省耀州区)。西州(新疆)羌族豪门大户尹详等人领导五万多户共推姚苌为盟主。

东晋太元九年、前秦建元二十年(384)，姚苌眼看着慕容垂叛秦自称“后燕王”、慕容泓叛秦称“济北王”，连苻坚的近臣慕容冲也叛秦而自称“燕威帝”。他也按捺不住，于是在驻屯地牧马集自称“大将军”“大单于”“万年秦王”，改元“白雀”，是为史家所谓的“后秦”。附近郡县、诸胡与羌人、汉人来归者十多万户。姚苌在牧马集秣马厉兵以待世局变化。

前秦将宋方率三千骑兵自云中(山西省大同市)来援长安。姚苌派兵在陕西中部县(黄陵县)西北的贰县截击，宋方猝不及防，单骑逃走，他的部众全部投降姚苌。这时候西燕威帝慕容冲势力甚强，即将进攻长安。姚苌一面与西燕联合，一面派长子姚兴留守北地(陕西省耀州区)，派宁北将军姚穆镇守同官(陕西省铜川市)，他自率主力部队进攻新平(陕西省彬州市)。

新平是通安定的要道，夹城东西有水，北注泾水，城临泾水南岸号称险固；南倚邠岩，乃去安定驿道的咽喉。姚苌军曾遭苻坚的地方团队顽强抵抗，姚苌攻下新平之后把新平人民坑杀几尽；又攻甘肃泾川的安定，生擒前秦安西将军苻珍。姚苌的声势震动(秦)岭北、蒙古诸郡有十多万户都来请降。

前秦苻坚亲自率步骑混合兵团两万人进攻姚苌的基地。前秦护军杨望兵分三路同时并进，节节胜利。姚苌的弟弟镇军将军姚尹买战死；同时姚苌在新平战场上也不顺利，损兵折将一万多人。

北地黄土高原上的地下水有二三十丈深，汲取不易，大量用水都靠河流。前秦苻坚下令堵断同官河上游山谷，打算使姚苌军中没水吃，自然会大乱。可是连天大雨，不唯使后秦军士气大振，而使苻坚竟然长叹“天佑羌胡”！同时又接到长安吃紧的战报，他(苻坚)只好无功而回师长安。

东晋太元十年、前秦建元二十一年(385)，西燕威帝慕容冲包围长安，秦卫将军杨定又战败被俘；城中粮食吃完，战马牲畜都吃完了，人吃人的惨事也时有所闻。兵器都当作柴烧了，苻坚没有办法再支持下去了，于是留下太子苻宏守着长安，并嘱咐不要出城交战。然后自率骑兵数百人，张夫人，儿子苻诜，女儿苻宝、苻锦突围出城，计划前往陇西整军。姚苌派骁骑将军吴忠安排一支伏兵在岐山东北的五将山邀击，苻坚被俘。

苻坚一向对待姚苌非常恩厚，就常理言姚苌不应背叛苻坚，而今姚苌竟然背叛，所以苻坚极端痛恨姚苌以致在这时候的情绪是愤恨交加，对待姚苌也是声色俱厉。

姚苌要苻坚交出传国玉玺，苻坚严厉拒绝，并喝骂姚苌“五胡次序，无汝羌名”。姚苌遭此羞辱又记起杀兄(姚襄)之仇，遂把苻坚吊死在新平佛寺柏树上。苻坚妻张氏随从数百人或自杀、或被杀，全部死难在佛寺中。最残忍的是姚苌先依王者之礼厚葬苻坚于长安近郊，可是两年后姚苌又掘苻坚之墓、鞭苻坚之尸，焚其骨、扬其灰。

(《晋书》记载葬苻坚的是其故中垒将军徐嵩与屯骑校尉胡空。)

姚苌乘虚得长安

西燕慕容冲进入长安，立即派前将军高盖伐姚苌。在新平以南展开一场大战，结果西燕军大败；高盖率数千残军投降姚苌。不久慕容冲因内乱被部属杀害，慕容颉继立，率前燕在关中的鲜卑族众四十余万口放弃长安而东返。长安顿时成了空城，前秦荥阳太守赵谷等招徕杏城，卢水胡郝奴率四千户人入长安称帝。前秦太初元年、西燕昌平元年、公元 386 年夏四月，姚苌乘虚进攻长安，郝奴投降。后秦姚苌遂都长安。

这时姚苌的政略是乘西北诸胡自相残杀之际，先各个击破诸胡，收抚散胡游勇整编成军，然后向东拓展进而取晋江山。

东晋太元十一年(386)，万年秦王姚苌在长安称帝，国号“大秦”，自称秦昭武帝，改元“建初”。改长安为“常安”，派姚绪镇守。为了执行西平诸胡的计划，姚苌亲自移师安定(甘肃省泾川县，距西安市西北二百余公里)。先征服了东胡族金熙部落，再打高平固原鲜卑多兰部帅没奕干。把安定五千多户羌族迁到长安，又把秦州豪富三万多户迁到安定。不到七年光景，姚苌征服了整个大西北诸胡族。然后南凉、北凉、西凉、西秦与仇池都来称藩朝贡。从此，姚苌又威震西域了。

翌年(387)秋，姚苌进攻盘踞在甘肃正宁北泥源的苻秦残军苻师奴部。苻师奴大败，姚苌把他所部将士与眷属全部收编为营户。

姚苌的领军将军姚方成为肃清京畿以内的苻秦残余，对秦雍州刺史徐嵩发动扫荡攻击，徐嵩兵败被俘。姚方成劝降不成，于是把徐嵩先断其腿，再斩其腰，然后再斩其首，全军四千余将士全部坑杀，所俘敌军妻女赏配给军士作奴作妾。

唐代长安城

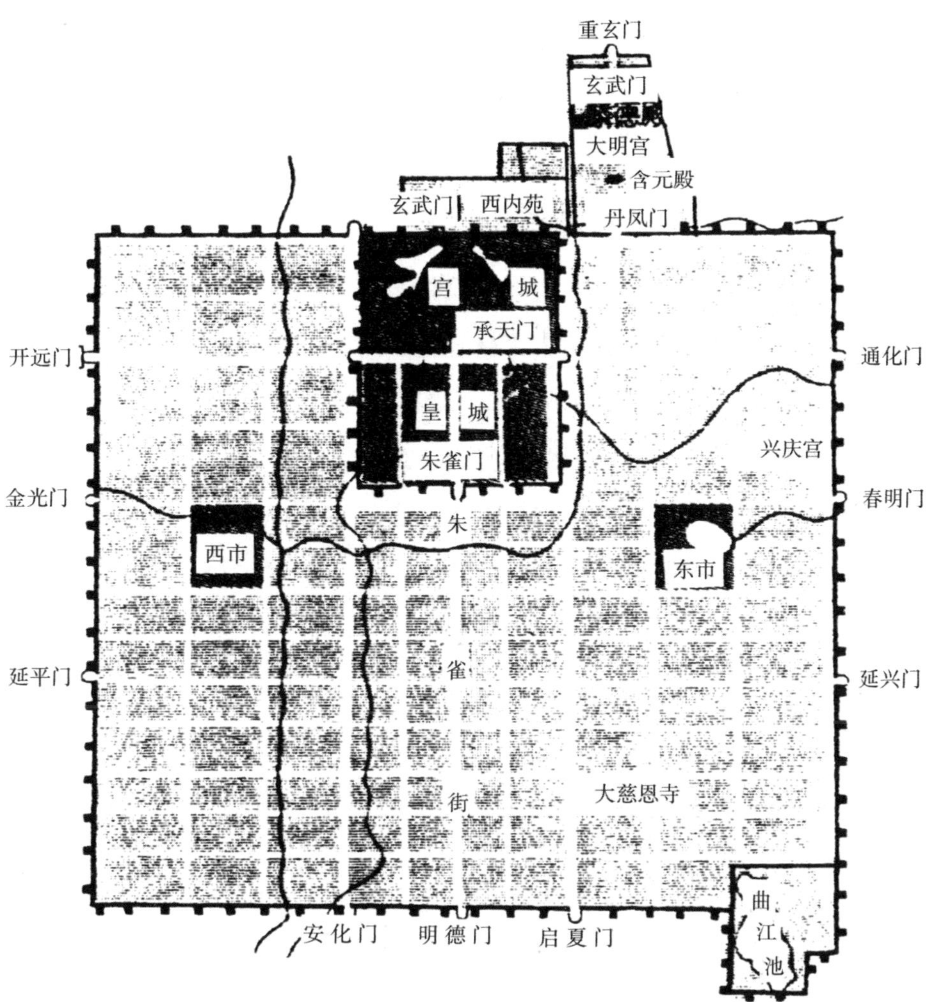

取自《中国古代史地图册》

公元387年，姚苌进攻黄河西岸西燕慕容永所占地区(陕西省韩城市、宜川县地带)。西燕守将兰犊战败被俘，慕容永撤退，姚苌收复杏城(陕西省黄陵县)。

神经战法

东晋太元十三年、前秦高帝苻登太初三年(388)春，姚苌亲率大军西伐苻登。两军在朝那一带对峙，多次大战，互有胜负；姚苌还师安定。苻登所据的陇西为六盘山区，为求军糈补充，时常就食泾川、新平。苻登率一万多步兵，乘夜围着姚苌主帅营地，四面放声大哭，目的在使姚苌士卒夜惊。姚苌反而下令使全军大哭以应之，苻登知难而退。

苻登在军中供奉了苻坚的神主，牌位安放在四面密封、车盖装饰豪华的车子上，车子四面插着天子旗旌，有三百武士护卫。苻登每出战，必在苻坚神主之前祷告流涕，将士都很感动，都在铠甲襟下刻着“死战”字样以表誓以死志来战姚苌，这一招对于鼓励士气大有助力。姚苌也依样做法，并且还在苻坚神位前祷告说：“吊死您是先兄姚襄的阴魂所使，请您不要见怪于我。”可是他这一做法却招致部队连续发生夜惊。

是年(388)夏五月，姚苌与苻登再战，姚苌又败，于是以奇袭出名的姚苌设计奇袭。派中军将军姚崇夜袭平凉、彬县之间的大界——苻登的后勤基地，又失败。苻登乘势攻下平凉，进迫姚苌的行都——安定。姚苌想到三国曹操与袁绍对峙时许攸建议曹操夜袭袁绍辎重车队的故事，于是姚苌使尚书令姚旻固守安定，自率精骑三万再袭大界——苻登辎重营，俘杀苻登妻毛后及子苻异、苻尚，并擒名将数十人，最后掳掠男女五万多口而去。

毛后，美貌又勇敢，善于骑马射箭。当姚苌攻进她的营帐时，她曾率壮士数百人力杀姚苌兵七百余人。终因姚苌势众，层层包围，最后被俘，不屈而被姚苌所杀。姚苌俘掳前秦文武官员数人，部众五万多人，凯旋回师长安。

苻登收拾残众，退屯今陕西彬州西的胡空堡。姚苌派姚硕德镇守安定，迁安定富豪一千多家到阴密(甘肃省灵台县西五十里)以实新平外围，并派弟弟姚清镇守。派从弟姚常戍陇城(甘肃省秦安县东九十里)、邢奴戍冀城(甘肃省甘谷县东)、姚详戍守略阳(甘肃省秦安县)。

苻登派左丞相杨定进攻陇城的姚常和冀城的邢奴，姚常战死，邢奴被俘，姚详放弃略阳投奔阴密姚靖。

前秦太初五年，后秦建初五年，公元390年四月，前秦镇东将军魏曷飞自称冲天王，率氐人、胡人攻击后秦安北将军姚当成据守的杏城。后秦镇军将军雷恶地也临阵倒戈，攻击后秦镇东将军姚汉得据守的李润镇(陕西省大荔县东北)来响应前秦的魏曷飞。后秦皇帝姚苌遂率精锐部队一千六百人迎战。

魏曷飞发现后秦的军队人数很少，遂全军出动攻击，打算用以众击寡战法吃掉姚苌军。姚苌坚守营垒拒绝出战，显示他的兵力微弱。但另一面秘密派他的儿子中军将军姚崇率数百敢死队，迂回到魏曷飞军的背后，乘夜奇袭。到处放火、到处喊杀，魏曷飞军霎时溃散。姚苌命镇远将军王超等率所有部队出击，斩魏曷飞、杀将士一万余人。雷恶地请求投降，姚苌接受，待他像当初一样。雷恶地自以为是天意。

姚苌命姚当成在营地构筑栅栏，每一个栅孔竖立一个木牌用以表扬战功。一年后，问姚当成情形如何，姚当成说：“营地太小，已加扩大。”姚苌说：“跟敌人作战，从来没有这次痛快！以寡击众，贵在奇兵制胜！”

战场东移

391年春，苻登把军事主力逐步东移，规复长安。而姚苌也已判断苻登的用兵目标，于是采取以攻为守战略，先派一支精锐进攻新罗堡(陕西省眉县北、渭河南岸)。经过扶风时，苻登的扶风太守齐益男弃城而逃。苻登为谋分散姚苌兵力，乃向陇东(甘肃省平凉市西十里)转进。

苻登大军扬言进攻耀县西北一百里的胡空堡，以威胁姚苌的前进基地——耀县，实则另派精锐骑兵自雍城南下攻克范氏堡(地望约在陕西省宝鸡市东南)，渡过渭水，再东下攻姚苌的京兆太守韦范于段氏堡，不克，进而占据了长安以南杜曲东北的曲牢堡，对长安已形成包围态势。

年前才投降过来为姚苌委任为豫州刺史的苟曜领兵一万驻守长安。苟曜曾与苻登密约为内应，邀苻登进攻长安。苻登依约自曲牢堡出兵，姚苌出城迎战。大战一昼夜，姚苌稍退，其前将军吴忠被俘。苻登为报六年前吴忠勒死苻坚的仇恨，乃将吴忠吊死，又碎尸万段、焚骨扬灰。

姚苌整合残众，再战苻登，结果苻登退守咸阳以西的眉县，等候仇池援军。

是年(391)冬，苻登攻击后秦西陲重镇的安定，姚苌亲率精骑趋阴密(甘肃省灵台县，距安定南五十里)堵击，苻登败退。

后秦姚兴在长安处死苟曜，翌年(392)又把前秦投降过来的王广、王统、苻胤、徐成、毛盛等统统斩首。

驻守陕西蒲城县野人堡的前秦苻登右丞相窦冲，于公元393年夏六月宣布野人堡独立，他自称“秦王”，改年号“元光”。蒲城在渭南地区，虽然距离长安约二百里，但还是苻登的势力范围。

是年秋七月，前秦苻登派兵讨伐窦冲。后秦同时乘机进攻前秦的胡空堡。苻登撤除窦冲之围，回救胡空堡。后秦军乘势又攻平凉，大肆掳掠而回师。

是年秋，东晋驻屯洛阳以西的氐族部落叛变，举部西行向后秦投降。晋河南洛阳郡守杨佺期率将军赵睦部追击，在潼关大败氐族部落。酋长杨佛嵩要求后秦驻军援救，后秦将领姚崇出兵接应，俘杀赵睦，击败东晋军。

前秦皇帝苻登听到后秦皇帝姚苌病重的消息，大喜过望，焚香祷告苻坚牌位。还大赦天下，文武百官都升级二等。喂饱战马、磨利武器，率大军进逼安定，距城九里多。八月，姚苌的病稍有起色，出城接战，苻登也出营准备攻击。姚苌派安南将军姚熙隆进攻前秦的支营，苻登恐惧撤退。姚苌当夜率军在侧翼迂回，紧跟在苻登大军之后，天亮后，才知道后秦军营全空，人马不知道到什么地方去了。苻登大惊，心底自忖："姚苌这家伙是干什么的？走的时候我不知道，来的时候我也不知道；都认为他快要死了，他却活着来打仗。我跟这个老羌奴，同生在世真是倒霉！"苻登遂退回雍城，姚苌也回安定。

后秦建初九年(394)冬，后秦昭武帝姚苌病故，太子姚兴在槐里(陕西省兴平市东南)继立。是为秦文桓帝，改元"皇初"。

史家誉为"后起之秀"的苻登自视甚高，从来就没有把姚兴放在眼里；姚兴也深深了解这一点，所以当姚苌病死时，姚兴秘不发丧。姚兴出兵伐苻登，两军在咸阳以西兴平境内的废桥遭遇，血战一昼夜，苻登大败，单骑逃奔凤翔。原驻守凤翔的太子苻崇与安成王苻广已经弃城逃走。苻登再奔平凉，收集散众，进入马毛山整训。是年秋姚兴与苻登再战于马毛山南，苻登大败，被杀。

姚兴把苻登所部遣散归农，把甘肃灵台阴密地方的氐族三万户迁移长安，把苻登刚娶来不久的李皇后赏赐给仆射姚晃做侍妾，时在公元 394 年的秋七月。

姚兴消灭苻登之后，苻登的儿子苻崇逃到青海的湟中宣布继位，仅十天功夫又被史称西秦的乞伏乾归消灭。姚兴又征服西秦乞伏乾归，再收降南凉与后凉的吕隆，把他们全族都迁到长安。公元394年秋，后秦的安南将军强熙、镇远将军强多叛变，推举窦冲为盟主，姚兴亲征讨伐窦冲。大军抵达武功(陕西省武功县)，强多的侄儿强良国杀强多，向后秦投降。强熙投奔秦州(甘肃省天水市)地方领袖姜乳，窦冲投奔汧川(陕西省千阳县)。汧川氐人仇高活捉窦冲，呈献给后秦姚兴。

天水之战

年前(395)当前秦陇西王杨定和前秦王苻崇战死在天水时，天水地方领袖姜乳乘机占据天水。后秦既已战胜前秦，天水也当然应是后秦领土。所以在公元396年，后秦王命陇西王姚硕德率军收复天水。大军一到天水，占据天水的变民姜乳立即投降。后秦王姚兴调姜乳到长安中央政府任尚书，姚硕德为秦州牧，驻镇上邽(甘肃省天水市)。强熙联络三年前占据显亲(甘肃省秦安县西北)的西秦东秦州刺史休官部落酋长权千成，率众三万人包围上邽。姚硕德反击，大破强熙联军。强熙投奔仇池(甘肃省成县西)，再投奔东晋，权千成被追得走投无路了，才向姚硕德投降。

西燕的遗臣，河东(山西省夏县)郡守柳恭等，拥有属于私人的武装部队，固守原有领地，不向后燕称臣。后秦兴起，曾派晋王姚绪进攻，柳恭凭借黄河之险顽强抵抗。后秦姚兴运用敌后心战，委任当地薛姓族群领袖薛强为“镇东将军”。薛强引导后秦军团从黄河险要龙门(陕西省韩城市)渡过黄河，进占蒲坂(山西省永济市)，柳恭也只好投降了。

公元397年，鲜卑部落酋长薛勃驻守陕西黄陵西北的贰城，因受姚兴的不平待遇，宣布反对后秦政权，姚兴亲率大军讨伐。薛勃所部都是鲜卑族人，没有战斗经验。薛勃又领着他的族众向西逃亡到高平(宁夏回族自治区的固原市)。被当地驻军后秦车骑将军没奕干逮捕，解送后秦中央处斩。

原就盘踞武都郡(甘肃省成县)的氐族酋长屠飞、啖铁等领导族众叛变，拒绝接受后秦统治。后秦派姚绍率军讨伐，在方山(甘肃省成县东二十公里)一战，氐族大败，屠飞、啖铁被斩，余众投降。

后秦姚兴另派遣姚崇率军进攻东晋境内的湖城(河南省灵宝市北)。晋华山郡(陕西省华州区)守董迈、弘农郡(河南省灵宝市)守陶仲山、陕城(河南省陕州区)都是不战而降。使后秦军很顺利地攻到河南洛阳西郊。晋河南(洛阳市)刺史夏侯宗之坚守洛阳西北的金墉城。后秦军已经疲惫不堪，不能强攻久战，只好裹挟当地居民和流亡的难民两万多户回师长安。

公元402年，姚兴征服后凉威风一时。在甘肃的北凉和青海的南凉、甘肃最西部的西凉，都相继取消自己的独立国号、年号、官制，奉后秦帝国的“弘始”年为正朔来表示臣服。后秦王姚兴任命鲜卑族的南凉秃发傉檀为车骑将军、广武公。匈奴族的北凉沮渠蒙逊为镇西将军、沙州(甘肃省酒泉市)刺史、西海侯。汉人的西凉李暠为安西将军、高昌侯。

姚兴一心向西发展，是因为当时东自甘肃定西地区的陇西(伏羌)向西延伸到西域的青海北部、新疆，东西长数千里，南北八百多里。这一地带被一个庞大的羌族部落群所占据。这个部落群中以有两万个篷帐而盘踞在甘肃岷县的宕昌部落最为强大。酋长是自称“宕昌王”的梁弥忽，很有威望，其余部落都在他领导之下。姚兴认为这部落群的最东方比较接近后秦，所以总想着消灭他们，使后秦的疆域延伸到西域地区。

姚兴在长安，连续接到天灾和星变的报告，为了禳灾，他特别下令降低名号，把“皇帝”改称为“天王”。王公大臣、文武官员统统降阶一级，又大赦天下，特别发救济品给孤、寡、贫苦人民。选拔在野的贤能人才，简化行政规范，严禁苛扰百姓，对狱政、诉讼再严加察查，不得有冤枉事件发生。严厉惩治贪官污吏，建立了新的社会秩序。并改“皇初”六年为“弘始”元年(399)。

后秦征服了大西北的诸胡族，这时候他的北邻是正谋向南发展的北魏和强势的后燕，他只有沿黄河南岸东进向最弱势的东晋境内开疆拓土。十年间姚秦的版图已自陕西、甘肃向东延伸到黄河以南的河南中部、南部、西部，到安徽、江苏北部、山东西南部地区了。这时候的东晋正值桓玄弄权，酝酿大型内乱，对于淮河汉水以北诸城镇无力支援，于是也都相继归降后秦。

东晋义熙元年，后秦弘始七年，公元405年秋七月，东晋镇军将军刘裕向后秦提出和平收复河南西南部各郡县的要求。姚兴慨然应允归还南乡(河南省淅川县)、顺阳(河南省淅川县东)、新野(河南省新野县)、舞阴(河南省泌阳县)等十二郡。这是姚兴非常推崇刘裕的礼让表示，也是东晋将灭后秦的伏笔。

后秦与南凉

姚兴对于西秦的乞伏乾归时刻严密监视，他眼看乞伏乾归一天比一天壮大，如再放任下去，恐怕难以驾驭。于是召见乞伏乾归进京(长安——陕西省西安市)商议时事。等乞伏乾归到长安之后，于公元407年，后秦王姚兴就命他做中央政府的主客尚书，这是办理国际事务的主官，最要紧的还是把他羁縻在朝廷内。命他的儿子乞伏炽磐代理西夷校尉，统领所部。

姚兴用尽心机严密控制着乞伏父子俩，其如意算盘是在设法慢慢地利用他们来自己消灭自己。

消灭南凉也是后秦王姚兴的既定国策。而南凉的秃发傉檀也早有称霸河西的野心，但他知道必须靠紧国势正盛的后秦。公元404年，南凉弘昌三年，后秦弘始六年春，秃发傉檀为了讨好后秦乃自动去其帝(年)号，并派中央大员访聘后秦表示称藩。后秦封秃发傉檀为“车骑将军”，又加封“散骑常侍”，增邑两千户。两年后秃发傉檀向后秦又献马三千匹、羊三万只的战利品以邀功请赏。后秦帝姚兴又封秃发傉檀为“使持节”“车骑大将军”“都督河右诸事军”“领护匈奴中郎将”“凉州刺史”；这就是后秦把凉州五郡(武威、番禾、西郡、昌松、武兴)之地交给秃发傉檀了。并把以前所委任的凉州刺史召回长安。

秃发傉檀这一招，使他保存了自己的实力而兵不血刃地获得凉州五郡之地，并且很快把他国都迁到武威——姑臧，因而顿时成为河西霸主。不过也使他成了众矢之的。凉州地方的原住民，不分胡、汉都不愿意接受他们心目中的“猡犹”来统治。外有虎视眈眈的东方胡夏，西方的沮渠蒙逊(匈奴族)也对他仇视已久。就在当年冬，胡夏因秃发傉檀拒婚而发生“阳武之战”，秃发傉檀惨败。接着内部又发生“边、梁之乱”。其国势从此衰弱不振。

胡夏之后，国内也发生了梁裒、边宪的叛乱。后秦的姚兴就乘这个机会派侍中尚书令、大将军姚弼(姚兴皇子)、后军将军敛成、镇远将军乞伏乾归等率步骑兵三万多人西伐秃发氏的南凉。另派左仆射齐难率骑兵两万人北伐胡夏刘勃勃，以阻其南下援南凉。

姚兴在发兵同时，先写一封信给秃发傉檀，伪称是“为了北伐胡夏的刘勃勃，为防刘勃勃向西逃亡，特别命姚弼率军借道到河西走廊布阵拦堵”。

等秃发傉檀发觉有诈时，姚弼大军已自金城（甘肃省兰州市）渡过黄河，推进到漠口（甘肃省永登县西南）。先锋部队已经到达距离姑臧仅有五十里路的昌松郡（甘肃省武威市南）了，南凉的昌松郡守苏霸战死，后秦军兵临姑臧城下。

姚弼发动城内居民王钟、宋钟、王娥等为内应，被秃发傉檀发觉，斩王钟等五十多人。秃发傉檀命城内外居民把所养的牛、羊、马匹都赶到野外田里去吃草，后秦军果然出来抢夺牛羊，将军抢马匹，一时秩序大乱，秃发傉檀命镇北大将军秃发俱延、镇军将军秃发敬归等分兵出击，后秦军大败，阵亡七千多人。

姚兴又派卫大将军姚显率骑兵二万多急行军增援前方，也被南凉材官将军宋益迎头痛击，斩了后秦军的神射手孟钦等，后秦姚显知道不能战胜，就向南凉道歉，结盟议和后率军撤退。

同时，后秦的北伐军也被胡夏的刘勃勃击败，将士战死无算，齐难以下一万三千多人被俘。后秦国势从此一蹶不振。

公元415年五月，东晋荆州刺史司马休之和执掌东晋大权的太尉刘裕不和，刘裕出兵攻击司马休之的驻地荆州，司马休之战败，就偕同所属司马文思、司马道赐、鲁宗之和鲁轨父子、鲁范、马敬等投奔后秦。姚兴任命司马休之为扬州刺史，规划反攻湖北襄阳。并且立即派鲁宗之率领来降的晋军和一部分杂胡部队攻击襄阳，中途鲁宗之病死，由他的儿子鲁轨领军，不久就被东晋驻守襄阳的赵伦之击败。

姚兴在十六国后期的君主中，可以说是佼佼者。在那个时候天下大乱，乱源完全在军队。他的两个叔叔都是军事专家，一个是姚硕德，“硕德治军严，秋毫无犯；礼贤下士，西土悦之”。一个是姚苌的同母弟弟姚绪“始终委心于兴”（《中国人名大辞典》）。

姚兴在政治方面全仗尚书仆射尹纬。前秦苻坚临死前曾盛赞尹纬是“宰相之才，王景略（猛）之俦；而朕不知卿”（《晋书·姚兴载记》）。后来姚苌在马牧，尹纬曾与尹详、庞演等鼓动群雄共推姚苌为盟主。姚苌称王，尹纬遂为佐命元勋。

姚兴在位，打败了前秦苻登，而能“散其众、归复农业”，而使“自淮汉以北诸城，多请降送质”(《晋书·姚兴载记》)。致其版图，概括“陕西省中部、河南省黄河以南大部分以及甘肃省”(《古今地名大辞典》)。以后又“兴立律学于长安”“听断疑狱，于时号无冤滞”。兴教育，“学者咸劝，儒风盛焉”。姚兴又下令“百姓因荒自卖为奴婢者，悉免为良人”(《晋书·姚兴载记》)。

姚兴、鸠摩罗什

姚兴信佛，上行下效，文武官员都信佛。因为信佛可享特权，全国各州、郡、县的百姓乃十有九家信佛。所以在全国各地寺、庙、佛塔触目皆是。

姚兴对中国文化有重大贡献，他在后秦弘始五年(403)强迎著名僧人鸠摩罗什进入关中，礼为国师乃使驻锡逍遥园，译出众“经”。鸠摩罗什“既览旧经多有纰缪，于是(姚)兴使沙门(高僧)僧睿、僧肇等八百余人承受其旨，更出经论，凡三百余卷”(《晋书》列传六十五)。

据《开元释教录》说：“后秦弘始五年(403)鸠摩罗什译出大小乘经论七十四部三百八十四卷。”

鸠摩罗什译经的最大优点是“文笔流畅，意思完善，易读、易懂。如《法华经》《弥陀经》《维摩诘经》等，文字都很优美，浅显通俗，为一般人所乐诵”(释宽严记《观世音菩萨普门品讲记》第41页)。

佛经之浅显通俗易读易懂，才能普及到愚夫愚妇、穷乡僻壤，才能发生其移风易俗、安居乐业的教化功能。这也就是姚兴对于中华民族文化之一大贡献。

妙法蓮華經文句記卷第四

姚秦三藏法師鳩摩羅什奉　詔譯

隋天台智者大師說

門人灌頂記

唐天台沙門湛然述

畢陵伽婆蹉。此翻餘習。五百世爲婆羅門。餘氣猶高。過恒水。咄。小婢駐流。恒神爲之兩派。神往訴佛。佛令懺謝。卽合手。小婢莫瞋。大衆笑之。懺而更罵。佛言本習如此。實無高心。增一云樹下苦坐不避風雨者婆蹉比丘第一。

姚兴做了二十二年的皇帝，活了五十一岁；在公元416年，后秦弘始十八年、东晋义熙十二年春病殁。太子姚泓继位称帝，改年号“永和”。

姚泓的继承王位，真可以说是“临危受命”了。他的处境十分险恶。内有南阳公姚愔和黄门侍郎尹冲、大将军尹元，还有姚泓的弟弟广平公姚弼等的作乱，就在他的身边，两次谋杀他幸而没有成功。外有北魏与胡夏的虎视眈眈。年前自李润（陕西省大荔县东北）被强制迁移到安定的羌族部落酋长党容率领三千户起兵反抗后秦。姚泓派抚军将军姚赞讨伐，把酋长和领导阶层的豪门，迁到首都（长安）附近，其族众则又送回李润。北地郡守毛雍据赵氏坞（陕西省耀州区内）叛变，镇守李润的姚宣率众三万八千户放弃李润而叛变。羌部落又占据李润宣布反抗后秦。并州杂胡四五万帐篷，在平阳集体叛变，宣布反抗后秦。

西秦攻陷上邽，掳去居民五千多户。氐王杨盛原受后秦派任，而今竟倒戈攻陷后秦的祁山（甘肃省西和县西北），大军正在继续进逼天水。同时胡夏也在乘后秦之危，派出四万多步骑大兵团攻击上邽（天水市）。后秦守将姚嵩阵亡，刺史姚军都被斩，将士五千多人被活埋。

胡夏摧毁了上邽城垣，接着进占了阴密。后秦守将姚良子以及将领士卒一万多人全都被杀害。

姚泓的从弟，镇守安定的齐公姚恢，率领安定三万八千镇户，自称大都督、建议大将军。南趋长安，要逼姚泓下台。

安定地方人民组织了自救会，全城五万多户居民又投降了胡夏。接着胡夏进军雍城，后秦守将镇西将军姚谌弃城而逃。胡夏军占领雍城，放哨到郿城（陕西省眉县）大肆抢掠。氐王杨盛又攻击陈仓（陕西省宝鸡市）姚泓的弟弟太原公姚懿，在他的驻地蒲坂（山西省永济市西蒲州镇）自己宣布称帝，并且还要起兵攻打长安，姚泓派出禁卫军才算把他平定。

二十九岁的姚泓就在这种内忧外患交相煎逼的环境中，决心先来肃清反侧，下令逮捕姚愔、吕隆、尹元等高阶层的反对派领导人，立即斩首，不过没有示众灭族。然后整顿军事纪律，严肃王法威信，凡弃城逃回的一律处死。又命东平公姚绍负责整编军队，以中央军为骨干，杂牌部队、散兵游勇组成混成兵团。然后命征虏将军尹昭等率步骑兵五万反攻胡夏，在马鞍阪(甘肃省泾川县)会战，击败胡夏军。安定的变民见后秦反攻获胜，又立即据城宣布回归后秦。姚泓下令殿中上将军敛曼嵬反攻氐族杨盛叛军，也获大胜。

就在一年之内，姚泓一直在天翻地覆的大风浪中挣扎，这两个胜仗，才使后秦的姚泓政权稳定下来。如果说这是回光返照的话，那么导致他亡国的大灾难就在面前。

刘裕伐秦

东晋的太尉刘裕见后秦这种情形，自认机会难再，于是在当年(416)秋八月兵发三路北伐长安。

一、北路：由龙骧将军王镇恶与冠军将军檀道济率领，两路进攻河南许昌、洛阳。

二、中路：由新野太守朱超石率宁朔将军胡藩，进攻河南登封(阳城)，再向洛阳会师。

三、南路：大军由振武将军沈田子、建威将军傅宏之率领，向陕西南部后秦的南疆要塞武关(陕西省商州区南一百八十里)进攻，构成对长安的钳形攻势。

另有建武将军沈林子和刘遵考率水师自河南开封溯黄河西进。刘裕也进驻徐州督战。

王镇恶是五十年前曾为前秦天王苻坚的名相王猛的孙子，对于军事方面家学渊博。檀道济也是东晋名将，所部都是训练有素、能征善战的北府精兵，是为这次主攻劲旅。

后秦在华东地区的军事基地(河南省商丘市东北的漆园)，指挥官王苟生首先向王镇恶投降。后秦徐州刺史姚掌献出所在地——河南项城向檀道济投降。晋军接着南下河南新蔡活捉后秦郡守董遵，回头又西陷许昌，生擒后秦颍川郡守姚垣、守将杨业。

水师总指挥沈林子所率领的水上舰队也已进入黄河，后秦所属河南睢县的地方团队董神虎和驻守仓垣(河南省开封市北)的兖州刺史韦华以及阳城(河南省登封市)、荥阳(河南省荥阳市)等城池先后向沈林子投降。晋军所向披靡，不一月间攻下成皋(河南省荥阳市西虎牢关)，后秦洛阳守将姚洸急向首都长安求救。

后秦皇帝姚泓派越骑校尉闫生率领杂胡骑兵为援救洛阳的前锋部队，又派武卫将军姚益南率领一万步兵继之，再派驻镇山西永济的并州牧姚懿渡过黄河南下陕津(河南省陕州区北)为总预备队。

洛阳已临敌前，在守将姚洸身边的作战参谋人员，对于抵抗东晋的战法分两派意见：一派是以宁朔将军赵玄、广武将军石无讳为首的忠贞派，主张调回外围守军集中兵力，坚守金墉城，不出城应战。能够确保金墉，洛阳自然安全。另一派是已经为晋军收买了的主簿闫恢和他的司马姚禹，力主分散兵力布置在外围各据点上。前者理由简单、说话直率，后者理由很多、说话动听。姚洸就听了姚禹的建议，派赵玄率一千步兵南下守偃师县南的柏谷坞。广武将军石无讳率步兵一千东下据守巩义。东晋军以大吃小，各个击破了洛阳的外围据点，赵玄战死，石无讳战败逃回洛阳。姚禹、闫恢连夜缒下洛阳城墙，投降东晋檀道济。当年十二月二十日，檀道济兵临洛阳城下，姚洸也只有出城投降。晋军俘虏后秦羌族守军四千多人，解除武装之后分别遣回原籍，由地方政府给田归农。

这时候后秦王姚泓的处境：东方东晋大军压境，黄河以南的四个州(徐州、兖州、豫州、荆州)包括山东、河南、江苏、安徽都已沦陷。北方大敌是胡夏的刘勃勃，十几年来一直不断地攻击，无日无战事。不仅渭河以北的属地都被胡夏占去，而且弄得国力疲惫不堪。西有西秦乞伏炽磐已经暗中和东晋的刘裕联络，为了表现他效忠晋廷的真诚，已自秦州出兵，威胁后秦的上邽。最使姚泓头痛的是内部还时有叛变，他的两个弟弟，姚懿在山西临汾举兵称帝。姚恢突然率安定三万二千乡镇户，焚毁庐舍来表示死志，而自陕西耀县发兵进犯长安。姚泓的处境真是内忧外患交相逼迫。

翌年(417)春二月，晋将王镇恶连续攻下河南的渑池、灵宝而兵临潼关。沈林子也自河南三门峡的茅津渡过黄河占领山西芮城东的襄邑堡，进攻山西永济。后秦刺史尹昭坚守城池。晋军再攻匈奴堡(山西省临汾市)又被后秦宁东将军击退，这个战场的主要任务是来牵制后秦在黄河以北的各地军力，掩护王镇恶的主力在主战场上速下潼关。

这时战略任务已经达成，于是沈林子就率军渡过黄河与王镇恶会师进攻潼关。

困守长安的后秦王姚泓任命东平公姚绍为太宰、大将军、都督中外诸军事，率武卫将军姚鸾部步骑五万增援潼关。又遣别将姚驴率骑兵三千急渡黄河救永济。

姚绍部署妥当之后迎战晋军，檀道济、沈林子也已会师潼关而后合力大破姚绍。后秦军战死的不计其数，被俘的也有数千人。

后秦骑兵多，长于运动战、游击战，但在山地战中就不灵光了。晋军的北府兵都是受过严格的制式训练，擅于阵地战、攻城战、山地战，在潼关山地的争夺战中，晋兵自然占优势。

后秦的姚绍退守陕西华阴东，潼关西十五公里的定城固守。一面命姚鸾率精骑数千绕道敌后截击晋军补给线，但是又被沈林子乘夜奇袭，姚鸾阵亡，士卒战死数千人，其余临阵溃散。

姚绍又遣姚赞屯兵河上阻断晋军溯黄河而西的水上运输。可是适逢秦将薛帛在河曲(山西省西北、黄河东岸与北岸间)举城降晋。沈林子攻击姚赞的大营，姚赞又败退到潼关西十五公里的定城。

姚绍派姚恰、安鸾、姚墨蠡等率众两千驻屯灵宝西边黄河北岸，相机阻断檀道济自弘农运出的粮食。但却被沈林子回师一击，大破驻屯军营，姚恰、安鸾、姚墨蠡三将被杀，战士死伤或被俘几乎全军覆没，主将姚绍听到这个战报后，在盛怒之下，立刻呕血而死。

在南战场上晋军沈田子、傅宏之部已经攻下了后秦南疆门户——武关(陕西省商州区东一百八十里，汉高祖由此入秦)。沈田子派斥候部队千人为疑兵，一路没有遇到抵抗便挺进到长安外围蓝田东南的青泥堡。姚和都进驻青泥堡北方的峣柳与晋军对峙。

这时候长安城内还集中后秦王的精锐禁卫军近十万人。后秦王姚泓原计划全军以赴潼关之战的，但他又担心南战场上的沈田子会抄他的后路，乘虚而入长安城。这时他先率数万步骑禁卫军掩至青泥堡，打算一举歼灭沈田子所部，然后再倾全力投入东战场防守潼关。可是沈田子善于利用当地自然环境，以小部队的灵活运动，在后秦军扎营未稳时，便乘夜突入奇袭。很多小组战斗群士兵都赤膊，各执短兵器逢人便砍、大声呐喊，四面八方马嘶人叫，声震山岳。以致后秦军大乱，自相践踏，丧失军械以及姚泓皇帝御用的车、马、器物等不计其数，死伤士卒一万多人。姚泓只得退守长安城东灞上。晋军也在重整战斗部队，再行攻城之战。

这时候，东晋的刘裕已经进驻潼关督战，一面派朱超石为河东(山西省夏县)郡守，率领振武将军徐猗之会同汾河以北(山西省芮城县)郡守薛白的部队进攻后秦的蒲阪。一面命沈林子率轻骑越秦岭支援沈田子、傅宏之，并收容后秦散兵游勇与俘虏以及绥靖地方、招抚各郡县。朱超石遭秦守将姚璞迎头痛击，晋军大败，徐猗之阵亡。朱超石逃奔潼关。刘裕又命王镇恶率水师自黄河入渭水，先击退防守泾阳(陕西省泾阳县)的后秦将姚难、姚强，再冲破长安城北中渭桥的姚丕线而直捣长安。

这时候长安攻防战的重点在长安北郊，后秦军队必须重新部署；姚泓命原驻守朝邑的河防部队姚难率部救回长安，却被王镇恶沿河西上的部队追踪盯着。驻屯泾水河北岸的后秦镇北将军姚疆，出击王镇恶阻挡军队前进。王镇恶派毛德祖率敢死队突袭姚疆的指挥所，把姚疆刺死。姚难在混乱中放弃所属部队独自奔回长安。姚泓命姚丕率部分禁卫军驻守长安北郊的渭河大桥。

长安以东，姚赞部已被迫自潼关退守郑城(陕西省华州区)。姚泓已经知道东线崩溃了，急调姚赞所部移防灞东(灞水之东)。

晋军命王镇恶的水师进入渭河，逆流西上，运兵船都是特造的快速小艇，船舱密闭，摇橹的战士都在船身之内划桨。后秦军在岸上只有看着一群一群的小艇在水上飞也似的前进，却不见水手，当然发箭也没有用。王镇恶传令各艇战士，一面分配战斗任务，一面在艇饱餐。舰队很快、很顺利地到达渭河大桥，晋军全副武装弃船登陆。士气如虹的晋军陆战队一声呐喊，大破姚丕的守桥部队。

姚泓得到战报，亲率最后一支禁卫军来援姚丕，又被姚丕排山倒海的败兵冲乱，没经接战就溃散了，北战场全部败阵。姚泓单人匹马逃回长安。

后秦王姚泓继位的第二年，东晋义熙十三年(417)的秋八月，王镇恶攻进长安平朔门。时年三十岁的后秦皇帝姚泓带着他的皇后、太子、文武官员五百余人，前往王镇恶的大营请降。王镇恶下令全部收押以后呈送给刘裕，把他们一并解送到建康(南京)斩首。死难臣僚三百多人，余宫女、官眷妇女配给战功将士，后秦乃亡。时在公元417年，东晋义熙十三年、后秦永和二年的九月。

在后秦统治之下，羌族不分贵贱，都是以统治者自居，所以当东晋收复长安之后，除了皇族少数亲贵投降或四出逃亡外，还有族众十多万人，恐怕晋军报复，集体向陇上(甘肃省东部)逃命。东晋建武将军沈林子率军追捕，在槐里俘回数万人，都安置他们回原住地就业农事。

以前从东晋投奔后秦的流亡政客，司马休之、司马国璠、司马文思、司马道赐、鲁轨、刁雍、韩延之、王慧龙、桓道度、桓道子等人，唯恐刘裕报复他们，于是又逃到平城向北魏投降。

后秦最后一批战斗部队防守匈奴堡的宁东将军姚成都和他的弟弟姚和都联袂向北魏投降。

姚泓在位仅二年。自姚苌开国称王、称帝，传姚兴而姚泓，计三十四年。

后秦陇西中部督邦印（铜印）

（1972年在青海民和出土）

四川省阿坝藏族羌族自治州

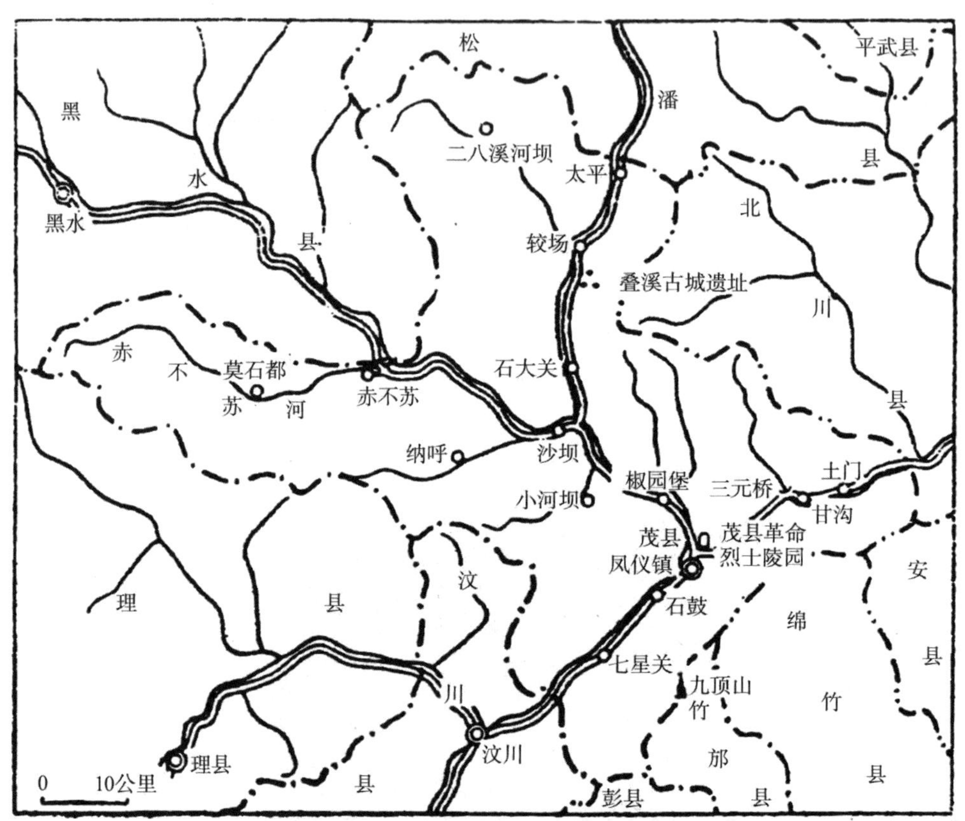

据《中国大百科全书》：

羌族有198252人分布于四川省的茂县、汶川县、理县等地，以农牧为主，其生活习俗已与当地汉人无异，已经完全汉化。

后凉(氐)

民　　族：氐族

建 国 者：吕光。五胡十六国中第十个建国者

时　　间：公元 386—403 年

疆　　域：东邻羌族人所建立的后秦。南接青海省的吐谷浑。西达葱岭以东的疏勒。北方是柔然所盘踞的内蒙古。

首　　都：姑臧(甘肃省武威市)

历代帝王：懿武皇帝吕光：公元 386—399 年

隐王吕绍：公元 399 年为吕纂所迫自缢

灵皇帝吕纂：公元 399—401 年

建康公吕隆：公元 401—403 年

吕光与前凉

后凉的开国国主吕光是略阳(甘肃省秦安县)氐族人。他的父亲吕婆楼曾做过前秦的太尉，所以吕光也是前秦苻坚一手提拔起来的。

吕光任前秦骁骑大将军时，受苻坚特命为“持节都督西域征讨诸军事”，与凌江将军姜飞、轻车将军彭晃、杜进(388 年被吕光所杀)等率众七万、铁骑五千，在东晋孝武帝太元八年、前秦建元十九年(383)春，自

长安出发，当年冬越过流沙三百余里。大军所经过的焉耆等国都表示归降，只有龟兹王帛纯不服。吕光联合西域狯胡、温宿、尉头三部落联军数十万，把龟兹国王帛纯赶走，另立他的弟弟震为王。从此前(苻)秦国威大振，西域十多国都望风投降。

吕光此行除依苻坚之命掳得名僧鸠摩罗什之外，还接受各地贡来骆驼两万多头，骏马一万多匹，其他珍宝、奇玩、殊禽怪兽一千多种，翌年满载东还。

吕光回师，经过高昌(新疆维吾尔自治区吐鲁番市)，才知道苻坚在淝水之战的失败，并且听说长安很乱，前秦局势很危险。吕光乃下令急行军回师救长安。赶到玉门关时，吕光所部被前秦的凉州刺史梁熙派兵五万在酒泉阻止东进，经过一场鏖战，梁熙所部败退。又经武威太守彭济的协助，梁熙率众投降。吕光遂率大军进据姑臧。姑臧是前凉的国都，因之也是吕光在这里称王的主要因素，所以立即在姑臧宣布他是梁州牧、侍中、护西大都督、督陇右河西诸军事、大将军、酒泉公。

前凉被苻秦所灭。凉王张天锡向前秦投降后又乘前秦淝水战败而投奔东晋，晋廷还封他为散骑常侍兼西平公。这时候张天锡的小儿子张大豫年事稍长且又习得一些兵法，原本留在国内，等待复国机会。起初为了他父亲张天锡在前秦的安全顾虑，所以潜伏在苻秦长水校尉王穆的营内。现在听说张天锡投奔晋朝而且又被封为西平公了，张大豫就在前凉故土上发起复国运动。

张大豫得到王穆和河西秃发思复鞬的支持，整合了揟次(甘肃省古浪县)、魏安一带地方的流民、散兵游勇数万人，占据昌松郡就自称抚军将军、凉州牧，改元为“凤凰”，并拟订计划收复故都——姑臧。

吕光先下手为强

吕光拥有禀性善战而且训练有素的氐族战士七万五千人，这是他称霸河西的雄厚资本。当他听到张大豫的消息后，当然不容前凉死灰复燃，于是立即派遣铁骑向张大豫闪电冲击。激战一昼夜后，王穆的战将秃发奚于阵亡，士卒战死二万多人。王穆率残部转进建康郡(甘肃省高台县南)，乘势西进攻占了酒泉。

酒泉在今甘肃省，是大西北的重镇。东邻建康郡百余里，西有玉门要塞。就地理形势而言，进可以东下张掖，威胁吕光的首都姑臧，退可以据险固守。所以王穆就在这里宣布他是大将军、凉州牧。

张大豫逃到甘肃临洮西南的俱城，吕光调精骑追击破俱城。张大豫再向东南西秦边境退保广武(甘肃省皋兰县西一百二十里处)。

吕光派间谍渗入广武，煽动地方人士反抗张大豫。不久，张大豫的部属劫持了张大豫，并把他押送到吕光的首都姑臧。吕光下令把张大豫斩首，将他的残余部众分编为各郡营户(地方团队)。

吕光彻底消灭了前凉残余势力，完全占领了前凉各郡县。于是以姑臧为国都，宣布他自己为“酒泉公”，改元为“太安”。时为东晋太元十一年(386)。史称为“后凉”。(附后凉图)

姑臧，即今甘肃省武威市。前凉、后凉、南凉、北凉及唐初李轨皆曾以此为国都。

是年(386)吕光听到苻坚遇害的消息，非常悲愤，三军缟素，为苻坚举行国丧大典，并追谥苻坚为“秦文昭皇帝”。

其后三年间，西平(青海省西宁市)太守康宁起兵反后凉，自称“匈奴王”。袭击湟河郡(青海省化隆回族自治县西)，并斩后凉的郡守强禧。吕光亲征讨伐，康宁战败，逃到吐谷浑（青海省境内）边境仍自称“匈奴王”。

张掖（甘肃省张掖市）太守彭晃，也联络康宁和酒泉的小军阀王穆举兵叛变。吕光亲率大军三万兼程急攻，在张掖大战二十天不分胜负。最后还是彭晃的副将寇颉开城迎降，才把彭晃擒来斩首。

吕光续率步骑两万乘胜西进攻下酒泉，进军凉兴（甘肃省瓜州县西）。王穆见所部兵士溃散，只好单骑西奔玉门县的骍马，又被当地守军郭文擒获斩首，把头颅送给吕光。

吕光太安四年、东晋太元十四年（389），吕光自称“三河王”，改元“麟嘉”；设立文武百官，俨然小朝廷。

四年前（385）在西燕慕容冲占领长安时，吕光的妻、子等亲属逃到仇池投靠杨家避难，现在吕光把他们接来姑臧。

翌年（390），南羌酋长彭奚念入侵枹罕西的白土，危及后凉东南边境重镇的枹罕（甘肃省临夏市）。吕光派他的儿子武贲将军吕纂及强弩将军窦苟，率步骑五千南下讨伐彭奚念。两军在盘夷戍（青海省湟中区）大战，吕纂败退。吕光再派扬武将军杨轨、建忠将军沮渠罗仇、建武将军梁恭等率步骑大军自左南（青海省民和回族土族自治县东南黄河北岸）增援，切断彭奚念的后援。彭奚念一面在白土依河固守，一面派精兵一万守着黄河渡口。可是吕光不做正面攻击，派将军王宝率精骑在上游夜渡湟河郡（青海省化隆回族自治县西）黄河北岸，绕过白土切断彭奚念的后路。彭奚念落荒南逃入西秦境内的甘松郡（大概是在今甘肃省甘南藏族自治州迭部县境内）。

这时候吕光所据前凉疆域，西方可达葱岭以东的疏勒，北邻柔然，南边是吐谷浑，都是相安无事。只有东北邻羌族的后秦经常冲突，和东南方鲜卑族的西秦乞伏乾归常为边境争地争城，大战经年，屡挫屡战。这次枹罕之战吕光不敢掉以轻心，结果打胜了，西秦国王鲜卑族乞伏乾归也因而输诚归顺，可是没到一年他又起兵反后凉了。

吕光麟嘉三年、西秦太初四年(391)，西秦乞伏乾归的从弟乞伏轲弹向吕光投降，并述说乞伏乾归正在计划灭凉的各种布置。于是吕光派他的儿子吕纂率杨轨、窦苟等步骑三万之众正面进攻西秦的首都——金城(今甘肃省兰州市)。东线又派梁恭、金石生率精骑万余自金城东北的阳武下峡(今甘肃省靖远县)出兵与秦州刺史没奕干会师攻金城东城。又派吕延率领枹罕的地方部队进攻金城西南的外围据点临洮、武始、河关等地。吕光进驻广武永登督战。

翌年(392)又派右将军吕宝等进攻西秦的首都——金城，被西秦的乞伏乾归迎头痛击。吕宝被杀，将士战死一万多。

吕光又派吕延连续攻下了临洮、武始、河关等重要据点，直接危及金城。时乞伏乾归急中生智，制作了一则假情报说乞伏乾归因为三面受敌现正弃守金城，东奔成纪(甘肃省天水市)要和后秦联盟去了。吕延信以为真，于是亲率轻骑截击乞伏乾归。行军途中被乞伏乾归的伏兵猛烈突袭，吕延战死，全部溃不成军，幸由部将姜显和耿稚收容残余，退守枹罕。吕光也只好下令还师姑臧。西秦乞伏乾归乘胜反扑，连下后凉的支阳(甘肃省兰州市郊)、鹯武(甘肃省靖远县西南)、允吾(甘肃省永登县东南二百里处)等数城，吕光闻讯亲率轻骑数千自永登疾速东下反击，乞伏乾归才闻风而退。

后凉麟嘉六年、西燕中兴九年(394)。广武(甘肃省永登市)在后凉首都姑臧以南百十里处，原为鲜卑族部落占有。鲜卑酋长秃发乌孤勇敢好战，使后凉吕光有些压迫感。吕光就以和平共存的低姿态，先任命秃发乌孤为冠军大将军、河西鲜卑大都督。秃发乌孤不想接受，吕光又封秃发乌孤为“广武郡公”。使秃发乌孤有“就地生根”的念头，才使鲜卑与后凉之间和平相处三年。

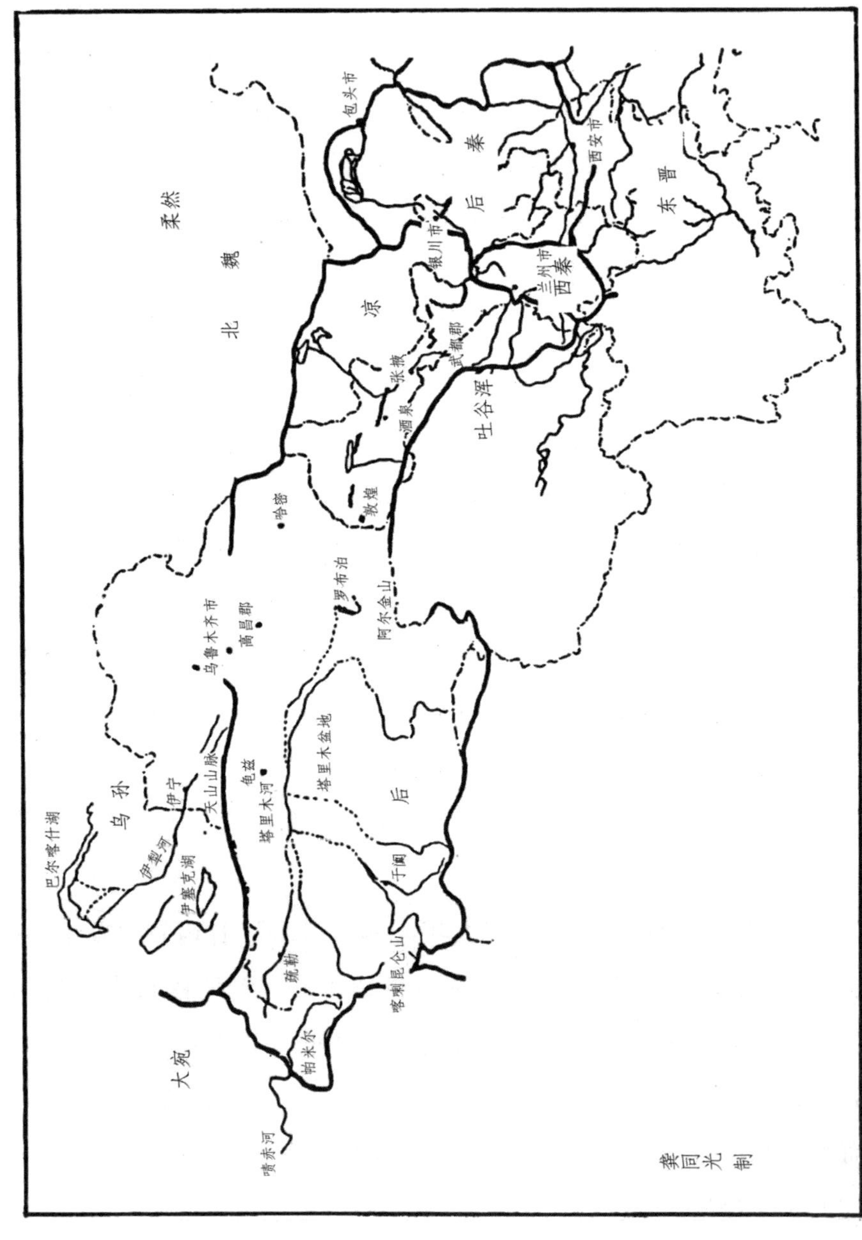

后凉疆域示意图

（386—403年）

於是維摩詰問文殊師利仁者遊於无量无數佛國億百
千佛何等佛土爲一切持一切有好師子之坐文殊師利言有族姓
子東方去此佛國度卅六恒沙等刹其世界名須弥幢其佛號
須弥燈王如來至真等正覺今現在其佛身八萬四千由
延佛師子坐六萬八千由延其菩薩身四萬二千由延須弥幢國
有八百卅萬師子之坐彼佛國如來爲一切持其師子坐爲一切嚴
於是維摩詰則如其像三昧正受所現神足應時彼佛須
弥燈王如來遣三萬二千師子坐高廣淨好昔所未見一切弟子
菩薩諸大釋梵四天王來入維摩詰舍見其室極廣大悉苞
容三萬二千師子坐不立象一不迫迮於維摩詰耶離城无所

是年(394)秋，吕光派他的儿子吕覆为都督玉门以西诸军事，西域(新疆维吾尔自治区及中亚东部地区)大都护，驻镇高昌(新疆吐鲁番市)。

吕光麟嘉八年、东晋太元二十一年(396)。吕光自称“大凉国天王”，改元“龙飞”。这时吕光已经六十岁了，年老多病，册立他的长子吕绍为太子。

翌年(397)吕光年老信谗，枉杀其匈奴族大臣尚书沮渠罗仇和三河太守沮渠麹粥。沮渠罗仇的侄儿沮渠蒙逊与驻守晋昌的从兄沮渠男成声称为报仇而联合举兵叛变。先占据了姑臧以北的重镇临松郡(甘肃省民乐县)为根据地，再大军进驻金山(甘肃省山丹县)。临松位依祁连山北麓，金山则控制着姑臧与张掖间的通道，可以切断吕光的首都姑臧与张掖以北地区的交通，对吕光的威胁很大。

吕光派太尉吕纂率大军北伐沮渠蒙逊，交战多次，不分胜负，两军胶着在张掖地区数月之久。

沮渠男成组合当地杂胡成军数千人，在乐涫(甘肃省酒泉市东南)一带流窜，困扰吕纂所部。吕纂的酒泉太守垒澄，将军赵策、赵陵等主要将领先后战死沙场者数十人。沮渠男成进围建康(甘肃省高台县南)。后凉太守段业婴城固守二十余天，屡请吕纂增援，而吕纂正在自顾不暇的时候，无法支援。城内粮食吃完了，城外没有救援的消息，地方人士唯恐沮渠男成攻进城来屠杀人民，于是要求段业考虑投降。段业迫不得已，乃接受沮渠男成的呼吁，举城投降。沮渠男成就推段业为大都督、龙骧大将军、凉州牧、建康公。

段业称王

吕纂进军讨伐段业，途中又被沮渠蒙逊在张掖邀击，吕纂大败，为了保全实力，只好退保永昌（甘肃省永昌县）拱卫姑臧。沮渠男成已经把张掖地区完全占有了，他的主帅段业就进一步在张掖宣布自称“凉王”，改元为“神玺”。因为地理位置在后凉国境的北方，所以历史家称他是“北凉”。时在公元397年。

这时候后凉吕光的统治区只剩下不到一半的土地了。丧权辱国之下，内部问题也越多。时吕光的近臣散骑常侍、太常正卿郭麐与内侍王详计划在首都发动政变，王详为内应。事发后王详被吕光斩首。郭麐据东苑之众扩大军事行动，坚持推翻吕光政权。吕光急召正在北方对付段业的吕纂回师勤王，反而被郭麐中途邀击，吕纂大败。吕纂紧急向西安太守石元良求救，石元良率步骑五千赴援，与吕纂会师后击败郭麐。石元良入驻姑臧之东苑。

郭麐撤出东苑时，掳去吕光孙子八人，把他们剁成肉酱，掺入酒中与军中将领饮此人肉酒盟誓。

郭麐推吕光的后将军杨轨为盟主，杨轨就自称为大将军、凉州牧、西平公。

郭麐结营姑臧城西，为吕纂击败，后派人向廉川（青海省民和回族土族自治县）的南凉平西王秃发乌孤求救。秃发乌孤派骠骑将军秃发利鹿孤率骑兵五千人赴援。

屯兵城北的杨轨主动配合秃发利鹿孤联合作战，共同出军狙击吕纂，结果被吕纂反攻，大破杨轨联军。杨轨逃奔南凉秃发乌孤去了，郭麐则向西秦乞伏乾归投降。乞伏乾归任郭麐为建忠将军、散骑常侍。

翌年（398）郭麐谏议乞伏乾归兴兵伐吕光。乞伏乾归派乞伏益州率军进攻后凉的支阳（甘肃省兰州市郊）、允吾（甘肃省兰州市西北）、鹯武（甘肃省兰州市郊）。打了一个多月，虽然攻下三个城池，但又不能占据久守，最后裹挟一万多居民而去。

郭麐原来是后凉主管祭祀的“太常”，公元397年与仆射王详叛离后凉，归附王乞基部落。后又归附乞伏乾归，又随乞伏乾归投降后秦，再叛后秦打算投奔东晋，被后秦追到逮捕、斩首。乱世、乱民、乱跑，最后被乱杀。

翌年(399)吕光的太子吕绍及太原公吕纂率军讨伐北凉，大军深入北凉境内，占据几个重要据点。北凉王段业向南凉王秃发乌孤请求援助，秃发乌孤派秃发利鹿孤率杨轨所部出兵攻击吕纂的后方，可是段业所部却闭城不战。吕绍、吕纂不明究竟也不敢久暴师于野，乃下令撤退。

吕光病重，把皇位禅让给太子吕绍，自己号称“太上皇帝”。并任吕纂为太尉、吕弘为司徒，从此吕纂擅权，朝内多乱。

不久，做了十四年皇帝活了六十三岁的吕光病死，吕绍嗣位。时在吕光龙飞四年、东晋隆安三年(399)的十二月。

吕光死，吕绍秘不发丧，吕纂推门而入，哀恸非常。吕纂执掌兵权有年，而且他的性格粗暴，吕绍恐吕纂加害于他，于是向吕纂表示愿意让位，吕纂假意婉拒。

吕纂的弟弟吕弘曾私下写信给吕纂，约定当夜起事，吕弘率东苑之众逼宫，吕纂率众攻北城。吕绍也遣武贲中郎将吕开率禁兵在端门迎战。骁骑将军吕超也率众两千来助。由于吕纂做了多年太尉，在诸军中素有威名，军人都很怕他，所以临阵溃散的很多。

吕纂率众入宫，吕绍在紫阁宫中自缢。吕超出奔广武郡，吕纂就自登“天王”位。改“龙飞”四年为“咸宁”元年。这是吕光死后第五天的事。

吕纂追谥吕光为“懿武皇帝”，吕绍为“隐王”。封吕弘为大都督、督中外诸军事、大司马、车骑大将军、司隶校尉、录尚书事，封番禾郡公，国防、内政大权都掌握在吕弘手里。

公元400年，吕纂命吕弘进攻南凉，吕弘曾建议时机还没有到，应先整合内部，吕纂坚持他自己的意见。是年夏，后凉的进攻军队和南凉的秃发傉檀军在三堆（甘肃省永登县西南）遭遇，大战一天一夜，后凉损失兵员两千多，物资军器不计其数，后凉军大败退回。

吕纂只知道逞强一时，不察实际情势。他刚刚主动进犯南凉失败，又立即进攻北凉，以报沮渠蒙逊三年前背叛后凉的宿仇。

他的尚书姜纪劝告他：盛夏时节，天时不宜用兵；农地耕作正忙，地利也不宜用兵；加之南凉新胜，正在后方等待报复机会，人事方面也不宜用兵。现在远征岭西（乌鞘岭—河西走廊的最高点，海拔三千米。在甘肃省境内）正是给南凉乘虚来侵的机会。可是好大喜功的吕纂听不进去，自率大军北上包围张掖（甘肃省张掖市），再向西挺进建康（甘肃省高台县），一路大肆劫掠。

南凉的车骑大将军秃发傉檀果然率领一万骑兵猛烈袭击后凉的首都姑臧。等吕纂得到军报急急回师时，秃发傉檀已经裹挟姑臧八千多户居民而还师。

由于吕纂不得人缘，吕氏皇族以及朝中大臣们纷纷求去。

镇守广武的征东将军吕方，是吕纂的叔父，因不满朝政而投降后秦。可是广武三千多户居民却投靠南凉，充分显示后凉朝野间分崩离析。

吕超谋叛

一年后（401），吕弘不满吕纂荒淫无道不务国事而发动东苑政变，结果失败，吕弘出奔广武。吕纂命吕方追击，把吕弘捉回来命力士活活勒死。吕纂纵兵大肆搜捕东苑，把东苑禁卫军全部杀死，又把捕来的东苑妇女，包括吕弘的妻子和女儿在内，任由军士奸污后再分赏给有功士卒为婢为妾。

是年（401），驻守甘肃永昌县的番禾太守吕超因在驻地擅权，吕纂召他入宫责备。由于兄弟之谊，吕纂责备吕超之后，设宴内殿与诸内侍大臣和吕隆等饮宴。吕纂酒醉，吕超乘机剑穿吕纂胸膈，吕纂当场死亡。吕纂妻杨氏指挥禁兵逮捕吕超，可是禁卫军士卒溃散。吕纂在位三年，他逼吕绍自缢，而吕超却将他杀死。

吕纂的妻子杨皇后，长得很漂亮，吕超有意娶她，曾托杨皇后的父亲、吕纂政府的右仆射杨桓游说杨氏。可是杨氏秉持儒家礼教，不接受胡人“兄终弟及”的伦理传统，遂自杀。杨桓也畏罪投奔南凉，河西王秃发利鹿孤任杨桓为左司马，给南凉攻击吕家的后凉提供不少鼓励。

吕超拥立他的哥哥吕隆即皇帝位，改元“神鼎”。吕隆封吕超为使持节(代表皇帝)、侍中、都督中外诸军事、辅国大将军、司隶校尉(警备总司令)、录尚书事(主管中央政府机要)，加封安定公。

这时候原为后凉属地的青海西宁，秃发利鹿孤据之而宣告独立。因为它的地理位置在姑臧南方，所以被后来史家称为“南凉”。

盘踞张掖的沮渠蒙逊弑段业而自称“北凉王”。同时原来是后凉敦煌太守的李暠(汉人)见吕氏王朝已经分崩离析，原有国土也已被分割三段，他也就割据原来凉国的最西，在沮渠蒙逊之西北一大块土地上，宣布独立，自称为“凉公”，后来史家称之为“西凉”。是年(401)盘踞在西平(青海省西宁市)的南凉河西王秃发利鹿孤率大军进攻后凉吕隆的首都姑臧。吕隆亲自率军迎战，结果大败。南凉秃发利鹿孤也顾虑到国际因素，而没有再进一步军事行动，只是掳去两千多户人家而回师。

吕隆势力所能控制的领土还不到吕光时代的五分之一，在这种局势下，他不甘心做吕氏王朝的“末代皇帝”。他采取高压手段，大肆诛杀国内豪门富户或有声望的异议人士来树立他的威权，于是众叛亲离、内外哗然。

后秦灭后凉

吕隆神鼎三年(403)正是后凉境内大旱两年、农业歉收之时，又被吕隆为军糈而搜刮民粮，民众逃亡者大半。是年夏五月，后秦王姚兴联合乞伏乾归，出兵步骑六万七千余，由后秦名将姚硕德率领伐吕隆。

后秦自甘肃兰皋西北的金城渡河，直取永登县的广武，再进攻吕隆的首都姑臧。吕隆遣辅国大将军吕超、龙骧将军吕邈出城迎战，恶战一昼夜，损兵折将一万多，吕邈被俘，吕超败退。巴西公吕佗又率东苑军民两万五千人投降后秦军，这对吕隆的打击非常严重。吕隆只好婴城固守姑臧。

叛凉自立的西凉公李暠、河西王秃发利鹿孤、北凉王沮渠蒙逊都奉表向后秦投降。吕隆更显得孤立了。

是年(403)秋，姑臧被围已经两个月了，城内草根、树叶都被吃光。胡人虽有军粮可吃，但胡兵器械却极端缺乏，城中的汉人很多都叛变逃出城去。谋杀吕隆、吕超的案子不断发生，株连被杀的有三百多家。后秦军姚硕德一方面对城内展开攻心战，招徕汉人出城向胡人投降；一方面构筑围城长墙、囤积粮秣，准备长期围城。后凉群臣要求吕隆与后秦和解，而施缓兵之计，表示向后秦投降。后秦王封吕隆为镇西大将军、凉州刺史，吕隆也遣子弟及文武旧臣慕容筑、杨颖等五十余家到长安去做人质。

后凉吕隆的神鼎三年(403)春，姑臧再闹饥荒。斗米值钱五千文，军马又被军人吃光了，民间到处传出人吃人的故事，饿死的人达十多万。每天都有很多汉人要求出城去为胡人做奴婢的，吕隆疑心他们居心通敌，竟然把这些汉人掘坑活埋。史书说“是时积尸盈路”，其悲惨情状于是可见了。

后凉的尚书姜纪很有些才能，在后秦伐后凉的战役中，他率先投降南凉。可是他发现在南凉不能施展才华，不到两个月他又投奔正在围困后凉首都姑臧的后秦姚硕德。后秦姚硕德建议中央委派姜纪为武威郡长史，率领两千战士进驻晏然（甘肃省武威市北三十公里处）来监视姑臧吕隆的行动。

魏安（甘肃省古浪县）人焦朗向后秦姚硕德靠拢，姚硕德也命焦朗为魏安郡守，带领着他的地方部队，驻屯魏安城居高临下，监视姑臧。

姜纪驻守在姑臧北方，焦朗驻守在姑臧南方，把姑臧城内的吕隆看得死死的。吕隆本来就不是真心降后秦，所以觉得姜纪与焦朗如芒刺在背，急欲除之。

是年（403）冬，后凉吕超率兵攻击晏然的姜纪，结果失败了，掉头来又攻击魏安的焦朗。魏安在祁连山北麓，和南燕首都西平仅一山之隔，而且焦朗也有他自己的打算，所以他就派侄儿焦嵩到南凉求救。南凉派车骑将军秃发傉檀出兵，后凉吕超听说南凉军到，乃下令撤军。焦朗和南凉结盟，组成联军，进攻后凉首都姑臧，占领姑臧城西的胡阬。

吕超命中垒将军王集率领精锐突击队，乘夜奇袭南凉秃发傉檀的大营，被秃发傉檀用火攻的战法反击，王集被杀，所领导的突击队员有三百多人战死。

吕隆又用求和诈降之计，诱使南凉派遣重要官员入城受降。南凉的秃发傉檀对于吕隆的设计，已有戒心：一面派秃发俱延为代表，率警卫数十人进城，一面部署机动部队随时戒备。吕隆果然在城内设有伏兵，四面围攻秃发俱延。南凉警卫部队全部战死，秃发俱延战马被乱箭射死，幸经部将把秃发俱延救出。秃发傉檀得到城内失败的消息，立即派兵进攻武威西北的重要据点显美。吕隆派广武将军苟安国、宁远将军石可率五百骑兵救援显美。苟安国半路上弃军逃回，石可战死。昌松郡守孟祎被俘。

公元403年，南凉王秃发傉檀和北凉沮渠蒙逊达成共识，决定消灭后凉的吕家政权。于是两家轮番进攻后凉的首都姑臧。

吕隆着急万分，再向后秦求救，而难于开口，如向任何一方求和势将造成丧权辱国。正在两难的时候，后秦见有机可乘，于是派遣使节到姑臧征召吕隆晋京长安任新职。这时候的姑臧，城东、城南是南凉军，城西是北凉军，都在城外虎视眈眈，吕隆又怕一出城门就会被俘，于是由吕超出面请求后秦中央派军来接，既有面子又安全。后秦姚兴毅然应允，立即派出尚书左仆射齐难、镇西将军姚诰、镇远将军赵曜，最有趣的是还有曾经做过吕家王朝"左贤王"的乞伏乾归，组成一个高级欢迎团，率领四万多步骑兵前往姑臧迎接吕隆来长安。

后秦，在北凉、南凉心目中还是强权政权，所以南凉秃发傉檀下令撤退围城部队，后秦兵团没有遇到阻挠，当然也没有战争，顺利把吕隆王朝一干人员护送到长安。

这时候，后凉还有姑臧、苍松(甘肃省古浪县西)、番禾(甘肃省永昌县西)三城。

吕超及其文武官员僚属军队居民一万多户到长安。后秦王姚兴封吕隆为散骑常侍，封吕超为安定太守，后凉遂亡。

莫高窟第465窟前窟西壁佛塔

自吕光以东晋孝武帝太元十一年定凉州，十四年自立为王到吕隆亡国，计十八年(依《晋书》)。《通鉴》说他“立国十八年(386—403)”。

后秦尚书齐难派司马王尚为凉州刺史，率三千武装部队镇守姑臧，并和平接管苍松、番禾诸城郡。

这个时候中国境内还有八个地方政权：东晋、后燕、后秦、北魏、南凉、北凉、南燕、西凉。胡国就占六席。

西秦（鲜卑）

民　　族：鲜卑族

建 国 者：乞伏国仁。五胡十六国中第九个建国者

时　　间：公元 385—400 年、409—431 年，计三十九年

疆　　域：甘肃省西部

首　　都：苑川（甘肃省兰州市榆中县）

历代帝王：宣烈王乞伏国仁：公元 385—388 年

武元王乞伏乾归：公元 388—400 年，409—412 年

文昭王乞伏炽磐：公元 412—428 年

乞伏暮末：公元 428—431 年

沿　革

神话、传说都是人类历史文化的源头，这里虽然不提它，但仍然有它的存在价值。

西秦的历史，古籍都是从乞伏国仁的五世祖先乞伏祐邻说起。追溯他的祖先们率领当地如弗（乞伏）、斯引（姓氏）、出连（姓氏）、叱卢（高车族）四个部落，自大漠北而南越昆仑山北支阴山的古老传说。依《晋书·乞

伏国仁载记》(神话部分略)大意是这样说:

乞伏祐邻，是乞伏国仁的五世祖先。在西晋泰始初年(约265)率领以如弗(乞伏)为首领所组成联盟的斯引(姓氏)部落、出连(姓氏)部落与叱卢(高车族)部落五千多户，自大戈壁南下寻求水草丰茂的新牧区。当时有一个鲜卑族的鹿结部落，有众七万多户，游牧在宁夏清水河流域的高平川地区。乞伏祐邻打算侵占这个地盘而不断攻击鹿结部落，最后鹿结部落失败，自行向南逃奔略阳(甘肃省天水市东)。于是乞伏祐邻集团遂占领了鹿结部落的地盘，还兼并了鹿结部落的余众。后来发现高平川水苦不适于放牧，他们又向南寻找新牧区。

乞伏祐邻死，他的儿子乞伏结权继任，又向河西极东之地的牵屯山(甘肃省平凉市西北)发展。这里已经是开发型的农业社会。

乞伏结权死，他的儿子乞伏利那继立。乞伏利那需要开拓更大的地盘，先驱逐在乌树山区(可能在甘肃省境内)游牧的鲜卑吐赖部落，又征服盘踞在大非川(当在陇西之地)的尉迟渴权部落，收抚其部众三万多家。

乞伏利那死，他的弟弟乞伏祁埿继立。乞伏祁埿死，乞伏利那的儿子乞伏述延继立。乞伏述延大破鲜卑莫侯部落于苑川(甘肃省榆中县宛川河流域)。这个地方水草资源丰富，土地肥沃，《水经注》说是“龙马之沃土”。乞伏述延降其众两万余落(户)，从此苑川就成为乞伏氏部落联盟的政治中心了。

苑川虽然是个诸胡与汉族杂处的地方，但是由于原住民汉人居多而且居久，其社会结构早已成为农业经济形态。各族群也都由血缘为主的氏族关系，进而为以地域为基础的政治伦理所取代。换言之，这里的各胡族群大都接受了相当深厚的汉文化了。于是乞伏氏的部落联盟也必须朝向封建化、官僚化的政治形式进化，也就是必须由一个强有力的统一权力机构来领导。当然，乞伏部落为诸联盟部落之首脑，乃据苑川为中央政府。派出跟他原始缔盟的斯引部落酋长斯引乌埿为左辅将军，驻镇苑川(中央政府所在地)以南的蔡园川。出连部落酋长出连高胡为右辅将军，驻镇苑川以北的至便川。叱卢部落酋长叱卢那胡为率义将军，驻镇牵屯山(甘肃省平凉市西，苑川东北)。

乞伏述延并委任其叔叔乞伏轲埿为师傅处理国政。这个以汉文化为中心思想的政治形态已粗具规模了。乞伏部落就在这里落地生根，发展农牧近百年。

乞伏述延死，乞伏祁埿的儿子乞伏傉大寒继立。适逢中国北部处于极其纷乱的局面，而割据华北的后赵石勒的势力伸入西北，乞伏傉大寒为避其锋而再向西北迁移到甘肃靖远东北的麦田无孤山。

在前赵与后赵相争时，乞伏傉大寒死，其子乞伏司繁继立，再向西北发展到甘肃靖远西北的度坚山，作为永久根据地。

乞伏司繁与苻坚

正在野心勃勃兼并西北诸胡的前秦王苻坚，眼看乞伏氏不断膨胀，当然动起“先下手为强”的念头。就在东晋简文帝咸安元年、前秦建元七年(371)苻坚派遣益州刺史王统北上进攻乞伏司繁的基地。乞伏司繁率三万骑迎战，双方在苑川(兰州市榆中县)遭遇。王统一面与乞伏司繁在苑川相峙，一面奇袭苑川战场东北一百多里处的度坚山(甘肃省靖远县西)鲜卑族的聚居基地。这里大部分是乞伏司繁所部的眷属，没有抵抗能力，以致五万多人宣布向苻坚的益州刺史王统投降。

乞伏司繁所部战士听说妻小眷属已向前秦投降，于是不战而溃散，乞伏司繁也只好向王统请降。秦王苻坚封乞伏司繁为“南单于”，但留在长安司事，把他的残余部队交由乞伏司繁的叔叔勇士护军乞伏吐雷收抚整编。

东晋武帝宁康元年、前秦建元九年(373)，鲜卑族部落酋长勃寒进犯前秦西境的陇右(甘肃省东部)，苻坚命前年归降的乞伏司繁为使持节率军征讨勃寒部落，勃寒投降。苻坚又命乞伏司繁回驻镇榆中县的勇士川(甘肃省榆中县东北)。三年后乞伏司繁死，他的儿子乞伏国仁继承南单于位。

乞伏国仁与诸胡

这时候的陇右地区民族关系十分复杂，乞伏氏部落得以成为陇右地区最为强大的势力，终至建立西秦政权，主要因素与这一时期陇右地区各少数民族的兴衰有关。陇右地区的少数民族，除陇西鲜卑各部之外，还有氐族、羌族、匈奴屠各、休官、丁零、卢水胡等，另外还有当地原住民的其他不少的弱势小族群。

势力最大的是汉、氐、羌三族。

汉族自东汉末年以来，许多豪门大族被迫东迁，有的随苻氏(前秦)、姚羌(后秦)入关中。

氐族接受汉文化比较早，有最负盛名的三大族系：苻姓、吕姓与杨姓。苻姓氐族建国前秦，其贵胄族人都聚居在以长安为中心的关中。

吕姓氏，也因其酋长吕婆楼做了苻秦的太尉而活跃在中原一带。以后吕光受苻坚之命西征，后来又回陇西，在甘肃建立后凉。

杨姓氏，主要聚居在仇池。虽有其地而没有建国，也没有称帝。在南北朝时期，他们一直是以时南、时北，亦汉、亦胡的半独立状态存活两百多年。

还有屠各(匈奴族系)、休官(陇西杂夷部落，分布在天水、陇西一带)、丁零(高车族系)、卢水胡(分布在河西张掖一带)。

东晋孝武帝太元八年、前秦建元十九年(383)，前秦王苻坚下令全国总动员，东下犯晋。任命乞伏国仁为前将军，领先锋骑帅。乞伏国仁早就预料到苻坚必败，所以在出师前就和盘踞陇西的叔叔乞伏步颓暗通消息，使乞伏步颓乘虚东犯前秦的边境重镇。

苻坚在前方得到乞伏步颓进攻边防的警报后，就命乞伏国仁回师讨伐乞伏步颓。乞伏国仁与乞伏步颓叔侄二人在阵前约定，共商建国大计。

当苻坚在淝水之战失败的消息传到乞伏国仁那里后，乞伏国仁已经统合各胡部落，组成十多万众的武力，并在他父亲原来驻镇的勇士川建筑勇士城为国都。

东晋太元十年(385)秋九月，乞伏国仁听说苻坚被姚苌杀害的消息之后，立即自封大都督、大将军、大单于，领秦州、河州牧，改苻秦的建元二十一年为“建义”元年。并划分所辖区内为十二行政区(郡)，俨然独立王国形态。

翌年(386)春，正当乞伏国仁内政布置还没有头绪的时候，羌胡秘宜率部落五万之众自南安峡(甘肃省张家川回族自治县西面)来攻陇西。乞伏国仁在渭河上游投下成捆的杂草树枝，顺流漂下来阻挡羌兵渡河，然后派五千精骑沿渭河东岸冲击羌兵的大部队，使集结河岸等待渡河的羌兵一时措手不及，阵脚大乱。被斩首的、马踏死的、跳水淹死的有一万多人。秘宜率残部三万余户投降。是时鲜卑族在南安山(甘肃省定西市南)的匹兰部落五千多户也来归顺。是年乞伏国仁又把国都迁回老窝——苑川，并且称“苑川王”。

公元387年春三月，前秦主苻登(苻坚的侄孙)封乞伏国仁为大将军、大单于、苑川王，乞伏国仁扩张领土的野心更加旺盛，是年夏六月，他就亲率精骑三万进攻陇西东南六泉的鲜卑所属的密贵、裕苟、提伦等三个部落。当年秋七月和提伦大将没奕干、金熙在勇士城东北的溷浑川展开大战，没奕干、金熙大败，乞伏国仁接受这三个部落的投降。

翌年(388)春四月，乞伏国仁再破甘肃通渭西南平襄的鲜卑族越质叱黎部，生擒越质叱黎的儿子越质诘归。扩张领土已成为乞伏王朝的传统政策了。

公元 388 年夏六月，乞伏国仁在南征北战之下病死在军中。所部文武大臣们推乞伏国仁的弟弟乞伏乾归为大都督、大将军、大单于、河南王，改年号为“太初”，“苑川王”的领土范围已比以前大多了。

乞伏乾归与后凉

是年秋，乞伏乾归为了巩固他的领导，便于向外开拓，把国都迁到金城，也就是现在的甘肃省兰州市。金城当时为水陆交通枢纽，外围重镇东有苑川，南有武始、河州（皆在兰州省境），西有晋兴、乐都（皆在青海省境），北有广武（甘肃省皋兰县）。尤其东方的国防最为重要，因为强大的后秦正对他虎视眈眈。

西秦太初二年、前秦太初四年（389）春，前秦王苻登做顺水人情封乞伏乾归为大将军、大单于、金城王。是年夏五月，乞伏乾归出兵征伐在陇西地方最具实力的鲜卑侯年部、休官阿敦与大兜国三部落，该三部落同时宣布投降。后凉主吕光的弟弟吕宝自姑臧来犯，乞伏乾归一面派精骑断其后路，一面运用步兵车阵战法，把以骑兵为主力的吕宝打得落花流水，吕宝战死，所部战士战死的、跳河淹死的、投降的、阵前逃亡的，损失一万余人。

乞伏乾归打胜了这一仗，顿时声威大振。秦州、凉州、枹罕地区的鲜卑族、羌族、氐族都来归附。前秦王苻登又送了顺水人情，拜乞伏乾归领秦州（甘肃省天水市）、梁州（陕西省汉中市）、益州（四川省）、沙州（四川省广元市昭化区）、河州州牧，无形中使乞伏乾归的地盘扩大了十几倍。

这时候西秦乞伏乾归的领域：

金城为首都。

西邻后凉属东南重镇的枹罕(甘肃省临夏市)与晋兴。

南至白龙江上游的宕昌。

东至后秦西南重镇的上邽。

北接腾格里沙漠南边(后凉境)与后秦属的中卫(宁夏回族自治区)长城接壤。

东南邻东晋的仇池阴平郡。

所属郡县:

金城郡(甘肃省旧兰州、西宁二府之地)。

苑川郡(甘肃省榆中县东北)。

秦州(甘肃省天水市)。

大夏郡(甘肃省临夏回族自治州广河县一带)。

武始郡(甘肃省临洮县)。

安固郡(青海省西宁市北、甘肃省兰州市西地区)。

南安郡(甘肃省陇西县)。

东秦州(陕西省陇县东南)。

陇西郡(甘肃省旧兰州、秦州之地)。

白马郡(甘肃省成县西南)。

甘松郡(甘肃省迭部县东南)。

大约是现在的:

1. 兰州市东南部分的四分之三(西北部分为后凉所有)。

2. 白银市。

3. 定西地区。

4. 陇南地区的西北角。

5. 甘南藏族自治州的东北部分。

翌年(390)冬，盘踞平襄的鲜卑族越质诘归部落宣布独立。两年前乞伏乾归曾经征服平襄，越质诘归的父亲越质叱黎战败投降，越质诘归同时做了俘虏，他深知乞伏乾归的实力，所以乞伏乾归兴兵讨伐，军出陇西，越质诘归就宣布投降。乞伏乾归还与之结亲。

西秦王：乞伏乾归

吐谷浑可汗慕容视连派使来金城晋见乞伏乾归。当时乞伏乾归正在极力对外拓展，所以顺水人情就封慕容视连为“沙州”（意指青海沙砾之地）刺史，并封“白兰王”。

是年(390)吐谷浑的慕容视连死，其弟慕容视罴继立为第六任可汗。慕容视罴深感西秦强邻压境，乃加强军事建设，希望把自己的国家振作起来。是年冬，乞伏乾归派遣使者到吐谷浑去传达任命慕容视罴承继其兄的沙州刺史与白兰王位，但被慕容视罴拒绝。

散居在甘肃通渭(平襄)的鲜卑部落酋长的儿子越质诘归第二次叛变。乞伏乾归率兵讨伐，越质诘归又投降。

休官部落酋长权千成，受不了前秦的压力而投靠西秦。乞伏乾归任命权千成为东秦州刺史，驻守陕西南郑，并任命权千成为休官部落大统帅，又封“显亲公”。这是公元393年的事。

东晋太元十九年、前秦苻登太初九年、西秦乞伏乾归太初七年(394)夏，苻登晋封乞伏乾归为梁王，并纳乾归的妹妹为梁王后。是年冬苻登在马毛山战死，他的儿子苻崇继立，投奔西秦的乞伏乾归。

当时诸胡族之间除了互相利用外，可以说毫无道义可言。乞伏乾归见前秦所有领土完全失去，乃下令驱逐苻崇。当时苻崇无可奈何，于是投奔最后一位陇西王氐族杨定，并联合步骑四万人攻击乞伏乾归。这时候的乞伏乾归已经实力雄厚了，他就派遣立义将军越质诘归和他两个弟弟乞伏益州、乞伏轲弹等率骑三万迎战，大败杨定军，苻崇及杨定都战死，士卒死伤一万七八千。巴西、陇西地方完全为乞伏乾归所有。乞伏乾归于是年十一月自称“西秦王”。这就是历史上五胡十六国中的“西秦”。

当杨定战死，天水义民首领姜乳乘隙攻占上邽。是年夏，乞伏乾归派乞伏益州率骑六千讨伐姜乳，被姜乳打得大败而退。翌年（396）后秦陇西王姚硕德进攻上邽，姜乳率众投降。

公元394年乞伏乾归自称秦王、大将军、大单于。翌年命太子乞伏炽磐领尚书令，设立文武百官，迁都西城（甘肃省靖远县西）。靖远在黄河流域，不仅牧草肥美，而且农业经济也很发达。是年秋三河王吕光率大军十万进攻西城（西秦的新都），兵临城下，西秦左卫将军莫者羖羝与左辅密贵周联名建议投降吕光，作为后凉的藩属。并建议把乞伏乾归的儿子乞伏敕勃送去当人质。于是吕光撤军，可是当吕光的军队刚刚撤走，乞伏乾归忽然后悔了，觉得这是国家的耻辱。又认为莫者羖羝和密贵周身为大臣，竟然出卖国家，遂把莫者羖羝与密贵周二人斩首。

东晋太元二十一年（396），乞伏乾归的立义将军越质诘归，他是六年前向乞伏乾归投降而且还结亲的鲜卑族部落酋长。他眼见西秦乞伏乾归的势力日趋衰微，于是率领所属两万多户宣布投降姚兴的后秦。紧接着西秦的梁州牧乞伏轲弹叛逃投降后凉。其实吕光早想乘机挖软泥，为了师出有名，他对外宣称乞伏乾归反复无常，破坏国际信用，于是举兵讨伐西秦。吕光进驻甘肃永登以南的长最城，以此城为总指挥部，派吕纂率步骑三万南进，进攻乞伏氏的故都金城。吕光的战略目标是先占领金城以南以西乞伏氏的固有地盘。

于是又派秦州刺史没奕干与将军梁恭等率甲卒一万自东线靖远的阳武下峡出兵，会合天水公吕延枹罕兵团进攻临洮、武始（甘肃省兰州市境）与河关（甘肃省临夏回族自治州）。

在吕光的所有部队中，吕延的枹罕兵团为最强，所以乞伏乾归就对吕延施以反间之计：先说西秦军最怕的就是吕延，所以听说吕延兵团到来，西秦部队溃散大半。乞伏乾归不敢应战，已急向成纪（甘肃省天水市秦安县北三十里处）撤退。吕延不知是诈，立即率轻骑循路追击，中途被乞伏乾归的伏兵截击，吕延战死，全军溃散。吕延部的司马耿稚与将军姜显收容残兵散卒，退守枹罕。吕光见精锐部队覆没了，只好收兵还师姑臧。

乞伏乾归整合部众，重建光复地区。他为重振声威，派乞伏益州收复华亭县东北的支阳，黄河以北的鹤武、允吾两城（苑川以西兰州市境），俘虏一万多人。又派乞伏益州率武卫将军乞伏慕兀、冠军将军翟瑥，率步骑两万西征鲜卑族慕容氏吐谷浑部（青海省东南境），在甘肃临潭西的度周川会战，吐谷浑军大败。其酋长慕容视罴下令向西，退守白兰山（青海省黄河源西北布尔汗布达山），并派其子慕容宕岂为人质，向西秦王求和，乞伏乾归还把皇族侄女嫁给慕容宕岂为妻。

在那时候，各政权情势的变化因素主要是实力的表现，乞伏乾归打赢了吐谷浑酋长慕容视罴，另一鲜卑族叠掘部落酋长河内立即率五千多户民众向乞伏乾归表示归顺。乞伏乾归任命河内为叠掘部落都统。

西秦亡于后秦

晋隆安四年（400）春正月，西秦王乞伏乾归为了因应新的战略情势，再迁都苑川。可是夏五月，后秦的征西大将军陇西公姚硕德率将兵五千伐西秦，姚硕德出兵秦安县南的安南峡，姚兴率大军继后，乞伏乾归则屯兵陇西迎战，双方胶着在陇西地区。西秦乞伏乾归派武卫将军慕兀率步骑两万，截获后秦姚硕德的后勤补给。后秦王姚兴率大军增援姚硕德。乞伏乾归派镇军将军罗敦率杂胡兵团四万之众与慕兀军乘夜夹击后秦军，乞伏乾归自率轻骑数千准备伏击后秦军。正在激烈战斗中，适天降大雾，以致西秦军首尾不能相应。本来是一场部署最好，又确能胜算的战争，结果西秦大败。天亮时，乞伏乾归发现已有三万六千之众集体向后秦王姚兴投降。姚兴进军枹罕(甘肃省临夏市)，乞伏乾归只好引残兵败将数百骑奔回苑川(甘肃省榆中县宛川河流域)，再到金城(甘肃省兰州市)召开御前会议，安排不重要的族人、官员留守金城等候迎降后秦军，他自率数百骑投奔青海西宁郡的南凉王秃发利鹿孤去了。

南凉王的弟弟秃发傉檀把乞伏乾归安置在晋兴郡(青海省民和回族土族自治县)给予优厚待遇。

秃发利鹿孤生怕乞伏乾归再东奔投降后秦，对南凉将会更不利。于是派他的弟弟秃发吐雷率骑三千驻屯允吾(甘肃省兰州市西北)城东的交通要隘扪天岭，以防乞伏乾归潜逃。可是乞伏乾归也生怕秃发利鹿孤加害于他而非走不可，但又不能不严守秘密。于是他把他的儿子乞伏炽磐和家人亲眷等公然留在南凉首都西平(青海省西宁市)，向秃发利鹿孤表示为人质。是年秋八月乞伏乾归乘夜潜出西平城，不敢直接东走而南奔枹罕向后秦姚兴投降。当年冬，乞伏乾归被解送到后秦的首都长安，后秦王姚兴大喜，封乞伏乾归为“归义侯”，并授为河州刺史，都督河南(甘肃省兰州市以南)诸军事。

翌年(401)春，后秦王姚兴命令乞伏乾归还驻他的故国首都苑川，并把以前收抚西秦的原有部队和干部们回归乞伏乾归的统御。夏四月，乞伏乾归回到苑川，奉后秦年号为正朔，所任命的公、卿、将帅都降一级叙用，向后秦姚兴表示真诚臣服。但在暗中却重整军旅、生聚教训、加强农业生产、储存军备。

东晋元兴元年、后秦弘始四年(402)，乞伏乾归留在南凉首都西平做人质的儿子乞伏炽磐，自西平逃到苑川，乞伏乾归命他到长安晋见后秦王姚兴，表示臣服礼貌。后秦王姚兴封乞伏炽磐为振忠将军、兴晋太守。兴晋在湖北的郧西西北，是一个空头官。又加封乞伏乾归为散骑常侍、左贤王，这是执掌规谏，常在皇帝左右的朝廷要职。但对乞伏乾归而言，却是笼络他的名誉之官。后秦王也曾派遣乞伏乾归与齐难、吕隆会师讨伐叛羌、吐谷浑等地。乞伏乾归都打了胜仗，实际上是姚兴在考验乞伏乾归的军事实力。

公元 405 年，乞伏乾归受后秦王姚兴之命，进攻在青海的吐谷浑汗国，俘虏一万多人回师。吐谷浑可汗慕容树洛干率领残余部众数千家逃往青海和甘肃南境的罗插普喇山（又名西倾山，在甘肃省漳县西七十里处，近黄河自东折西北之东岸，绵亘千余里。为黄河以南最大的山）中，自称车骑大将军、大单于、吐谷浑王，当地各胡部落都来归附。

东晋义熙二年、后秦弘始八年（406），乞伏乾归自以为五年的重整，羽毛渐渐丰满了，他自鸣得意地去长安朝见后秦王姚兴并窥探一下后秦朝廷的虚实。而姚兴也早料到乞伏乾归迟早是要背叛他的，所以就利用这个机会把他留在朝廷做一个"主客尚书"，这是执掌皇帝文书的官，很受人尊重，但没有实权。姚兴为了笼络他，又封他的儿子乞伏炽磐为"建武将军"、行西夷校尉，仍驻苑川以安抚他的旧部。这也是后秦王姚兴控制乞伏氏父子的绝招。

乞伏炽磐明知后秦王姚兴的用心，时时提防后秦王派兵来消灭他。一面加强所部兵马训练，一面结合胡、羌诸部落少壮两万七千余人。又在甘肃皋兰的嵻崀山、靖远西的度坚山筑城，和他的国都——苑川构成犄角形势，作为战略上的根据地。

在那时候的外交，可以用"尔虞我诈"四字来形容，都是在互相利用、互相欺骗，根本没有道义和信用。

公元 407 年，南凉王秃发傉檀派官员到苑川游说后秦的西夷校尉乞伏炽磐联合叛后秦。乞伏炽磐的父亲乞伏乾归还在后秦朝廷中做官，等于人质。乞伏炽磐确有叛秦的意思，但他这个时候不敢有所行动。他想到另一个反间之计，于是斩了南凉的来使并写了一封报告详述经过，把人头和报告一起送到长安，呈献给后秦天王姚兴，使姚兴相信乞伏氏父子的忠诚。

是年(407)冬，后秦河州刺史彭奚念起兵投降南凉秃发傉檀。后秦姚兴派西夷校尉乞伏炽磐代理河州刺史，并立即进驻枹罕(河州政府所在地)，但被彭奚念击退。

公元409年，乞伏炽磐自苑川到上邽开军事会议，叛将彭奚念乘这机会袭击乞伏炽磐的根据地苑川。乞伏炽磐立即自上邽回师反攻，大破彭奚念，并进而包围了彭奚念的根据地——枹罕。

后秦姚兴弘始十一年(409)，乞伏炽磐占领了甘肃临夏的枹罕，这地方是后来南凉、北凉与后秦争夺的战略重要地区。这时候乞伏乾归随后秦王姚兴出巡，视察平凉时听到这个消息，知道儿子的势力已经成熟，于是悄悄地自平凉潜回苑川。当他巡视了现实形势以及乞伏炽磐的军事部署之后，就决定把度坚山(甘肃省靖远县西)建设成为他的战时首都。度坚山易守难攻，这是为与后秦持久作战做打算。

是年(409)夏四月，乞伏乾归自行宣布恢复秦王位，仍称“西秦王”，改元“更始”。依朝制恢复以前的文武官员们的职位，俨然又是皇帝了。他的政略是远交近攻，先制服周边的诸胡部落，收复以前失土，然后逐步向外拓展，先征服南凉，而后北凉、西凉，再向东攻打日趋衰微的长安后秦。

西秦复兴

东晋义熙六年、西秦更始二年、后秦弘始十二年(410)春三月，西秦王乞伏乾归收复曾被后秦占据了四年的金城郡。金城本来是西秦的首都，也是战略要地，占有金城，四周各郡县自会望风归附，所以是年秋他就收服了同族越质屈机等十多个部落，胡众两万五千多户，把他们都迁移到苑川。

这时候由于北魏不断南侵，后秦首都长安已显示出乱象，各地方的驻军人心涣散。乞伏乾归紧接着一鼓作气挥军南下，连续攻取了兰州以南的略阳、南安、临洮、陇西各郡县，所向披靡。后秦军不是投降就是溃散。乞伏乾归又移当地居民两万多户去充实枹罕，又把国都迁回苑川。

乞伏乾归自西秦太初十三年、后秦弘始二年(400)战败，国土完全被后秦占领，然后又在长安受了不少委屈，失国八年，他极其痛恨羌胡。所以他把投降过来秦军中的羌族兵士一口气坑杀了三千多人。

后秦王姚兴眼看乞伏乾归不断扩张地盘，而他又没有能力再去动武讨伐，又怕他为害西疆日甚。武力无能进攻，只好用文的功夫了。姚兴在弘始十三年(411)春，内忧外患交相逼迫的情况下，派太常卿索稜，率领游说团去见乞伏乾归。一则凌之以威，一则动之以情，封乞伏乾归为使持节，散骑常侍，都督陇西、岭北(五宗山以北)匈奴杂胡诸军事，征西大将军，河州牧，大单于，河南王。“使持节”是代表皇帝，行使皇帝职权的封号。又封乞伏乾归的儿子乞伏炽磐为镇西将军、左贤王、平昌公。

乞伏乾归正在野心勃勃地想着收复失土，兼并近邻诸胡，再东征羌秦——后秦姚兴，这时候他就因势利导，权且接受姚兴的各种任命，等于又做了后秦的藩臣。

396年，西秦的越质诘归率部落两万多户叛变向后秦投降，后秦把他们安置在甘肃秦安西北八十里处的成纪定居，命越质诘归为“镇西将军”，封“平襄公”。这是监视西秦的战略位置。

乞伏氏定都苑川

西秦要想向外发展，必须消除越质诘归这层障碍，于是在公元410年秋，乞伏乾归兴兵讨伐已属于后秦的“镇西将军”越质诘归。收服了十多个部落，把两万五千多人口强行迁移到甘肃靖远的苑川，以增强其首都苑川的繁荣。

同年乞伏乾归又乘胜收复为后秦占领多年的略阳(甘肃省清水县)、南安(甘肃省陇西县东北)、陇西(甘肃省陇西县)各郡，把两万五千多户居民强制迁到苑川、枹罕等地。

因此，导致鲜卑族仆浑部落，羌族的句岂部落、输报部落、邓若部落等两万多户人家自动归降西秦。

翌年(公元411年，后秦姚兴弘始十三年、西秦乞伏乾归的更始三年)春二月，乞伏乾归又把鲜卑族仆浑部落移居到度坚城(甘肃省靖远县西)。并派他的儿子乞伏敕勃为秦兴(宁夏回族自治区平罗县)太守，率军驻镇。夏四月把羌族句岂诸部落一万多户迁移到甘肃临夏大夏城西南的叠兰城，派他的侄儿乞伏阿柴为兴国(甘肃省秦安县西北)太守，率军驻镇。五月又派他的儿子乞伏木奕干为姑臧太守，驻镇嵻崀城(甘肃省兰州市境内)。

乞伏乾归计划再攻后秦，但又恐怕南凉的秃发傉檀乘虚来犯，于是先派皇子中军将军乞伏审虔率军偷渡金城河(甘肃省兰州市)攻略洪池山的南五郡：广武(甘肃省皋兰县西一百二十里)、西平(甘肃省会宁县)、乐都(青海省西宁市西北二百三十里)、湟河(青海省乐都区)、浇河(青海省贵德县)。

秃发傉檀派太子秃发虎台迎战，虎台大败，西秦军掳去牛马十多万头后撤军。

水洛城之战

是年(411)秋八月，乞伏乾归再攻甘肃清水县西南刑马山上的柏阳堡，激战一天一夜，双方死伤惨重。后秦守将姚龙负伤，最后撤守。攻柏阳堡仅是战略性手段，真正目的是为了攻占水洛城。因为水洛城在甘肃庄浪县东南，是控制陇西、天水地区的重要据点。该城有东西两个城，形势险要，尤其水利发达，沃野几百里，农产丰富，还有黄铜、白银的矿产。这都是最重要的军事资源，所以后秦设有几处重兵守护，刑马山上的柏阳堡就是重要据点之一。当年冬，乞伏乾归下达总攻击令，进攻水洛城。西秦军挟战胜柏阳堡的余威，大军一到东城，后秦南平太守王憬立即弃城逃走。乞伏乾归把当地羌族居民三千多户迁到庄浪县西三百多里处的临潭郊区，另迁四千多户移居苑川。又派乞伏审虔（乾归的儿子）征发两万民工筑谭郊城，大兴土木修建行宫，并选征当地胡汉美女一千多人充实后宫。

西秦乞伏乾归的更始四年（412）春正月，乞伏乾归率步骑三万，再次讨伐在枹罕造反经年的羌族彭利发部落，彭利发大败，退守甘肃清水。乞伏乾归派侄儿振威将军乞伏公府追到清水，把彭利发擒来斩首。

乞伏乾归则进入枹罕，收抚当地居民一万三千多户，收编羌兵五千多人。乞伏乾归声威大振，因而率两万精骑继续西进青海南境吐谷浑的赤水城，当地阿若干部落投降。

是年（412）二月，乞伏乾归迁都甘肃临夏的谭郊城。谭郊在临夏西北，公元411年乞伏乾归克复后秦水洛城，徙其民三千多户于谭郊城，翌年都之。谭郊本来也是枹罕县地，乞伏乾归选谭郊为新都，可能是因其北凭黄河，对付南凉进可攻，退可凭河防御。

乞伏公府的反弹

乞伏公府是乞伏国仁的儿子，东晋太元十三年、西秦乞伏国仁建义四年（388），乞伏国仁病死，当时乞伏公府尚且年幼，僚属们就公推乞伏国仁的弟弟、“雄武英杰，沈雅有度量”（《中国人名大辞典》）的乞伏乾归继承这个“河南王”位。迨乞伏公府长大了，乞伏乾归对于乞伏公府只是表面敷衍，并不授予他实际军政权力。已经二十五岁了的乞伏公府，过去这二十多年来，除了为乞伏乾归南征北战以外，不唯没有得到实际军权，反而还受到乞伏乾归的儿子们歧视。这是他心灵深处对乞伏乾归不满的主要因素。其次，乞伏乾归在当时是一个国际性人物，可是他在国际间却没有信义可言，时而伐秦，时而降秦，又时而叛秦。“反复无常”也是乞伏公府时常引以为耻的一点。乞伏乾归好战嗜杀，每战必鼓励他的将士尽力杀敌，尤其是对于羌族兵士，在阵前除了跑掉的以外，一律杀死，投降的不是立即杀死，就是转卖给富豪人家做奴隶。有一次竟然集体活埋羌兵三千多，一下子活埋三千多人，其残忍可想而知了。这也是乞伏公府反感的地方。

自从乞伏乾归逃出后秦，恢复“西秦王”以来，原西秦境内可以说是“无日无战事”。东征西讨，兵士厌战，兵连祸结，民怨沸腾！乞伏乾归迁都谭郊，就是在缮甲整兵准备更多、更大的战争。是年(412)六月，乞伏公府晋见乞伏乾归，要求“息兵养民”。可是乞伏乾归却答复说“养兵不打仗，浪费军糈”，他还说平时不打仗，病死的兵士和军马，比打仗战死的还要多，最后他还声色俱厉地指责乞伏公府为“叛逆”，因而激起乞伏公府的杀意。二十年的积愤让乞伏公府一怒而刺死这个好战嗜杀的西秦王乞伏乾归以及其近侍三十多人，然后投奔大夏城(甘肃省临夏回族自治州东北八十里处)。乞伏乾归的儿子乞伏炽磐率精骑三千追到大夏城。乞伏公府不敢抵抗，再奔叠兰城(甘肃省临夏回族自治州)他的弟弟乞伏阿柴。乞伏乾归的弟弟乞伏智达率军攻下叠兰城，斩乞伏阿柴父子五人，并杀了全部守军。乞伏公府再逃到嵻崀南山(甘肃省兰州市境内)，乞伏智达追他到嵻崀南山，擒着乞伏公府和他的家人，一并押到谭郊把他们五马分尸，并焚尸扬灰以泄恨。

乞伏炽磐崛起

乞伏乾归的儿子乞伏炽磐继立，率领文武百官和两万多户居民迁都枹罕。命镇东将军乞伏昙达驻镇故都谭郊，骁骑将军乞伏娄机镇守苑川。

是年(412)秋八月，乞伏炽磐自称“大将军”“河南王”，改元为“永康”。重组中央政府，简化中央机构，提高行政效率。

乞伏炽磐的主要政略是扩疆拓土。他的目标先选西方比较弱势的吐谷浑，先后出兵三次占领吐谷浑牧地长柳川(甘肃省临潭县境)、泣勤川(甘肃省临潭县南)、尧杆川(甘肃省临潭县南)一带。吐谷浑几个旁支部落和树洛干部落都宣告投降，西秦掳其居民五千多家。乞伏炽磐又大破吐谷浑渴浑川(甘肃省靖远县境西南两百里勇士城东北处)部落，掳去男女两万三千多人，酋长掘逵率残部投降。

翌年(413)乞伏炽磐派平东将军王松寿、镇东将军乞伏昙达率军大破甘肃清水西北四十里处的白石城。这里是匈奴一支休官部落的地盘，酋长为权小郎、权小成、吕破胡、吕奴迦等。接着又攻占邻近的显亲郡(甘肃省秦安县西北)，掳去男女一万多人。权小郎和吕破胡投降，权小成、吕奴迦则率领部分族众两万多户据险抵抗。乞伏昙达招降不成，苦战五天四夜才攻破最后阵地。斩权小成与吕奴迦，收服余众，休官部落完全平定。这一仗的威力影响，使羌族的后秦太尉索稜，献出他所据守的陇西郡(甘肃省陇西县在显亲白石城西方一百多里处)宣布投降。乞伏炽磐下一个目标，是要收拾同是鲜卑族的南凉王秃发傉檀了。

东晋义熙十年、西秦乞伏炽磐永康三年(414)，南凉西北部的乙弗和唾契汗部落叛变，南凉王秃发傉檀倾全国之兵讨伐乙弗部落。由于乙弗也是鲜卑族，南凉所占为首都的乐都以前又曾是西秦领土，西秦乞伏炽磐就振振有词地借口声援同族而率步骑两万，乘虚进攻南凉的首都——乐都。一夜之间的闪击战，乐都城破，留守的南凉太子秃发虎台和他的文武官员全被俘虏。乞伏炽磐把他们和一万多户居民一起迁移到枹罕(临夏市)地区。派平远将军乞伏捷虔率五千精骑追击秃发傉檀。派镇南将军乞伏谦屯都督河右(青海省东北部)诸郡诸军事、凉州刺史，驻镇乐都。耀武将军王基为晋兴郡守，镇守浩亹。赵恢为广武(甘肃省永登县)郡守，驻镇广武。最有趣的是任命南凉逊王秃发乌孤的儿子秃发赴单为西平郡守，驻镇重要据点西平(青海省西宁市)以防秃发檀反攻。

秃发傉檀在前方回师不及，所部将士又听说家人全被掳走，根本已失，无心再战，全军溃散大半。这时候的秃发傉檀也前进无力、后退无路，不得已乃率残部回乐都向西秦乞伏炽磐投降。南凉的国土完全为西秦乞伏炽磐所有，南凉从此亡国。乞伏炽磐又宣布自称“西秦王”。

西秦与北凉

南凉的固有领土比西秦大，疆界虽然都不固定，大约是现在甘肃省的武威地区、兰州市的西北部，青海省的青海湖以东、黄河以北地带。他的首都本来在广武郡(甘肃省永登县)，后来为避北凉的锋头而迁到青海乐都。西秦既然兼并了南凉，在乞伏炽磐的心目中，南凉所有的领土都应归为西秦所有。可是北凉也乘南凉与西秦在争战中，占去了不少原属南凉的领土，例如广武以及离乐都很近的磃伯等地。西秦既败南凉，而南凉所有疆土，自应为西秦所有，因此西秦乞伏炽磐的下一个目标就是向北凉收复南凉之地。

西秦乘追击南凉军的大胜余威，派安东将军乞伏木奕干进攻吐谷浑，在甘肃临潭南的尧杆川，把吐谷浑可汗慕容树洛干的弟弟慕容阿柴打败，俘虏五千多人。

二十六岁的慕容树洛干年轻气盛，吃了败仗退守白兰山（青海省西南积石山），心脏病发而死。他的弟弟慕容阿柴继任可汗，自称骠骑大将军、沙州刺史。整军经武，兼并邻近原住民和其他弱小部落，逐渐扩张地盘，数年间竟也成为一个强国。

白兰山的《中国历史地图集》（东晋十六国时期）认为，在青海西南约二百里处有“白兰山”（在札陵、鄂陵二湖之北方）。

西秦永康八年（419）夏，征西将军乞伏孔子率五千骑兵进攻弱水以南（弱水在青海湖之西）吐谷浑所属的牧地，吐谷浑酋长慕容觅地战败投降。西秦任命慕容觅地为“弱水护军”。

要攻北凉，在战略上当然先攻取离乐都最近的碾伯、河湟郡。这些地方以前本来就是西秦的国土，十年前被北凉沮渠蒙逊夺去，因而给西秦的威胁也很大。乞伏炽磐兼并南凉的第二年（西秦永康四年，公元 415 年）春，乞伏炽磐自乐都发兵进攻碾伯，北凉的河湟太守投降。

北凉王沮渠蒙逊先攻占广武，再南下救河湟。乞伏炽磐得到广武的军报之后，立即派大将乞伏魋尼寅率劲旅邀击北凉军，在青海西宁东南的浩亹展开遭遇战，乞伏魋尼寅战死，全军覆没。乞伏炽磐又派右将军乞伏折斐率骑兵一万占据附近之勒姐岭伺机反攻，又被沮渠蒙逊略施小计，诱其主力下山，结果乞伏折斐中伏被擒，士卒大部投降，余者溃散。这是西秦损失最惨的一仗。

是年（415）夏，西秦乞伏炽磐整合各地部众之后，就出师三万再攻河湟（概指黄河与湟水流域地带）。经过几进几退的苦战之后，方才收复了河湟（大概是青海省西宁市、乐都区一带）。由于双方都已疲惫不堪，只好谈和、结亲。以后三年没有发生战事。

到公元 418 年冬，乞伏炽磐把上邽五千多家居民强制迁到首都枹罕。

翌年（419）秋，又派左卫将军乞伏匹达率军讨伐羌族部落所盘踞的漒川(甘肃省甘南藏族自治州卓尼县境)。大破羌族守军，酋长彭和利单人匹马逃离战场，投奔仇池(甘肃省成县西)。西秦王乞伏炽磐任命尚书右仆射王松寿为益州刺史，驻镇漒川。然后把彭和利的妻子儿女们和部落中豪门大家族三千多户迁到首都枹罕，其余三万多户平民羌人就原地重新编组，重新分配土地给他们，让他们安于农牧。

公元420年春，西秦乞伏炽磐改年号为“建弘”，立乞伏暮末为太子。

南朝的刘裕篡东晋自立，是为南朝宋武帝。是年秋九月，西秦边防将军王基夜袭甘肃武威北凉的边防胡坑戍，俘虏北凉兵两千多人撤退。沮渠蒙逊不甘心，于是在次年秋七月间派右卫将军沮渠鄯善和建军将军沮渠苟生等率众七千伐西秦。乞伏炽磐派征北将军乞伏木奕干率步骑五千迎战，双方在甘肃武威的五涧遭遇，乞伏木奕干以少数兵力吸引着沮渠鄯善部，把主力投入沮渠苟生阵地。先用骑兵冲阵，中央突破，再由步兵分头断杀。结果沮渠苟生被俘，北凉兵士战死两千多。沮渠鄯善见势不佳只好下令退出战场。

西秦王乞伏炽磐急着消灭北凉，但他的北壤紧接着胡夏，一旦进犯北凉，他又怕胡夏乘虚来犯。于是派征北将军乞伏木奕干、辅国将军乞伏元基进攻胡夏南疆的重要据点上邽。还没有出师正好有情报说青海的吐谷浑有骑兵部队向西秦边境进发。西秦王以为吐谷浑兴兵来犯是报两年前战败西迁的仇，所以立即停止部队北上，准备迎战吐谷浑。等到吐谷浑军快到时，才发现是吐谷浑派来的庞大特使团，向西秦进贡、投降的。西秦王乞伏炽磐接受了贡品，并任命吐谷浑可汗慕容阿柴为征西将军、安州(青海省)牧，又封“白兰王”。

三年后慕容阿柴又向刘宋进贡，刘宋任命慕容阿柴为“督都塞表诸军事”、安西将军、沙州刺史，封“浇河公”，乞伏炽磐也没有干涉他。

西秦建弘二年、刘宋武帝(刘裕)永初二年(421)秋七月，北凉沮渠蒙逊遣前将军沮渠成都率众一万进驻五涧(甘肃省武威县南与洪池岭之间)，乞伏炽磐认为五涧是他西秦的领土，当然不容北凉军占有，于是派征北将军出连虔(出连氏，后改姓毕)率六千精骑分三路奇袭沮渠成都。一路直接冲进主帅大营，活捉了沮渠成都，放火烧营栅，北凉军全部溃散，被俘的也都被杀。

公元422年，篡晋的刘裕做了三年的刘宋武帝后死了(《通鉴》说是425年)。这年是西秦建弘三年、北凉玄始十一年。西秦王乞伏炽磐派他的太子乞伏暮末率征北将军乞伏木奕干将步骑三万出貂渠谷(参酌《中国古今地名大辞典》，地望应在甘肃省临夏回族自治州，青海省西宁市东)进攻北凉的白草岭(青海省西宁市北)、临松郡(故址在甘肃省张掖市南临松山麓)，掳去胡、汉居民两万多人，再擒镇守河西的镇南将军沮渠白蹄，并迁去当地百姓五千多户到枹罕。这是乞伏炽磐第一次派军侵入北凉本土。

公元421年，西秦征西将军乞伏孔子率领两万骑兵进攻盘踞在甘肃正宁北罗川的匈奴部落。酋长契汗秃真，一经接战就败下阵来，率领残余部队数千骑向西逃去。另一酋长契汗树奚率五千户部众投降，西秦军俘虏男女两万多人，牛羊五十多万头。罗川又归西秦所有。

公元422年夏，西秦乞伏炽磐派折冲将军乞伏是辰为“西胡校尉”，兴建一个坚固的军事据点——列浑城，驻军监视胡夏。乞伏炽磐的国际策略是“远交近攻”，他一心想先消灭北凉，但又怕新兴的胡夏乘机来犯，所以他派尚书郎莫者阿胡朝见北魏皇帝拓跋嗣，进贡黄金二百斤，并献讨伐胡夏的计策，希望由北魏牵掣胡夏，可是北魏并没接纳。

是年(422)秋八月，乞伏炽磐再遣太子乞伏暮末率步骑三万进攻北凉的西安城与番禾城(二城皆在甘肃省张掖市东)。沮渠蒙逊一面派大军抵御，一面派遣特使说动北方的胡夏出兵乘虚袭击西秦的枹罕。胡夏的南疆是陇东郡，就是现在宁夏回族自治区的固原市，西北距西秦前首都苑川一百多里，西南距西秦境内的定西(甘肃省定西市在南安西北)、南安(甘肃省秦安县)也不到二百里路，这些都是枹罕的外围战略据点。冬十月，胡夏征南大将军呼卢古率骑两万攻苑川，车骑大将军率骑三万攻南安(甘肃省秦安县)。苑川是西秦的老窝，南安是西秦的后勤基地，也是军糈粮秣的总仓储。乞伏炽磐听到胡夏出兵的消息后，先把包括南安在内的战略重要地区内的重要资源及牲畜西迁到黄河附近的浇河、湟河州境内以策安全，然后派乞伏昙达率军防守枹罕。西秦军在嵻崀山(甘肃省兰州市境内)与胡夏呼卢古军大战三日夜，乞伏昙达兵败，呼卢古军进逼枹罕。西秦军的主力固守枹罕外围的定连城(甘肃省临夏市东南)，呼卢古猛攻定连南城，短兵相接、白刃肉搏，结果都被西秦军击退。呼卢古见西秦的大军都部署在枹罕以北以东地带，正面强攻不利，于是以轻骑数千绕到枹罕西青海西宁的西平城，这里是西秦设防松懈的地方。急攻之下，俘虏了西秦的安西将军乞伏库洛干，坑杀了西秦战士五千多人，又掳去当地居民两万多户。

公元425年秋，乞伏炽磐派镇南将军乞伏吉毗进攻甘肃文县境内黑水河一带的羌族部落。羌族酋长丘担率族众归降。乞伏炽磐任命丘担为归善将军。另派折冲将军乞伏信帝为平羌校尉，率军驻镇黑水河一带。

乞伏炽磐兼并了附近各胡部落。他的目的是要消灭新兴势力的胡夏。他以前曾向北魏提出联合作战，南北夹击胡夏的计划，北魏没有接受，这时候他又派亲信大员，游说北魏对胡夏采取军事行动。他把夹击胡夏的作战计划送到北魏中央政府，拓跋焘召开御前会议讨论这个提案，群臣有主张先伐柔然的，有主张先伐北燕的，也有主张讨伐胡夏的，但都没有专为支持西秦的乞伏炽磐计划而伐胡夏的。

乞伏炽磐继承他父亲乞伏乾归的雄心壮志，经过了近十年的连番战争，在他统治地区内有好战的其他诸胡部落，也有不少同族而各有不同野心的大小军阀，还有一些汉人豪门政客，都是很难统御的。他先是强制移民，使诸胡与汉人杂处，互相监视。以后又划分了几个郡、县，派亲信率军驻镇。可是这些行政区域，或国与国之间的疆域，由于战争使然，分界也都不是十分稳定的。

公元426年，西秦乞伏炽磐有一个错误的判断，他认为胡夏背后的北魏是胡夏的世仇大敌，有北魏在胡夏旁边，胡夏决不敢南下用兵。因此，他就大胆地举兵伐北凉。大军挺进到青海，总指挥部设在今民和回族土族自治县的廉川(上川口镇)。乞伏炽磐派太子乞伏暮末率步骑兵三万多，分别进攻甘肃金昌的西安和永昌(番禾)。

北凉河西王沮渠蒙逊对于西秦的来犯早有准备，他在一年前就把西秦勾结北魏进攻胡夏的秘密计划泄露给胡夏了，于是当时就跟胡夏订下了联防协定。现在他一面用最快速的飞骑去联络胡夏向西秦首都枹罕进军，一面自己整军应战。

胡夏立即派遣车骑大将军韦伐，率三万骑兵南下天水秦安(南安)。派征南大将军呼卢古率两万骑兵西进攻击苑川。

乞伏炽磐在胡夏强大压力之下只好撤退进攻北凉的军队，回师应战胡夏。乞伏炽磐料到胡夏必来攻击他的首都(枹罕)，于是就把京畿区内的重要资源和老弱人口向西疏散到青海浇河郡(青海省贵德市)、莫河郡(青海省同仁市)和西倾山以北的仍塞川。西倾山跨青海东南和甘肃南境，以及四川北边松潘草地，山北与青海同仁、贵德大部分是沼泽地区，不利于骑兵运动，乞伏炽磐选此地做天然屏障，很有军事见识。

乞伏炽磐又命左丞相乞伏昙达留守枹罕。但却把首都迁到枹罕东南的定连城，凭大夏河东作防御屏障。

胡夏车骑大将军韦伐很快攻陷南安。西秦委派的秦州刺史翟爽、南安郡守李亮被俘。

是年冬，韦伐、呼卢古的联军总攻枹罕，苦战一昼夜，才得进入枹罕南城。西秦镇京将军赵寿生率敢死队三百人乘夜反攻，喊杀声震天动地，只杀得血肉横飞，才击退胡夏军。

呼卢古、韦伐联军转而攻击西秦所属今青海省化隆回族自治县的湟河，西秦守将沙州刺史出连虔派后将军乞伏万年分路出击，又把胡夏军击退。胡夏军利用“攻其无备，出其不意”的机会，突然间回头闪击青海西宁的西平城。西秦守将安西将军乞伏库洛干只凭情报判断：胡夏两次战败必是撤军。没想到这个突如其来的反攻，弄得西秦军措手不及。于是乞伏库洛干被俘，战士五千多人被坑杀。胡夏军裹挟两万多家居民才撤军。

西秦末路

战争连连，西秦小胜没有大败多，在国际局势上到处都显示着亡国在即的危机，所以辖区内的杂胡诸部落，离心离德。

南漒(甘肃省卓尼县南)是西秦的南疆重镇。由征南将军乞伏吉毗镇守，陇西流民首领辛澹竟率众三千户占据南漒城，驱逐乞伏吉毗，而辛澹又率众投奔仇池。

翌年(427)，武始郡(甘肃省临洮县)南方的山区羌族部落，背叛西秦而宣布独立。

乞伏炽磐派左丞相乞伏昙达前往武始山安抚，而羌部众竟把乞伏昙达活捉起来献给胡夏。西秦又派征南将军乞伏吉毗安抚洮阳(甘肃省临潭县南)的山区羌族部落，而山羌部众却武力攻击乞伏吉毗，把乞伏吉毗所带的士卒打死十之八九，马匹全部抢去，乞伏吉毗只身逃回。

国内移民以及其他胡族部落类此事件层出不穷。乞伏炽磐乃派重量级的高干，下放各重要地区督导，任命辅国将军段晖为凉州刺史，镇守青海乐都。平西将军麹景为沙州刺史，镇守西平(青海省西宁市)。宁朔将军出连辅政为梁州刺史，驻镇赤水(甘肃省临夏回族自治州)，国内局势才稍为安定。这时胡夏已被北魏灭亡，乞伏炽磐也望风转舵，八月间派遣平远将军乞伏渥头率领一个庞大的高级代表团访问北魏，并进贡示降。

是年(427)秋，氐王杨玄的部将苻白作进攻西秦的赤水，西秦守将梁州刺史出连辅政闭城固守不敢应战。被围四十天，城中粮食吃完了，向民间征发粮食，又惹起居民反感，竟把出连辅政捆绑出城向北魏投降。

是年(427)冬，西秦政府派平南将军吴汉兼梁州刺史，接替乞伏吉毗镇守南漒(甘肃省卓尼县南)。吴汉刚一到任就被当地的羌族部落群起反抗，吴汉迫不得已，仅率居民两千多家撤出南漒，返回首都枹罕。

由于外族部落相继叛离的影响，西秦中央级的高干也发生动摇。西秦建弘九年(428)，商州刺史姚濬在浇河郡宣布向北凉投降。浇河郡是西秦辖境的心脏地带，这一下使乞伏炽磐大为震惊，立即派尚书焦嵩率三千步骑兵出师讨伐姚濬，可是焦嵩在行军途中又被吐谷浑的酋长慕容元绪击败俘虏。

当年的夏五月，乞伏炽磐在枹罕病死，太子乞伏暮末继立，改年号为“永弘”。乞伏暮末禀性残暴，他的尚书辛进，多年前侍从他父亲乞伏炽磐打猎，有鸟飞来，乞伏炽磐命辛进用弹弓射鸟，不小心竟射中旁边座位上皇后的一只眼睛。当时乞伏炽磐知道不是故意也就不加责备。可是当乞伏暮末当权之后，立即把辛进斩首，灭其五族三十多人。

北凉王沮渠蒙逊乘西秦国丧，兴师攻击西秦的乐都城。西秦相国乞伏元基率精兵三千坚守，血战三昼夜仅攻进了外城。北凉军阻绝了水道，使内城的西秦军民一大半饥渴致死。乞伏元基紧急邀请东羌族酋长乞提，率军来救乐都。可是本为青海原住民的羌族由于吐谷浑侵占其土地而与鲜卑族世仇。乞提便暗中和北凉军勾结，准备里应外合，以举火为号，使北凉军进入内城。一场厮杀恶斗，西秦军拼死苦战一天一夜，北凉军才退出城去。三千东羌兵除战死的外，其余皆被西秦军俘虏而掘坑活埋。

是年(428)冬，北凉沮渠蒙逊再兴师伐西秦。这次是越过祁连山南下，打算袭击乐都之背。大军到青海西宁西南的磐夷地区，与西秦相国乞伏元基所部遭遇。北凉军发现西秦有备，遂转向攻击西秦军事重镇青海西宁的西平城。北凉军围城，经过半个月的苦战，翌年(429)春，西秦相国出连辅政率两千骑兵救西平，可是援军还没有到达，城破，西秦太守鞠承被俘。

429年五月，北凉沮渠蒙逊再攻西秦，一路进攻西秦的首都枹罕；另一路由沮渠蒙逊的儿子沮渠兴国指挥，闪击西秦王乞伏暮末的行都——甘肃临夏东南的定连城。同时，吐谷浑可汗慕容暮璝也率军一万八千人来攻定连城。

西秦的南安郡守翟承伯据罕幵开谷叛变，归降北凉。乞伏暮末亲率御林军讨伐，翟承伯退保治城(甘肃省临夏市西北)。乞伏暮末追到冶城，并乘胜邀击北凉军，俘虏沮渠蒙逊的世子沮渠兴国，北凉军大败。吐谷浑可汗慕容慕派他的弟弟慕容没利延率五千骑来救沮渠兴国，也被乞伏暮末的辅国大将军段晖邀击，吐谷浑联军败退。乞伏暮末追击到谭郊(甘肃省临夏市西北)。

后来沮渠蒙逊派大员送给乞伏暮末三十万斛米，要求赎回沮渠兴国，可是乞伏暮末不接受，反而任命沮渠兴国为“散骑常侍”，并且把妹妹平昌公主嫁给沮渠兴国。这种做法是五胡十六国时期特有的政治谋略。

后来乞伏暮末的叔叔乞伏什寅，打算杀死乞伏暮末，携沮渠兴国投降北凉。乞伏暮末得到这个情报，立即把乞伏什寅这一伙同党全部斩首，并把乞伏什寅破腹挖心，将尸首投入河中。乞伏什寅的两个弟弟，前将军乞伏白养、镇卫将军乞伏去列，也被乞伏暮末一起斩首分尸。

吐谷浑位居乐都以北的祁连山，在地理形势上对西秦居高临下，在国力上吐谷浑一天比一天盛壮强大，对于西秦的乐都有一种自然压力。加之吐谷浑又和北凉合作，对于西秦的威胁更大。还有北凉大军压境的威胁，再加国内大旱，诸胡部落的不断叛变，西秦为了苟延残喘，于是放弃现据的残破国土向北魏输诚，愿归附为藩臣。并派大员要求北魏派军队来接应，以防北凉突袭。老谋深算的北魏拓跋政权，答允把还在胡夏统治下的平凉郡(甘肃省平凉市)、安定郡(宁夏回族自治区固原市)两郡封给乞伏暮末。于是乞伏暮末在永弘三年(430)冬，焚毁了在定连(甘肃省临夏市东南)行都的宫室、仪仗，带着所藏宝物等，率皇亲国戚与一万五千户鲜卑族人东下天水的上邽。

中途黄门侍郎郭恒私通北凉，阴谋劫持乞伏暮末而叛变。当时虽然为乞伏暮末发觉而杀了郭恒，可是前有胡夏的拦阻，后有吐谷浑的追赶，加之士气溃散、人心惶惶，他只好暂保秦安县以南的南安峡山城(高田谷)，再相机而行。

北魏政权派尚书库傉结率五千骑兵来接应乞伏暮末。西秦的卫将军乞伏吉毗建议乞伏暮末暂时稳定，在这里复国还有希望，如再东迁，越发离祖国远了。于是乞伏暮末谢绝了北魏来接应的好意。

南安羌族部落一万多人，宣布脱离西秦统治，并自行推举长城护军焦亮为领导，率众进攻西秦的南安(甘肃省秦安县南)。

乞伏暮末一面严密防守，一面向仇池(甘肃省成县)氐王杨难当求援。杨难当派将军苻献率三千多骑兵来援，南安羌族部落大败。将领焦亮奔广宁(甘肃省漳县)。乞伏暮末与仇池联军围攻广宁。当时广宁守将焦遗本来是西秦的安南将军，于是立即斩焦亮，羌乱才告平息。西秦乞伏暮末擢升焦遗为镇国将军，仍驻镇广宁。

此乱刚刚平息，就在南安附近的略阳(甘肃省清水县，距离南安只有三十里路)郡守杨显，据城向胡夏投降，招徕胡夏军协同对抗西秦。

是年(430)冬，西秦在南安以西的国土全被吐谷浑占去，北方的苑川地带都已沦为北凉或胡夏所有。南安近郊九个羌族部落又群起叛变，刚被平定不久，已被北魏打败。意图占据南安的胡夏又来攻击南安。城中粮尽，军人吃战马，平民吃平民。西秦最后的战将出连辅政、乞伏延祚、乞伏跋跋相继奔向胡夏投降。这时候穷途末路的乞伏暮末也只好自己绑了自己，出城向胡夏投降了。

西秦太子司直焦楷是镇守广宁的镇国将军，是焦遗的儿子，逃到广宁，共谋复兴西秦。可惜焦遗病故，焦楷见事不可成，就投奔北凉去了。焦氏父子的反攻大计，也跟着西秦的国运而烟消云散了。

翌年(431)夏六月，乞伏暮末及其皇族五百多人被即将败亡的胡夏皇帝赫连定在上邽全部处斩。继西秦国亡之后乞伏氏族灭。

西秦计传四王，计四十六年(《通鉴》说他立国三十九年共四传)。

南凉(鲜卑)

民　　族：鲜卑族

建 国 者：秃发乌孤。为五胡十六国中第十一个建国者

时　　间：公元 397—414 年

疆　　域：东自甘肃省兰州市以西、永昌县西水泉子之东

南至青海省以南同仁市一带

西到青海湖东北

北到甘肃省腾格里沙漠

首　　都：姑臧(甘肃省武威市)、乐都(青海省海东市乐都区)

历代帝王：武王秃发乌孤：公元 397—399 年

康王秃发利鹿孤：公元 399—402 年

景王秃发傉檀：公元 402—414 年

南　凉

南凉的开国皇帝是东胡鲜卑族系的秃发乌孤。

鲜卑族发源于中国东北，内蒙古东部大兴安岭北段，以阿里河(内蒙古自治区呼伦贝尔市鄂伦春自治旗)西北十公里处的嘎仙洞(即拓跋鲜卑旧

墟石室)为中心,以后又因人口繁衍,为逐水草而西南移到大泽(应是内蒙古自治区的呼伦湖,此处有额尔古纳河、海拉尔河、乌尔逊河、克鲁伦河流域),再循水草而继续西南移到中国大西北的“河西”(甘肃省河西走廊)。

《晋书》上说秃发乌孤的八世祖先拓跋匹(疋)孤,自塞北迁于河南(黄河套中)。其间历程,有神话,也有传说。神话也好,传说也好,都算是历史的一部分。从传说中看,他这段大迁移的经过,跟吐谷浑自中国大东北向中国大西南进发的经过相似。

可是鲜卑族慕容氏的吐谷浑,乞伏氏的西秦始终还是姓“慕容”、姓“乞伏”,而后来的考据家说“秃发”是“拓跋”的转音,但不知道是从什么时候把“拓跋”转音成“秃发”的。我们由鲜卑族的同源而推断“秃发”就是“拓跋”的转音,似乎有点牵强附会。鲜卑族有姓慕容的,有姓拓跋的,有姓乞伏的,为什么不能有姓“秃发”的呢?

说“秃发”是“拓跋”的转音,史书也有记载,《太平御览》引崔鸿著《十六国春秋》有一段这样说:“秃发乌孤,河西鲜卑人也。其先与后魏(拓跋氏)同出。”《魏书·源贺传》引拓跋焘的一段话:“源贺,自署河西王秃发傉檀之子也。秃发傉檀为乞伏炽磐所灭,贺自乐都来奔……世祖(拓跋焘)素闻其名,及见,器其机辩,赐爵西平侯,加龙骧将军;谓贺曰:‘卿与朕源同,因事分姓,今可为源氏。’……贺本名破羌……赐名‘贺’焉。”因此可知秃发破羌投魏后,太武帝拓跋焘因秃发氏与拓跋氏同源而赐姓源氏。

《晋书·秃发乌孤载记》有一段关于“秃发”姓源的趣谈:“匹孤卒,子寿阗立。初、寿阗之在孕,母胡氏因寝而产寿阗于被中。鲜卑谓被为‘秃发’,因而氏(姓)焉。”

古史中的神话也是传说下来的,传说也是先人们口述下来的,在没有文字记录之前,那都算是珍贵的历史文化。现在我们把“秃发”的姓源问题暂时归档，只将“秃发”氏的兴衰历程作为本书主题。

秃发乌孤的八世祖先秃发匹孤，开始自塞北逐渐迁移到青海东北的贵德境。今内蒙古自治区的鄂尔多斯、阿拉善乃至陕西省、甘肃省、宁夏回族自治区边区地带为其主要游牧地区。大致东起甘肃平凉西北的牵屯山、靖远北的麦田城，西至青海的青海湖东，南到青海贵德，北接腾格里沙漠、巴丹吉林沙漠（内蒙古自治区）。传至秃发树机能时在西晋武帝泰始六年（270）间，遂据雍、凉（概指陕西省、甘肃省）二州宣布叛晋。雍、凉边境被他们抢劫得十室十空。翌年又杀晋凉州刺史牵弘，晋廷震惊，派秦州刺史胡烈进剿。胡烈乃一介武夫，有勇无谋，加之所带领的都是步战之兵，以刀、矛为主要武器，只能阵地战。而秃发树机能的部队都是骑兵，所用武器以弓箭、长枪为主，既可远射，又能近冲，运动灵活，杀伤力强。在甘肃靖远北祖厉河口的万斛堆一役，胡烈战死。部下军士除战死者外，都被秃发树机能掳去了。

晋廷又派扶风王司马亮、刘旗以及尚书石鉴、杜预，也都先后战败。秃发树机能一连打了几次胜仗，以致河西各弱势族群纷纷归附。

八年间（270—277），晋凉州刺史苏愉败在他的手下。到西晋武帝咸宁三年（277）时，晋廷派平虏将军文鸯进剿。文鸯采取驱散战法，两年间的大小战役十多次，表面看来是仗仗都胜，实际是胡兵精于骑射，运动灵活，散了又聚，再散再聚，采取敌来我走、敌走我又来的游击战法，在这里抢掠，吃光后再转移阵地到别的地方去抢。

从秃发树机能与胡烈、牵弘的交战地区来看，当时秃发部主要集中在金城郡（甘肃省兰州市一带）。自西晋泰始十年（274）年底至西晋咸宁元年（275）年初，鲜卑秃发部的势力开始向凉州（甘肃省秦安县一带）金城以西发展，而攻陷了凉州（甘肃省武威市）。

晋廷派凉州刺史杨欣率军堵击。西晋咸宁四年（278）六月杨欣兵败，在武威以西的丹岭被鲜卑族若罗拔能击杀。

南凉疆域图
(397—414年)
新疆维吾尔自治区
内蒙古自治区
宁夏回族自治区
甘
敦煌
酒泉
张掖
肃
武都郡
南
凉
乐都
兰州
省
西秦
天水
陇西
甘南藏族自治州
龚同光 制

晋廷封司马督都马隆为讨虏护军兼武威太守。马隆深深了解兵贵精而不贵多，于是他经过招募，经过拣选再予严格训练了三千五百人，号称“勇士军”，精兵精械，大举进剿秃发树机能。

晋咸宁四年(278)十一月马隆率军渡温围水(甘肃省武威市东)，施行逐城战法，并使所部打造扁厢车，上有藤牌甲士，每三辆一组掩护步兵且战且进；胡骑冲阵，有厢车阻挡；胡骑射箭，有藤牌遮掩，这是对付骑兵的有效战法。转战一千多里，杀死胡兵数千人，擒得胡将或降部酋数百人，得民众万余人。大军进抵武威城，秃发树机能见风转舵，乃遣所领二十部将领各遣人质，向晋师投降，安定(宁夏回族自治区固原市)、北地(指宁夏回族自治区灵武市、吴忠市一带)、金城(甘肃省兰州市皋兰县一带)诸胡二十万人口来降。

秃发树机能对晋叛顺无常，最后被马隆擒获解送晋都斩首东市。陕西、甘肃(凉州、秦州)境内的战乱平静一时。(《中国人名大辞典》说秃发树机能是被合众没骨所杀)

秃发乌孤的崛起(建国)

依《十六国春秋・南凉录》：“秃发乌孤，河西鲜卑人也。八世祖(秃发)匹孤，率其部自塞北迁于河西，匹孤子寿阗立。寿阗卒，(匹孤)孙秃发树机能立。秃发树机能死，其从弟秃发务丸代立。务丸死，秃发树机能之孙，秃发推斤立。公元365年推斤死，其子秃发思复鞬立。思复鞬死，其子乌孤袭位。”

思复鞬继立后“部众稍盛”。公元386年思复鞬死，其子秃发乌孤继立。秃发乌孤很懂政治，他已体会到游牧经济专以攻城掠户、抢劫财物的传统战法已经不合时宜，必须占领地盘发展农业经济，于是他把晋(汉)人分配到城郊农村，从事农业生产，为国家增加建设资源。

军事方面则征国人(鲜卑族人，当时胡人称汉人为“晋人”，他们自己称为“国人”)从事征战训练。放弃过去那些专以攻城掠户、抢劫官府与民间财物的传统作战诉求。

在政治方面施行绥抚政策。大力吸收汉文化，稳定占领地区。

东晋太元二十一年(396)晋孝武帝司马曜被杀害，太子司马德宗在建康嗣位为晋安帝的当年，后凉王吕光曾封秃发乌孤为冠军大将军、河西鲜卑大都统、广武县侯、益州牧。

秃发乌孤自以为实力已盛，乃乘晋内忧不稳、无暇西顾的机会，先征服其附近诸胡小族群，当年(397)世居河南(甘肃省黄河以南)地区的鲜卑族吐秣部落酋长率领其他十二个部落来归附，于是在青海乐都东乙弗、折掘小胡群游牧区内筑城——廉川，又称“湟中廉川堡”，定为他的首都。自称“大单于”“西平王”，改年号为“太初”。又称“威武王”，定都乐都(青海省乐都区)，就此奠定了“南凉”的建国基业。

当时在青海地方游牧或游耕的外来少数鲜卑族群很多，据史籍记载有：

一、乙弗(姓氏)，又称卑和虏。《晋书》记载，乌孤继立后，曾讨乙弗、折掘二部落，大破之。汉朝称青海为卑和羌，所以后人把乙弗称“卑和虏”。《通鉴》记载说乙弗(姓氏)亦鲜卑种，居西海(今青海省)。又《北史·吐谷浑传》后附有“乙弗勿敌国”，说乙弗在“吐谷浑北”，“国有屈海(今青海)，海周围有千余里，众有万落(户)。风俗与吐谷浑同”。乙弗勿敌国显然就是乙弗鲜卑，其部有万落(一落指一帐篷，相当于一户)。此部亦系由塞北迁来。

乙弗部可能与秃发鲜卑同是在公元256—263年由曹魏邓艾招降，而迁于青海的。乙弗部迁入青海湖一带后，征服了该地原住民的羌族，所以史载其部众有万落之众。

二、折掘（姓氏），又称“叠掘”，也是鲜卑族系。秃发乌孤征服折掘部落后，“遣其将石亦干筑廉川堡以都之”（《晋书·秃发乌孤载记》）。胡三省注《通鉴》说：“乙弗、折掘二部，皆在秃发氏之西。廉川在湟中。”乙弗既在青海，则折掘当在廉川一带。

三、契汗。史籍说他与吐谷浑同俗，可见契汗也是鲜卑族系中的小族群。可能也是曹魏邓艾时随军迁入河西的部落之一。（周著《南凉与西秦》）

四、意云。后凉吕光封秃发乌孤为广武郡公，使乌孤“又讨意云，大破之”。时乌孤的指挥中心在广武（今甘肃省永登县），意云当离广武不远。此部亦应为邓艾迁入雍、凉的鲜卑部落之一。（周著《南凉与西秦》）

五、思磐部。居地在甘肃山丹县南燕支山（丹岭）一带，有众三千篷帐。

六、车盖部。也是鲜卑族，时居显美（南凉武威郡，今甘肃省武威市西北）一带。

七、麦田鲜卑。麦田是地名，在今甘肃省靖远县北，此部鲜卑当因居于麦田而得“麦田鲜卑”之名。

八、北山鲜卑。北山，即今张掖市以北的合黎山及北大山。当时在今合黎山、北大山一带有一些鲜卑部落，后来史书名之为“北山鲜卑”。

这时期的国际情势是在淮河以北都为诸胡族群所盘踞。北魏已占据了黄河以北包括河南、河北、山西、山东西部，北至蒙古。北燕仅有河北的东北角、辽宁西南部。南燕占据山东半岛的大部分。胡夏则占有山西、陕西、宁夏、内蒙古的一部分。后秦占据甘肃南部、陕西南部、湖北西北部、河南的西南部、四川的西北一部分。甘肃和青海东部则被西凉、北凉所分割。而南凉仅占甘肃、宁夏西南部与青海东北部分地区。陇右与河西地带历来是五胡族群所必争的腹地，只是被各胡族群分裂成十余国或部落，其中最强与南凉又最接近的是氐族吕光的后凉（首都姑臧——甘肃省武威市）。乞伏乾归的西秦（都金城）、沮渠蒙逊的北凉、姚氏的后秦已渐趋没落。

当时秃发乌孤对周边情势的看法是：

一、西秦的乞伏乾归同为鲜卑族，以前又是他统治下的一部落，早晚也必回归其治下。

二、西凉段业是一介书生，他的统治能够维持多久，要看匈奴族沮渠蒙逊。

三、后凉的统治者吕光年已老迈，他的嫡长子和小夫人生的庶子们，互相猜忌，内部极其不稳定，是先下手的最好对象。而且吕家地盘在地理形势上有很重要的战略意义，于是他就决定先攻后凉吕光的金城（甘肃省皋兰县）、湟河（青海省化隆回族自治县）、浇河（青海省黄河南岸贵德县境）、乐都（青海省乐都区），并收服洪池岭（甘肃省武威市东南凉州境内之大山）以南的羌胡数万落。

这时候吕光又封秃发乌孤为征南大将军、益州牧、左贤王。可是秃发乌孤不仅没有接受，反而自广武发兵一举攻下金城。吕光派将军窦苟抵挡，在甘肃平番北的街亭一战，窦苟大败退去。于是吕光所属的乐都、湟河、浇河三郡以及洪池岭南羌胡数万落都归降秃发乌孤。接着吕光所属的田胡部落酋长王乞基和本来是吕光的后将军，去年刚宣布脱离后凉而独立自称“大将军”“凉州牧”的杨轨已率领数千户民众归降南凉。秃发乌孤的气候已成，于是自称“武威王”。

翌年，以青海乐都为首都，封他的二弟秃发利鹿孤为骠骑大将军、西平公，镇安夷（青海省海东市乐都区西北）。三弟秃发傉檀为车骑大将军、广武公，镇西平（青海省海东市平安区）。并罗致秦、雍一带豪门世家才俊以及诸胡豪杰，依其所长分别任用。或为朝内重臣，或为郡县主宰。独立王国的规模已具。他还定下对外“廓清西夏，兼弱攻昧”（《晋书》）的国际军事大计划。

杨轨降南凉后，驻扎在青海西宁（西平）附近。羌族部落酋长梁饥势力很强，计划向洪池岭（甘肃省武威市东南凉州境内之大山）以南地区发展，于是先对杨轨施加压力，杨轨向南凉王秃发乌孤求援未果，杨轨战败，率残部西奔青海湖，占据了当地鲜卑族吐谷浑系乙弗部落的根据地。

梁饥进攻西平先结纳郡守郭幸，而当地豪族田玄明率众擒拿郭幸，自称郡守，率众拒抗梁饥。

秃发乌孤的当时处境，亟待占有洪池岭以南的广武郡、西平郡、乐都郡、浇河郡、湟河郡。因而即时动员，也向梁饥进攻。梁饥大败，退守允吾（甘肃省兰州市西北）。南凉军紧追，梁饥再战又败，部众被杀，被俘数万人，梁饥单枪匹马逃奔浇河。洪池岭以南的各胡族数万部落都归附了南凉。秃发乌孤派田玄明为西平内史。这胜仗影响了乐都郡守田瑶，湟河郡守张裯、浇河郡守王稚，驻防兴城（青海省民和回族土族自治县南）的建武将军李鸾等都献出城池领地归降南凉。秃发乌孤进驻青海湖占领吐谷浑，另一族系乙弗部落的杨轨和麦田胡部落酋长王乞基，也率领数千户的部众归降南凉。

是年（399）冬，秃发乌孤自称“武威王”，把首都迁到青海乐都。任命秃发利鹿孤为凉州牧，镇守西平。

秃发乌孤做了三年的武威王，在他的太初三年（399）因酒醉坠马而死。族众拥戴他的弟弟秃发利鹿孤继立，改元“建和”，自称“河西王”，把国都迁到西平郡——今青海西宁境。

秃发利鹿孤下令，强制城内的“晋人”（汉族）统统移居城外或附近郡县农庄，使他们安心农业生产，种桑养蚕，以纺织为主要副业。生产与人口都有完整的量产规划。“国人”（鲜卑族人自称）少壮者一概住在城内接受军官教育，其余杂胡必须接受一般的军事训练。他的军事政策是秉承他哥哥“兼并弱小，挞伐那些不合作的邻邦”的遗教，而他的执行要点则是“徙民为务”，以实国中兵源。

399年，后凉吕光死。秃发利鹿孤乘机攻占了后凉境内甘肃古浪西的昌松和永登西南的漠口。这是自青海越过祁连山的两个要道口。

西秦的乞伏乾归被后秦姚兴打得走投无路，带着残兵败将数百人投降南凉。秃发利鹿孤念及同族，把乞伏乾归安置在晋兴，待他如上宾。秃发利鹿孤采纳祠部郎中史暠谏议，广设学校，官员子弟都得入学。并选田玄冲、赵诞为祭酒。

两年前投降归附的后凉将军杨轨和西平郡太守田玄明谋反，打算谋杀秃发利鹿孤，事泄都被处死。

南凉建和二年(401)，武威王秃发利鹿孤有心改称皇帝，文武百官一致劝进。只有安国将军鍮勿仑劝阻，他的理由有三：

一、传统的生活方式“披发、左衽”习惯了，猴子穿上莽袍，使他跳跃树林的本性不方便。鲜卑人纵横大草原的马上精神，是历代祖先战胜中原晋人(汉人)与羌人(原住民)的主要因素。

二、游牧民族逐水草而居，来去自如。战败可以随时随地远走高飞，战胜也不被局限一地。

三、做了皇帝徒有虚名，会多树敌。而且一定要有文物制度。都城仓库，粮食军械、宝物都得储存仓库，容易引起敌人侵略。不如发展农业经济，精简军制，改善军事政策。

秃发利鹿孤接受这个建议，只把“武威王”改为“河西王”，统辖黄河以西地区使他的势力范围又扩大不少。

公元402年，北凉的领袖沮渠蒙逊，发兵进攻后凉的首都姑臧(甘肃省武威市)。后凉主吕隆向南凉求救，秃发利鹿孤派秃发傉檀率骑兵一万人赴援。秃发傉檀大军刚到昌松(甘肃省武威市南五十里处)时，北凉沮渠蒙逊已经和后凉吕隆达成和解，北凉撤军。秃发傉檀下令把附近郡县居民五百多家迁到南凉境内，撤军时顺便把盘踞在魏安(甘肃省古浪县)的焦朗部落征服。焦朗投降，全部居民迁到南凉首都(青海省乐都区)。

是年冬，雄心万丈的秃发利鹿孤，虽然规划了一整套的国家建设和扩张大计，可是他终于敌不过命运的支配，只做了三年的“王”（武威王、河西王），便于南凉建和三年(402)病故。他的弟弟秃发傉檀嗣位，自称“凉王”，改元“弘昌”。

史书说秃发傉檀在十六国中是一个杰出的领导人。他在位时期，使南凉的秃发政权达到鼎盛，成为黄河以西(河西)、陇右地区的霸主。可是南凉的秃发政权，也是在他手里衰落、败亡。所以《晋书·秃发傉檀载记》批评他“穷兵黩武，丧国颓声”。

南凉、后凉与后秦

秃发傉檀登基后立即联合北凉夹攻氐族的后凉，逼得后凉天王吕隆走投无路，乃向后秦投降。后秦扬言出兵保护吕隆，秃发傉檀恐怕后秦来犯，不仅撤走进攻后凉的军队，而且还把国都自姑臧迁回青海乐都，以避后秦之锋。是年，后秦王姚兴派使者拜秃发傉檀为车骑将军、广武公。这种封官对秃发傉檀乃是一种命令式的以大使小，也就是寓意要他自动除去“王号”。秃发傉檀不敢抗命，不得已乃自去其年号，罢官制，并派参军关尚为特使报聘于后秦，表示完全臣服。

后秦取得姑臧，可是要固守姑臧必须常备兵员四五万人驻守。而姑臧以西是战斗力很强的北凉。姑臧与后秦的上邽之间还隔着西秦的部分领土，所以姚兴就利用秃发傉檀来调和这块空间。

秃发傉檀的弘昌三年、后秦弘始六年(404)，秃发傉檀经后秦授意出师伐北凉。北凉的沮渠蒙逊知道不敌，乃婴城固守，南凉军大肆抢掠之后而回师。然后把所掠得的战利品马三千匹、羊三万只，奉献给后秦王姚兴。于是姚兴又拜秃发傉檀为使持节、都督河右(黄河以西)诸军事、车骑大将军、领护匈奴中郎将、凉州刺史，驻镇姑臧。那时候凉州有三千多家，已经是大都市了，这是秃发傉檀梦寐以求的差使。借此可以再得姑臧。

于是他在前凉张骏时代建造的“宣德堂”上大宴群臣，宣德堂是前凉张骏在八十多年前建造的富丽堂皇的宫殿，可是自己不能住，历经张重华、张曜灵、张祚、张玄靓、张天锡、梁熙、吕光、吕绍、吕纂、吕隆、王尚等，一百年来易主十二，到秃发傉檀手里，他很得意，自诩这是天意，这是权利，他特别告诫群臣对于宣德堂应该好好珍惜与养护。

姑臧，在当时是河西重镇，也是河西的政治、经济重心。公元320—376年，前凉据姑臧为首都，成为五胡乱华十九国中占据姑臧最久的一个政权，姑臧也从此繁荣起来。公元386—403年后凉吕光据为国都，此后为北凉乃至南凉、后秦所据。现在南凉取得姑臧，国势达到巅峰。其领域大致东自今甘肃省兰州市以西、永昌县西水泉子之东，北到甘肃省腾格里沙漠，南至青海省以南同仁(青海同仁县境内)一带，东南至青海省循化撒拉族自治县，西南到青海湖东北。其中包括得自后秦的凉州五郡(武威、武兴、番禾、西郡、昌松)，原有的岭南五郡(乐都、西平、浇河、湟河、广武)，另晋兴、三河，共十二郡，金城郡时在后秦手中。

秃发傉檀驻镇姑臧以后，在表面他是后秦所属的“广武公”，奉行后秦正朔。但在事实上他一面在车服礼仪、官制上完全恢复西平王的法制，另一面令其旧领之地的年轻人不分羌人(原住民)、晋人(汉人)、国人(鲜卑人)，一律接受新的军事训练，大肆扩充军事势力。年长的不分男女，都得领地而努力农桑，以实军糈。

“穷兵黩武”是秃发傉檀的既定国策。连年战争，都是他发动的，可是每战必败。他先把附近的三万多户羌族人，分别迁移到武兴(甘肃省武威市西北七十里处)、番禾(甘肃省永昌县西)、武威(甘肃省武威市)、昌松(甘肃省武威市东南)，然后东征胡夏赫连勃勃。在甘肃靖远的阳武下峡被夏军打得落花流水，兵士被杀死一万多；南凉的名臣勇将战死了十分之六七(《晋书》:“将佐死者十余人。”),秃发傉檀仅与数骑逃离战场。赫连勃勃把南凉死在战场上的将士尸骨堆积成高台,号称“髑髅台”,并在这台上摆宴庆战功。

407 年秋七月,秃发傉檀又征集羌(胡)、晋(汉)兵士五万多,西征沮渠蒙逊的北凉。在甘肃张掖东的均石,被能征善战的北凉军杀得人仰马翻,秃发傉檀单骑落荒逃回,险被追兵捉到。

秃发傉檀从前受后秦之命攻击北凉,而今是他为扩张地盘而侵犯北凉。

这时候秃发傉檀的周边环境,西方的北凉,已成世仇,而且实力已在秃发傉檀之上。东方的后秦姚兴,对南凉虽然有些不切实际的邦交,但仍然给他重量级的压力。在这次战败之后,他为了政治中心——姑臧的安全,竟把三百里路以内的胡、汉百姓完全迁移到姑臧附近。留下广大空间除了驻军以外,还布置了与军事作战有关的人员或设施。打了两次败仗,加上秃发傉檀积极准备再战,以致国内民怨沸腾,境内有匈奴屠各族成七儿在城内叛变。军中首席幕僚梁裒、辅国司马边宪等都在中枢谋反。虽然都被秃发傉檀平定了,但是影响所及非同小可。秃发傉檀不得不调整他的国家战略政策。他首先向西凉的李暠要求和平共存,李暠当然答允。公元 406 年冬,又宣布姑臧是他的国都。政治中心在姑臧,这是准备北犯北凉的前奏。

407 年秋,秃发傉檀亲自率领步骑五万多,攻击北凉。沮渠蒙逊在均石(甘肃省张掖市东)迎战,大败秃发傉檀,并且乘胜攻进南凉的西郡(甘肃省永昌县),郡守杨统投降。

后秦王姚兴就计划趁这机会消灭秃发傉檀(南凉)。于是先派中军将军姚弼、后军将军敛成、镇远将军乞伏乾归等率步骑三万伐秃发傉檀,再派左仆射齐难率骑两万佯言进攻胡夏赫连勃勃。姚兴写信给秃发傉檀说是派齐难伐胡夏,为了防制赫连勃勃向西方逃逸,所以特派姚弼等率军进驻河西截堵。秃发傉檀看了来信之后,把最近几年来他和姚兴之间的种种经过，以及秦、夏之间的实力与国际态势等，经过很精密的整理、客观的分析，立即警觉到这可能是姚兴“假途灭虢”的诡计。于是他也佯装信以为真，立即下令撤回长城边防军让姚弼等三军长驱直逼姑臧近郊。秃发傉檀却把精锐主力布防在魏安、昌松等要塞地带，另选精骑三千余，沿长城南下奇袭后秦军。结果姚弼大败，退出战场整军，等待再攻机会。

城中居民多不满秃发傉檀的穷兵黩武，居民中有王娥、宋钟等暗中与姚弼通信，约为后秦内应。事为秃发傉檀侦知，一下抓来五千多人，全部掘坑活埋，把他们家中的妇女赏给军人做妾侍。

秃发傉檀还有绝招，他命令当地居民把所有牛、羊完全赶到户外，成群的牛羊在大街小巷中跑来跑去，后秦兵争着抢夺这些牛、羊，当然无心作战，一时秩序大乱。秃发傉檀命令镇北将军秃发俱延、镇军将军秃发敬归等十将分头出击，后秦军大败，战死七千余。两军对峙月余，后秦才知难而退。

是年(408)冬十一月，秃发傉檀自认为已经战胜了后秦姚兴，遂即宣布恢复“凉王”尊号，改年号为“嘉平”，拜镇北将军秃发俱延为太尉(三军总司令)。镇军将军秃发敬归为司隶校尉(警备总司令)。国防与内政都是功臣名将，其余一切仪注都是仿照天子规制。秃发傉檀的好战本性，一如当年，此后直到他败亡，一直是和北凉打来打去，小胜没有大败多。

南凉嘉平三年(410)，秃发傉檀派驸马都尉胡康、左将军枯木发兵伐北凉。行军到北凉境内的临松郡(甘肃省张掖市南)掳掠居民一千多户而回。北凉的沮渠蒙逊率师报复，把南凉境内显美、方亭(甘肃省永昌县以南)的居民掳去数千户。翌年(411)春三月，秃发傉檀不顾幕僚们的谏阻，亲自率五万轻骑再伐北凉，在穷泉(地望约在甘肃省永昌县西)与北凉军遭遇，大战三日夜。北凉军早有准备，依据地形布置好了几个阵地，由甲士步兵弓箭手分驻各阵地中以逸待劳来随时迎击，然后由精骑左右冲阵，致使秃发得檀的部队进随时可能遇到箭如雨下的狙击，退又会遭到甲士的强烈抵制，停止下来时又有北凉的骑兵来袭。到处喊杀，声震大地。三天三夜下来，弄得秃发傉檀的军队疲于奔命，除战死的以外，全军崩溃，秃发傉檀单骑逃回。北凉军乘胜围攻姑臧，城外叠(折)掘、车盖等部落投降北凉；城内有胡、汉居民万余户，都对秃发傉檀弄得民不聊生而愤恨至极，遂举城哗变，向沮渠蒙逊投降。沮渠蒙逊掳去八千多家居民。

秃发傉檀派特使向北凉请和，答允派主持内政事务的秃发敬归和其子秃发他为人质。敬归二人随使者走到武威西方胡阬时乘夜又逃回。

南凉的右卫将军折掘奇镇占据了姑臧西南的石驴山，宣布脱离南凉而独立。折掘奇镇有兵力一万多，秃发傉檀唯恐他越过洪池岭去占自己的老窝，于是一面把首都再迁回青海乐都，派大司农成公绪留守姑臧，一面派司隶校尉秃发敬归率兵进山讨伐折掘奇镇。由于山地战斗，粮械运补不容易，结果秃发敬归战死，所部溃散。留守姑臧的成公绪部队又被城内侯谌、焦朗等叛变者挟持投降北凉。居民八千多户被北凉迁走。

这时候(411)，秃发傉檀的中央内部也开始内乱了。他在内外双重压力之下，一面加强首都的警备部署，希望一山(祁连山)之隔能够保全他的领导中心。一面命左将军云连率部转进番禾郡和安北将军段苟会合以牵制北凉军。

北凉沮渠蒙逊乘战胜余威，越过祁连山进军南凉的首都乐都。

秃发傉檀一面婴城固守，一面急命驻屯番禾郡的云连、段苟部出击沮渠蒙逊后路，切断他与北凉基地的联系，并迁三千多户居民，以充实西平。这一战略果然有效，沮渠蒙逊围攻乐都一个月，最后因缺粮而退。

南凉王秃发傉檀认为北凉占领姑臧不久，于是动员五路大军反攻，番禾方面以段苟、云连为主攻，掠得茗藿(张掖)东近郊五千多户还师。在行进中，风雨交加，沮渠蒙逊趁机反扑，致秃发傉檀大败而归。北凉乘胜二次进围乐都，秃发傉檀固守城池与北凉谈和，以其次子秃发染干为人质，北凉才退兵。

沮渠蒙逊三次围攻乐都，二十天没有攻下，适逢秃发傉檀的弟弟镇南将军秃发文支在湟河郡降北凉，秃发傉檀只好以太尉秃发俱延为质再与沮渠蒙逊言和。

南凉秃发傉檀的嘉平七年，西秦乞伏炽磐的永康三年（414），南凉境内三年没有农收，饥谨非常严重。他的周边环境：南方紧邻西秦，西秦公元409年复国不久，但是扩张疆域的野心很强烈。不过秃发傉檀却认为西秦地小兵少，不足为虑。北方是沮渠蒙逊的强敌压境。而秃发傉檀以为去年刚刚和北凉谈和，而且还以太尉秃发俱延为人质，他不可能再来袭击。西方所属唾契汗、乙弗两大部落又宣布叛变，而秃发傉檀禀性刚愎自用，不听臣下谏议，乃倾全国之力，自率七千骑兵为前锋，西征乙弗、唾契汗，留下少数汉兵和禁卫军交由太子秃发虎台留守乐都。

西秦复国未久，亟欲扩张领土的乞伏炽磐听到秃发傉檀举兵西征后，觉得良机不可失，立即亲率步骑两万并联合鲜卑族吐谷浑汗国可汗慕容树洛干进攻南凉的首都——乐都。秃发虎台婴城固守，乞伏炽磐四面围攻。抚军从事中郎汉人尉肃要求率汉人军出城迎战，而秃发虎台又怀疑汉人叛变，把所有汉人豪门或有谋有勇的人集合在内城闭门固守。苦战一昼夜，西秦军破城入乐都。

西秦的乞伏炽磐一面清理乐都战场，一面派平远将军乞伏捷虔率轻骑五千向西追击秃发傉檀，又派镇南将军乞伏谦屯为都督河右诸军事、凉州刺史，驻镇乐都。派秃发乌孤的儿子秃发赴单为西平太守，驻镇西平。把秃发虎台和文武百官与百姓一万多户迁到枹罕。

秃发傉檀西征大军，第一仗旗开得胜，虏获马、牛、羊计四十万头。秃发傉檀正在兴高采烈时，安西将军秃发樊尼突然传来报告说西秦乞伏炽磐的大军，乘虚而占据了南凉的国都。太子、王后等都被掳去，有的已赏给有功将士做仆、做妾了，留守都城的文官们也都投降西秦了。

这时候的秃发傉檀在万般无奈之下，乃召集将士会议，晓谕诸将士们：既然我们的国土为西秦侵占，家小财产为西秦掳去，我们就只有奋力西征，战胜乙弗、唾契汗，从他们那里补偿我们的损失。于是下令继续西进。

可是秃发傉檀的兵士们，由于连年战争，家属饿死时有传闻。本来就思乡心切，现在又传故乡沦陷，家小失散的消息，一夜之间逃亡殆尽。秃发傉檀派镇北将军段苟追捕逃兵，结果段苟也随之逃亡。

这时候秃发傉檀才知道大势已去，可是他又想到现在的西秦王和北凉王，过去都是他的部下，而今向他们求饶，真是有点不好意思。但他举目望天，天下没有他可容身之地。最后他又希望能够见到他那些被西秦掳去的妻子儿女们，于是他只好厚着脸皮回去向西秦投降了。只有秃发樊尼、秃发纥勃、秃发洛肱诸将投奔沮渠蒙逊的北凉。乞伏炽磐听说秃发傉檀来降，派西平官员把他迎接到枹罕和他的家人相聚。乞伏炽磐还封秃发傉檀为骠骑大将军，赐爵左南公。

乞伏炽磐派曜武将军王基为晋兴(青海省乐都区)太守，驻镇浩亹。这时候南凉所属各郡县都已投降西秦，只有浩亹守将尉贤政不降。乞伏炽磐使秃发虎台持书去劝说尉贤政，反被尉贤政训斥："你身为太子而不能为国尽节！我怎能跟你一样厚颜事仇呢?"尉贤政后来听说西秦封秃发傉檀为左南公，才献城(浩亹)向西秦投降。

414 年适逢秃发傉檀的生日，乞伏炽磐颁赐寿酒一坛为贺。秃发傉檀在失意、忧烦的心情下一口气喝了大半坛，瞬间毒发身死。

在他身边的次子秃发保周、秃发贺(投降北魏，改姓源)等亲人们立刻感到大祸临头。其中还有前太尉秃发俱延的儿子秃发覆龙，想到他的父亲秃发俱延在去年与北凉作战时，为谋和而在北凉做人质，于是伙同秃发保周、秃发贺、秃发副周、秃发承钵等一起星夜投奔北凉，只有秃发傉檀的长子秃发虎台没有来得及逃走。

南凉的最后首都——乐都示意图

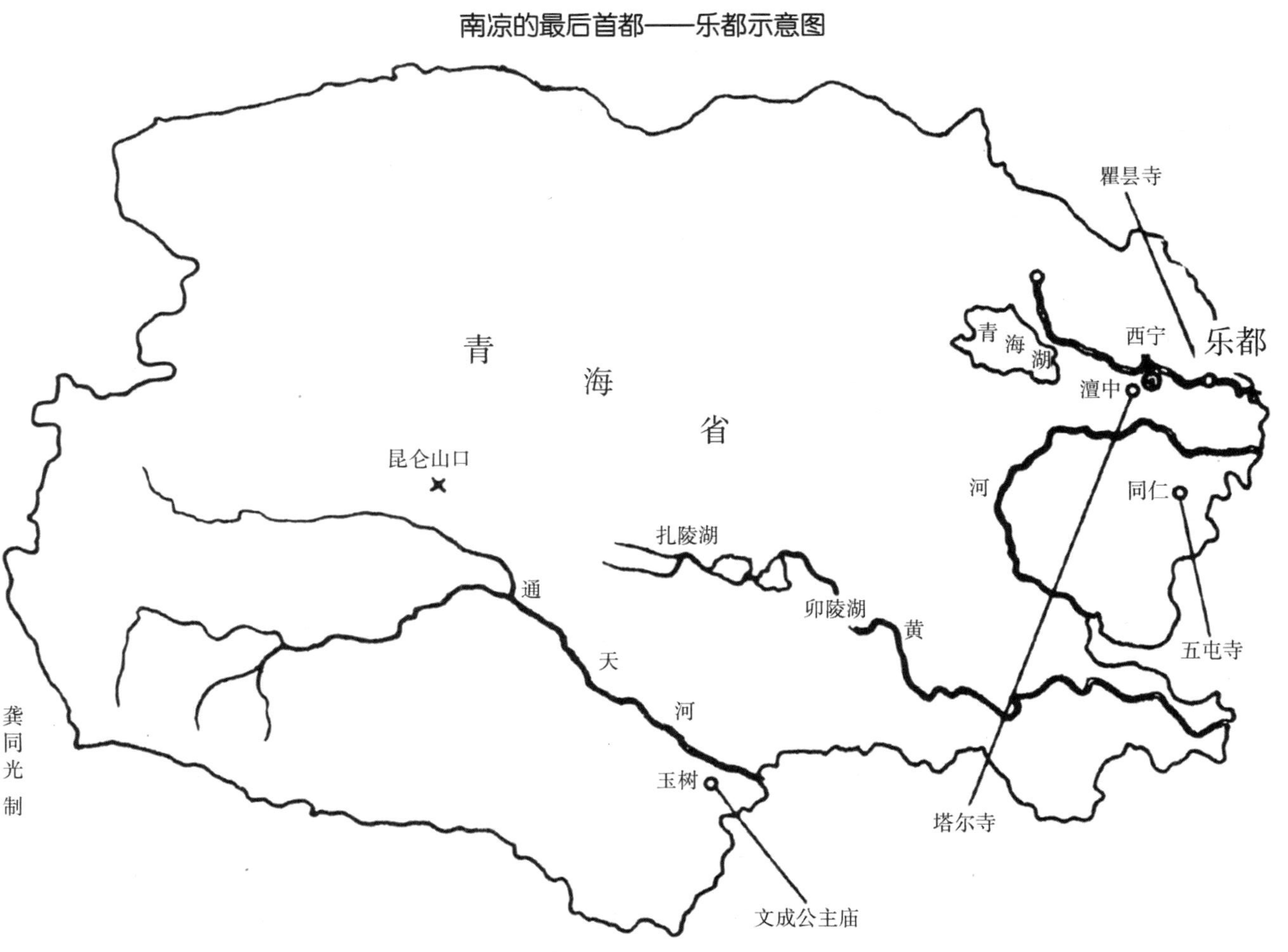

这时候北凉的沮渠蒙逊，暗地派人和秃发虎台勾结，答应把甘肃永昌的番禾和张掖西南的西安两郡之地借给秃发虎台为基地，并帮助他编练军队，策划反攻西秦，收复失地，以为父报仇。虎台正在和他的妹妹西秦王后商议如何进行时，事机不密，被西秦王发觉，遂收斩王后和秃发虎台等十多人。复国梦碎，南凉就此完全灭亡。时在南凉嘉平七年，西秦永康三年(414)，秃发傉檀死年五十一岁，做了十三年的皇帝。自秃发乌孤(三年)、秃发利鹿孤(三年)而秃发傉檀(十三年)都是“兄终弟及”，共三传，计十八年。

依西藏社会科学院汉文文献编辑室所编之《西藏史大纲》上册第一篇第一章《西藏发祥时代》说：“吐蕃始祖骨提萃勃野本发羌属：居析支水西，以秃发为国号，语讹谓之吐蕃。由此析之，西藏之非为天竺人种可证也。又考《威州通志》：发羌唐旄等居析支水西，本南凉秃发利鹿孤之后也。”

西凉（汉）

民　　族：汉族

建 国 者：李暠。为五胡十六国中第十三个建国者

时　　间：公元 400—421 年

疆　　域：甘肃省的酒泉、张掖地区十数郡县

首　　都：酒泉（甘肃省酒泉市）

历代帝王：武昭王李暠：公元 400—417 年

后主李歆：公元 417—420 年

李恂：公元 420—421 年，八个月

西　凉

西凉，是五胡十六国中第二个汉人王国。

开国主李暠是甘肃临洮人，《中国人名大辞典》说他是成纪人。成纪就是现在的甘肃省天水市。西汉李广也是成纪人，李暠是李广的十二代孙。世为陇西豪族，他的高、曾祖都曾任西晋的郡守，祖父为前凉武卫将军。前凉（317—376）也是汉人建国。李暠“性沈敏宽和，美器度，通经史，尤善文义。及长，颇习武艺孙吴兵法”（《中国人名大辞典》）。李暠本来是自称凉州牧的段业属下敦煌太守孟敏所委派效谷县（故城在甘肃省敦煌市

西)的县令。李暠少而好学，文学素养很高，任事能力也很强。由于当时军糈都需要他这个农产富饶的地方政府来支应，所以很得孟敏和一般军人的支持。孟敏病死在太守任上，当地一群小军阀就推李暠继任为敦煌太守。

当孟敏病死的消息传到北凉的段业政府时，段业就立即派一个在他身边的右卫将军索嗣接任敦煌太守。索嗣率五百骑兵来敦煌上任。李暠听幕僚建议，对索嗣施以奇袭，把索嗣军打得溃不成军，索嗣个人败走张掖，所部除战死者外，余被李暠收编。北凉王段业也只好顺水推舟，除了承认李暠的敦煌太守为合法外，再封李暠都督凉兴(甘肃省敦煌市)以西诸军事、镇西大将军。

西凉始建国

东晋隆安四年(400)，北凉晋昌(甘肃省安西县东南)太守唐瑶背叛北凉，向他武力所及的酒泉、张掖地区各部：敦煌(甘肃省敦煌市)、晋昌(甘肃省安西县东南)、凉兴(甘肃省安西县西南万佛峡)、酒泉(甘肃省酒泉市)、建康(甘肃省高台县)、祁连(甘肃省民乐县东北)发表政治号召，拥戴李暠为冠军将军、沙州(甘肃省酒泉市)刺史、凉公，领敦煌太守。从此，李晶的军事实力已见充实，他就拥兵自重，割据一方，改年号“庚子”。北凉段业派索嗣来攻，又被李暠打败，索嗣被斩，全军投降。

李暠“以纬世之量，当吕氏之末为群雄所奉；遂启霸图，兵无血刃，坐定千里。谓张(前凉)氏之业指期而成，河西十郡岁月而一”(《晋书·李暠本传》)。

西凉与北凉疆域图

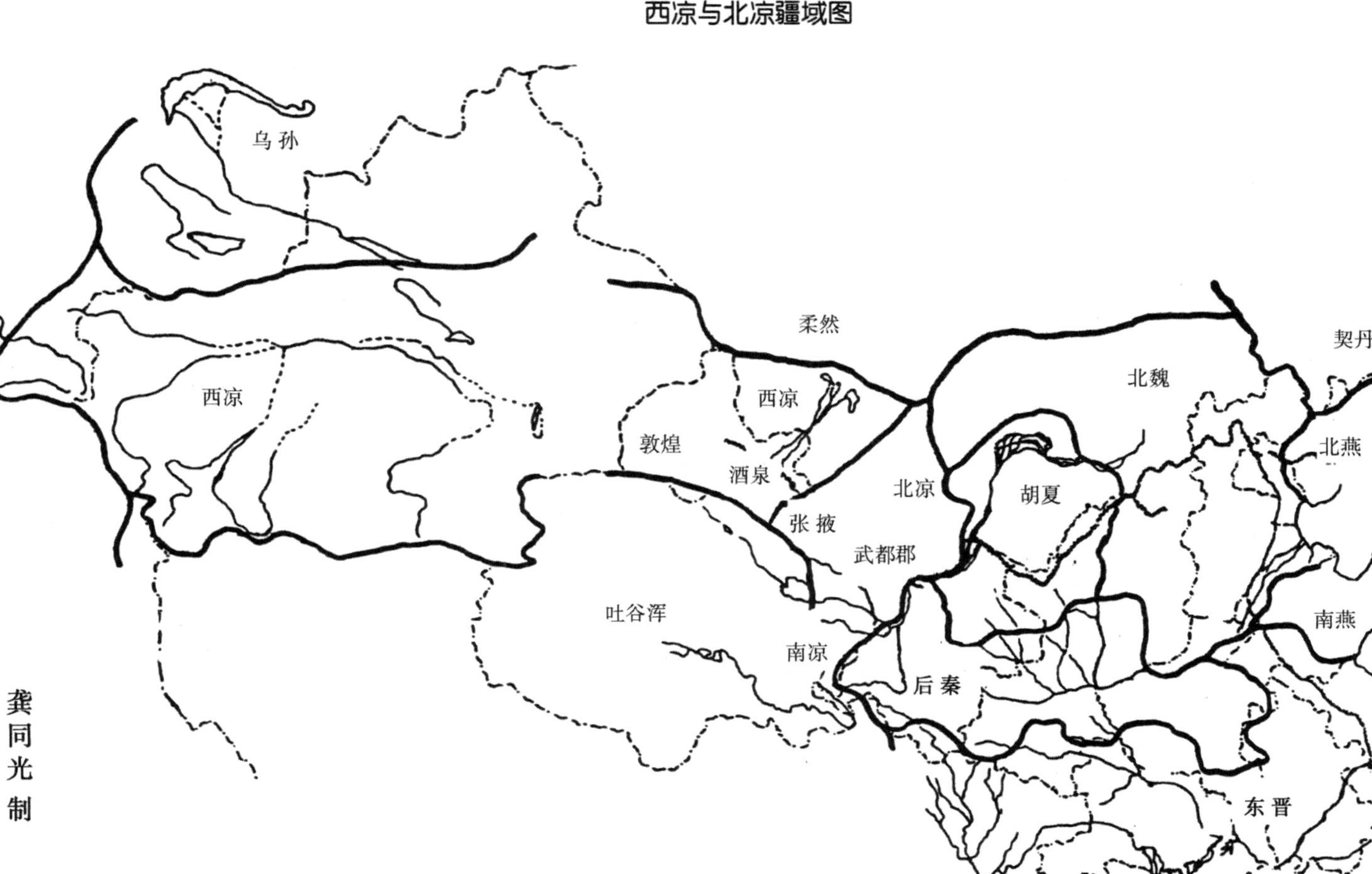

敦煌，是中国大西北边陲上的重镇，在我国佛教文化史上它是一个发祥地。

西汉时就设置了敦煌县。《说文》作“焞煌”“燉煌”，想系传抄之误。

因其地产瓜，所以《禹贡山水泽地篇》注谓：敦煌，古瓜州也。

敦煌县东有三危山，因而古称敦煌为三危。相传舜逐共工于此，共工后世子孙为羌戎，世居于此。

敦煌自西汉以来，时称瓜州，时而称州、称郡，时而又称县，时而郡、县俱废设军治之。到隋朝以后“敦煌县”之名才定至今。

敦煌之能够著名史籍者，其一为地理因素，盖其为通西域交通要冲，其二为敦煌石室之出现。

敦煌石室旧名莫高窟。《敦煌宝藏》这本书中说：“莫高窟位于敦煌县城东南二十五公里，背依鸣沙山，面对三危山，是戈壁中的小绿洲。”鸣沙山上还有前秦所建的雷音寺(取意佛说法之音如雷震也)。还有三界寺，寺旁有一千多个石窟，又称千佛洞。《百科全书》说是前秦建元二年(366)罽宾沙门业儁和尚行经此间，见金光出千佛之状。后法良禅师开始营建于此(见《李怀让大同李君修功德碑记》)。近人聂锋等著《敦煌历史文化艺术年表》说“公元353年(东晋穆帝永和九年)开始创建敦煌莫高窟”。此说比前秦所建雷音寺还早十三年。

清光绪庚子，有道士清扫积沙，在被沙覆盖之下的破壁处发现一室，内藏很多经书，都是隋唐时代手写本，其中也有雕刻本，多为佛经或艺术品，都是以前兵革时期珍藏在这里的。

“敦煌经轴之内容，其中儒释道三家之经卷无数，下至医药术数、天文历算，中外交通关系乃至公私文书，大凡中古文史学术均有新料。形成学术研究之新潮流。”(《敦煌宝藏》)

五胡时期的敦煌郡

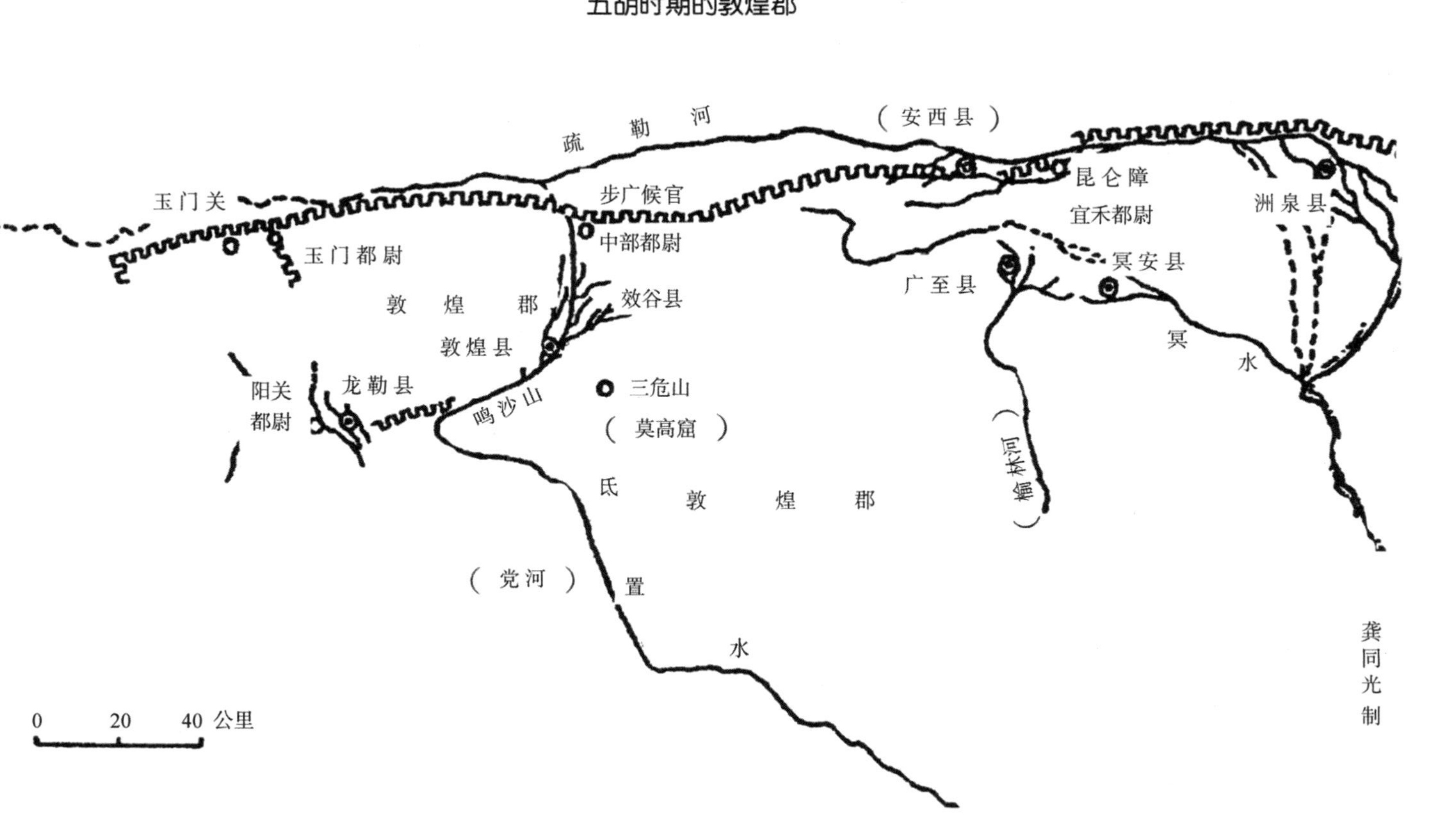

疏勒河
(安西县)
玉门关
步广候官
昆仑障
宜禾都尉
洲泉县
玉门都尉
中部都尉
冥安县
广至县
敦煌郡
效谷县
敦煌县
冥水
阳关都尉
龙勒县
三危山
鸣沙山
(莫高窟)
(榆林河)
氐置水
敦煌郡
(党河)
龚同光制
0
20
40 公里

“英人斯坦因、法人伯希和先后至其地，择完好者捆载而去，陈列彼国博物院中，至我国政府更往搜求，精好者已不可得，近人据伯希和所得本印行者，有《敦煌石室遗书》《鸣沙石室古佚书》二种，皆前未见之秘笈也。”（《敦煌宝藏》）

考古学家聂锋先生、祁淑虹女士根据实地考察、研究而写成《敦煌历史文化艺术》一书，提出敦煌对于政治、军事、历史、文化艺术贡献之大，尤其书后的大事年表，把敦煌自六十万年前旧石器时期到 1949 年记录甚详，可以说是弥足珍贵的治史资料。

李暠的当前情势，首要是开拓疆土，于是派从事中郎将宋繇引兵进攻凉兴。又派大军西击玉门关以西诸胡邦，一一兼并之，再据秦州（甘肃省张掖市）、凉州（甘肃省武威市）领地千里。屯兵玉门关（甘肃省敦煌市西一百三十里处）、阳关（在甘肃省敦煌市西南一百三十里）。扩大农业生产，令各郡守设仓囤粮。开发自然资源、制造各型兵器、发展文武教育、培养官宦子弟、训练装甲步骑兵，遂为河西一时之霸。

东晋义熙元年（405）正月，李暠又自称“西凉公””大将军”“大都督”，领秦州、凉州牧，改元“建初”。移都甘肃酒泉，俨然主权独立的王国，后世史家称为“西凉”。他原来的首都敦煌在北凉的首都张掖西北九百公里处，现在迁都酒泉，距离张掖不到三百公里，很明显，他的政治野心在于征服张掖。

秦州，晋治冀城——今甘肃省甘谷县。北凉治张掖。凉州，今甘肃省武威市。前凉、后凉、北凉皆都此。

李暠又派著名战将张体顺为建康（甘肃省高台县，在酒泉市与张掖市之间）太守。派宋繇为敦煌护军，总理后方根据地的诸军事，镇守敦煌。

敦煌十七洞所藏九世纪幡绘地藏菩萨像

敷衍晋廷

李暠是汉人，而且又是名将之后，历代先人都是做过官的，可以说是官宦世家。他又读书很多，在伦理观念上、在血统情感上，他都应该倾向于晋廷。只是他处在大西北，偏僻遥远，对于远在大东南局促一隅的晋廷真是间关万里。而晋廷对于整个华北、大西北地区又鞭长莫及。这时候李暠的外交政策，一面是属于理想派的维系晋廷，派专使暗中兼程到南京的东晋中央奉表输诚。一面是对现实环境的战斗态势，不得不结纳南凉的秃发乌孤，使他在南方牵掣北凉的沮渠蒙逊。

李暠军事政策是先进军西北，扩张领土。因为当时在青海、新疆那些弱势胡族群，都是相互猜忌，各自为政，而且都很落后。李暠抓住这个机会，把他们各个击破，以俟统一西北诸胡之后，再来击破东方正在兴起的北凉沮渠蒙逊。他这种扩张地盘、广事农桑、发展教育的政策，正是有远见又符合当时农业是军糈资源的战略。

李暠派宁远将军张体顺（古本《北凉录》作张慎）为甘肃高台的建康太守，驻屯酒泉以东二百五十里处的乐涫。派右将军宋繇为敦煌护军，他自己的儿子李让为敦煌太守，这都是拱卫酒泉的重镇。部署完成之后，迁都酒泉。

酒泉离张掖不到三百里路，这时候在张掖的北凉沮渠蒙逊深深感到李暠在战略形势上是一种极大压力。

沮渠蒙逊先向张掖与酒泉中间的高台（时名建康，又名建昌）地方试探攻击，掳去三千多户人家。在当时沮渠蒙逊心目中的李暠不过是个儒者，不可能懂得军事，这一仗也仅仅是试探一下李暠的国防部署如何。可是在李暠的整个计划中，必须先向沮渠蒙逊显示一下威力，所以战报一到，李暠

嘉峪关

在甘肃省西北部，河西走廊的西段，为明朝所修长城的终点。也是西凉西陲国防要地。

酒泉市

西凉的首都，在甘肃省西北部（俗称河西走廊）的西段。西邻新疆维吾尔自治区。北界蒙古及内蒙古自治区阿拉善盟。南接青海省海西蒙古族藏族自治州。西汉元狩二年（前121）置酒泉郡，治禄福县。由于城下有泉，其味若酒，故名。十六国时北凉析敦煌郡、凉兴郡置。

立即宣布戒严，并亲自率领精锐骑兵追击沮渠蒙逊。同时派轻骑一千超越蓼泉(甘肃省张掖市西二百里处)拦击沮渠蒙逊，于是大破沮渠蒙逊，夺回为北凉军所掳人民与财物。

李暠的西凉建初六年(410)秋八月，沮渠蒙逊大举伐西凉，和李暠的儿子李歆的部队在酒泉以东的马庙遭遇。沮渠蒙逊兵分三路，又设疑兵误导李歆的大将朱元虎部进入他所部置好的袋形阵地，大战一昼夜，李歆部队死伤一千多人，朱元虎被俘，李歆败退建康。李暠遣精骑支援，才驱退沮渠蒙逊，然后与北凉的沮渠蒙逊议和。李暠送白银两千斤，黄金两千两向沮渠蒙逊赎回朱元虎。

翌年(411)秋八月，沮渠蒙逊再率轻骑八千深入西凉境的蓼泉。李暠命世子李歆迎战，李歆故意在正面示弱，另派轻骑数千切断沮渠蒙逊军的补给线，俟敌因粮尽而准备撤退时予以奇袭。致沮渠蒙逊军大败，前将军沮渠百年以下三千余人被俘。以后数年，由于李暠征服下的西方诸胡小族群不断叛变，北凉也和东邻的后秦时有冲突，因而西凉、北凉间没有大规模的战事。

北凉再战西凉

西凉建初十三年(417)春正月，六十七岁的西凉武昭王李暠病故。世子李歆继立为大都督、大将军、凉公，领凉州牧，改元“嘉兴”。这年东晋进军长安，后秦的姚泓被押解到南京斩首，乱华历经三十四年的后秦灭亡，对于北凉的东方威胁暂时解除，于是北凉又准备西犯西凉。这时由于西凉的领导李歆禀性暴虐、刚愎自用、严刑峻法、贪婪权势，为了夸耀他的威望，竟在国丧期间，大事营缮豪华宫殿。臣下张显等屡次苦谏，他都不听，因而招致民怨沸腾。沮渠蒙逊侦知西凉国情，于是在当年(417)夏四月，先使张掖太守沮渠广宗向李歆诈降，诱使李歆出兵接应，沮渠蒙逊则自将三万大军主力在张掖西三百多里的蓼泉地方布下袋形阵地，埋伏甲士数千准备活捉李歆。适为李歆察觉，及时引兵回师。沮渠蒙逊挥军来追，李歆亲自贯甲上阵，大战沮渠蒙逊，追逐一百多公里，斩首七千多人，沮渠蒙逊退守原属西凉的建康并以重兵驻守。西凉虽获小胜，失地仍然无力收复。

西凉嘉兴二年(418)，沮渠蒙逊再攻西凉。李歆听左长史张体顺的建议：固守城池没有出兵迎战。沮渠蒙逊只好把城郊的秋季庄稼收割后回师。

420年在南方的东晋帝国已经被刘裕所篡，刘裕由东晋的“宋王”而称帝，于是就仿司马氏以魏朝的“晋王”夺得魏朝的政权而称“晋”的故事，自改国号为“宋”，史家称他为“刘宋”，从此“南北朝”时代开始。

刘裕必须安抚中国大西北的诸胡族群，于是任命西凉国王“凉公”李歆为“征西大将军”“都督高昌等七郡诸军事”，仍维持“酒泉公”爵位。

李歆是汉人，他接受了刘宋刘裕的授命后，自以为是正统中央政府的边防藩臣，处事待人的看法也与以前大不相同。而在他(西凉)与刘宋之间的北凉(沮渠蒙逊)却处心积虑地想灭掉这个眼中钉——西凉。

西凉嘉兴四年(公元420年，东晋元熙二年，南朝刘宋永初元年)，沮渠蒙逊设计诱李歆。他先对外宣称他将全国总动员，大军南进攻击西秦的浩亹，不灭西秦不回师。可是行军半路上又连夜秘密回师，分别埋伏在张掖与酒泉之间地形极其复杂的川岩地方，等候李歆部队经过时，给他打一次分段包围的歼灭战。

李歆听说沮渠蒙逊举国南下时私下欣喜，自以为机会难再，立即下令乘虚进袭张掖。大臣们谏议不可兴兵，李歆不听；他的母亲劝阻，他也不听。

李歆亲自挂帅，率领步、骑三万整队东进，一口气攻进北凉境内，路上并未遇到阻挠或敌情。他正在自鸣得意的时候，不知道已经进入北凉早已布置好了的袋形阵地之内了，被沮渠蒙逊的伏兵把他的部队分别切成数段，遭到极其强烈的全面狙击。在怀城(甘肃省张掖市西)激战一日一夜，李歆兵士战死大半。近卫将军劝李歆退保酒泉。李歆觉得这样回去没有面子。次日在蓼泉勒兵再战，士兵又散去大半。将士战死的战死、溃散的溃散、投降的投降，李歆在乱军中被俘。沮渠蒙逊把他斩首以后又焚烧了他的尸体，扬灰路上让行人践踏。

这一仗把西凉的所有军事力量完全消灭了，西凉的亡国命运就此注定了。在酒泉的李歆的弟弟们，酒泉太守李翻、新城太守李预、羽林军右监李密等听到李歆战败遇害以及北凉军正向酒泉进发的消息后，立即放弃首都酒泉逃奔西方三百公里处的敦煌。北凉军紧追不舍，兵临敦煌城下，敦煌太守李恂与李翻等再逃往北山。在那种地形复杂、诸胡杂处的掩护下，才得稍喘一口气。

李恂原来打算利用北山的自然形势，和北方的柔然族结合后再图复国大计。

沮渠蒙逊占领敦煌之后，任命沮渠牧犍为酒泉郡守。派索嗣的儿子索元绪为敦煌太守。索元绪记起十年前的李暠杀他父亲索嗣的仇恨，就在敦煌大肆屠杀汉人。地方有名人士宋承、张弘等为了自保，又组合起来，秘密招请李恂回师。李恂整合残众数千骑兵又回师敦煌，索元绪知道李恂来势不善，自己又在这里失去民心，只好放弃敦煌，向东逃奔凉兴(甘肃省瓜州县东南四十里处的万佛峡)。李恂于是在敦煌自称冠军将军、凉州刺史。

翌年(421)春正月，沮渠蒙逊亲率精骑两万，再攻敦煌。由于得知年前索元绪屠城的习惯，居民为了生命财产，全城誓死固守。苦战十九天，沮渠蒙逊的北凉军伤亡惨重。最后沮渠蒙逊下绝招，引党河之水灌城。敦煌城内房舍淹没，民众与兵士登高地窑洞而死守。粮食吃完了，吃副马；副马吃完了，吃战马，战马也吃完了还是不降。李恂的守兵病死的、饿死的，只剩下少数兵民，当地民间领袖宋承等不得已而开城向北凉投降。李恂见大势已去乃举剑自刎，西凉遂亡。自公元 400 年李暠称公到公元 421 年李恂自杀，三传，计二十二年。

沮渠蒙逊下令屠城，不论男女老幼一概屠杀。经过大肆屠杀之后，清理战场时发现李恂的侄儿李宝，把他解送姑臧囚禁。于是西域(新疆、青海、东亚地区各部落或称“国”)的地方族群都来向北凉沮渠蒙逊请求归附。

关于李宝

公元 421 年西凉亡，李宝越狱与其舅唐和率残众逃往伊吾地区，臣于柔然。公元 439 年北魏太武帝灭北凉，唐和降魏，李宝又回敦煌修缮城府，规复先祖事业，并奉表北魏输诚，魏廷拜李宝为镇西大将军、敦煌公。李宝入朝，除内都大官。魏文成帝拓跋濬时李宝官镇北将军，后卒于任上，谥宣公。

北凉(匈奴)

民　　族：匈奴族

建 国 者：段业。为五胡十六国第十四个建国

时　　间：公元 397—439 年，公元 443—460 年

疆　　域：西有青海省东部、甘肃省

东邻胡夏与后秦

北方是人烟罕见的毛乌素沙漠

首　　都：姑臧(甘肃省武威市)

历代帝王：凉王段业：公元 397—401 年

武宣王沮渠蒙逊：公元 401—433 年

哀王沮渠牧犍(茂虔)：公元 433—439 年

沮渠无讳：公元 443—444 年

沮渠安周：公元 444—460 年

沮渠蒙逊

《晋书·沮渠蒙逊载记》："沮渠蒙逊，临松卢水胡人也，其先世为匈奴左沮渠，遂以官为氏焉。"

按《汉书·匈奴传》："匈奴自置'当户''且(沮)渠'之属。"

依刘著《匈奴史论》所列匈奴政治组织表，“沮渠”似是匈奴所属分封土地的部落或其酋长而已，在那个时候还算不上是贵族。

据史传：沮渠蒙逊为张掖临松人，又世居卢水为酋豪。卢水当在张掖境。按今地图，张掖有黑河，亦名张掖河。《水经注》：水黑曰卢，是卢水即黑河也。其上游流经张掖、酒泉一带，正古月氏居地。知“卢水胡”实即“月氏胡”之别名。至其族人散居安定或杏城等地者，均以“卢水胡”见称(《北朝胡姓考》)。

姑无论其姓源与族名，本书是以其史实为主轴，所以不再作其政权兴衰以外的考据。

在当时地大物博、人口稀少的中国领土上，任何族群都享有相当自由的迁徙与居住权，尤其是游牧民族。所以“卢水胡”(月氏胡)族群的祖先虽然集中聚居在张掖地带，但在安定(甘肃省泾川县)、杏城(陕西省黄陵县)一带都有他们的分支裔群。在张掖这个大本营部落，他们为了生存，在自卫过程中，曾形成一股渐为诸胡瞩目的武装力量。当时割据河西走廊的氐族后凉天王吕光深得这股武装力量的支持。其中部帅沮渠罗仇、沮渠麹粥两弟兄都在吕光麾下担任尚书和三河太守。

吕光的麟嘉九年、东晋隆安元年，公元 397 年，吕光命他的儿子吕纂率领沮渠罗仇、沮渠麹粥所部讨伐鲜卑族的西秦乞伏乾归政权。结果吕光的弟弟吕延战死，吕纂大败而归，把战败责任诿过于沮渠罗仇与沮渠麹粥，吕光下令斩了沮渠罗仇与沮渠麹粥兄弟俩。

沮渠罗仇有个擅于用兵的侄儿沮渠蒙逊(就是公元 401 年，北凉第二任皇帝)，当时正在姑臧带兵担任城郭防务，听到两个叔父遇难的消息，立即赶回张掖奔丧。在沮渠罗仇兄弟俩下葬的那天，卢水胡族各部落酋豪前来送殡的有一万多人，沮渠蒙逊当时就和这批诸部落酋长立誓结盟，矢志反抗后凉天王吕光。

沮渠蒙逊攻下后凉属祁连山北麓的临松郡，再占据金山(甘肃省山丹县西南)为根据地。金山在今甘肃省北境，与内蒙古自治区只一山之隔，同时又是后凉的首都姑臧(武威)与其北方重镇酒泉的交通要道。沮渠蒙逊的堂兄沮渠男成也自晋昌(甘肃省瓜州县)众集杂胡、流民数千人来归。

沮渠男成以游击战法困扰吕光所派遣驻镇酒泉的吕纂所部，吕纂的主将赵策、赵陵等先后战死。沮渠男成乃开始围攻建康(甘肃省高台县南)。吕光的建康太守段业是后凉的名将，而建康既是张掖西北的富庶地区，又是通关外的要道。沮渠男成知道力战不过，只有智取。他采取围点打援战法，先把建康包围得水泄不通，外援不能接近。围困二十天，城内粮食短缺发生恐慌，沮渠男成又暗通当地名望素著的高逵、史惠等向段业建议开城迎降。沮渠男成又允推段业为凉州牧、大都督、龙骧大将军、建康公。段业在这种威胁、利诱之下开城投降。

段业为沮渠男成立下头一战功是进攻张掖。吕光的张掖太守吕弘弃城东奔姑臧。段业很快占领张掖地区，张掖地区不仅是军事资源最富庶的地方，而且是全凉国境中间地带。占有张掖，已使后凉的首都姑臧与北部三分之二的国土失去联系。

段业是陕西长安的汉人，也是儒学根底很厚实的儒将，他只讲究做人的道理，而不重视做事的效率。

段业追击吕弘，沮渠蒙逊劝他“穷寇莫追”，可是段业为夸张自己的武功，仍然下令紧追吕弘，结果大败而回。段业又在张掖东郊兴建“西安城”，派他的亲信部将臧莫孩驻守。沮渠蒙逊又劝段业不可派臧莫孩为西安郡守，段业不听，结果不久后凉的吕纂反攻，把臧莫孩打得大败溃退，幸亏沮渠蒙逊驰援，击退吕纂才算保得张掖。可是从此段业对于沮渠蒙逊又怕，又嫉恨。

沮渠蒙逊与段业

东晋隆安二年(398)四月，段业稳住张掖，立即命沮渠蒙逊东下攻西郡。西郡位置在甘肃永昌西北的边墙(长城)以内，是张掖通姑臧必经的交通要道，也是防御后凉反攻张掖的战略要塞。取得西郡进可以南下金昌、姑臧，退可以保张掖。沮渠蒙逊兵临西郡，先向吕光的侄儿西郡太守吕纯招降，吕纯不予理会，沮渠蒙逊就引丹河的水灌城。西郡城防崩溃，太守吕纯投降。沮渠蒙逊打赢这一仗，才使晋昌、敦煌以及张掖地区各郡县望风归降。

翌年(399)春二月，段业得据有梁州、凉州之地，遂在张掖宣布自己是“凉王”，改吕光的“龙飞”四年为“天玺”元年。命沮渠蒙逊为“尚书左丞”，梁中庸为“尚书右丞”。这就是后来历史上所称的“北凉”。

公元400年，酒泉(甘肃省酒泉市)郡守王德背叛北凉王国，据酒泉自称河州刺史。段业派镇西将军沮渠蒙逊率兵讨伐。王德自知不敌，乃纵火焚城，率众西奔唐瑶。沮渠蒙逊追到沙头(甘肃省玉门市西南)大破王德军，俘虏王德的妻子儿女和部落，班师。

《晋书》说：“蒙逊博涉群史，颇晓天文，雄杰有美略，滑稽善权变。”所以段业对沮渠蒙逊敬而远之，于是派他亲信门下侍郎马权接任沮渠蒙逊的张掖太守，沮渠蒙逊则改调较远的临池太守。

沮渠蒙逊已经感觉到段业的用心在于疏远他，为了使段业放心，他要求调往比张掖更偏僻的西安(甘肃省张掖市东南)。段业早就担忧沮渠蒙逊在首都的政治野心，于是将计就计，准了他的请求。

沮渠蒙逊早有推翻段业的打算，曾私下和他的堂兄辅国将军沮渠男成商议，而沮渠男成却不以为然。沮渠蒙逊遂设计陷害沮渠男成，乃使人向段业密告说沮渠男成图谋反叛。段业不察情由，竟下令让沮渠男成自杀。沮渠蒙逊却又反咬段业一口，硬说段业枉杀忠良大臣，呼吁当地胡众起而反抗段业。沮渠男成平素待人、待部众都有恩惠，他的旧属都群起响应，在氐池县(甘肃省张掖市东)聚合沮渠男成的旧部及胡众一万多人成军，段业的镇军将军臧莫孩也率军迎降。当地羌人、匈奴人各部落都相继起兵响应。沮渠蒙逊立即以为沮渠男成复仇的理由而成军，并进兵侯坞(甘肃省张掖市东)。

段业派右军将军田昂与武卫将军梁中庸率精骑五百讨伐沮渠蒙逊。而田昂与梁中庸却率部向沮渠蒙逊投降。五月，沮渠蒙逊进军张掖，田昂的侄儿田承爱开城迎降。段业的部众见大势已去，于是一哄而散，段业被沮渠蒙逊收斩，时在东晋隆安五年(401)夏六月。沮渠蒙逊被部众推为大都督、大将军、凉州牧、张掖公，改元“永安”。史称之为“北凉”。

时南凉王鲜卑族秃发利鹿孤据乐都(青海省境)自称“河西王”。对北凉的新政权构成相当大的威胁。这时候沮渠蒙逊东邻的后凉，虽然吕隆刚刚夺得政权无力北顾，但在后凉的背后还有强烈北犯野心的后秦与南凉，也是北凉的最大隐忧。所以他的国防部署仍然以东方南方为重点。沮渠蒙逊派为他夺得政权立过大功的田昂为西郡太守，西郡是北凉要想南下攻取姑臧的前进基地。沮渠蒙逊派他的弟弟沮渠挐为建忠将军、都谷侯，与沮渠伏奴驻守他的临时首都张掖。派他自己的伯父沮渠孔笃为临松太守。临松在祁连山北麓临松山上，张掖县南、姑臧之西，对姑臧居高临下，很有威胁性，占有临松，姑臧可得安全。内政方面唯贤才是用，所以九年下来虽然地盘不大，但却富强一时。

是年(401)秋九月，北方重镇的酒泉郡和凉宁郡(甘肃省玉门市界)叛降西凉，一时北境边防受到严重威胁。同时在姑臧的后凉吕隆又向后秦姚兴投降。沮渠蒙逊大有腹背受敌的压力。他派建忠将军沮渠挐和牧府长史张潜去见攻占姑臧的后秦陇西公姚硕德，表示有意归顺而率郡人东迁姑臧，实际也是去观察秦军虚实。后来他觉察到姑臧虽在秦军占领之下，但是仍然是吕隆的首都，如果将来秦军不久粮尽而撤回，到那时候岂不是又要和吕隆发生冲突？这时候他悔了前约，但又恐怕后秦军北犯，于是他又与南邻的河西王秃发利鹿孤勾结，派自己的儿子沮渠奚念为人质来表示结好。这时沮渠男成的弟弟富占将军沮渠俱傫率五百户之众投奔南凉，同时也使南凉对北凉沮渠家族的决策有很大的影响。

秃发利鹿孤明知沮渠蒙逊的处境危殆，不唯不接受他的请求，而且派遣秃发俱延与秃发文支率骑兵一万，越过祁连山攻下北凉的临松（甘肃省张掖市西南）和万岁（甘肃省张掖市东南山丹县境）二郡，掳去住民六千多户。

沮渠蒙逊任命堂兄沮渠伏奴为张掖太守，封和平侯。弟弟沮渠挐为建忠将军，封都谷侯。任命田昂为西郡郡守，任臧莫孩为辅国将军，房晷为左长史，梁中庸为右长史，张骘为左司马，谢正礼为右司马。这些人员大部分是汉人，也都是才堪胜任的一时之选。

右长史梁中庸在新任山丹郡守任上叛变，投奔西凉的李暠。

翌年（402），后秦王姚兴为达西进目的，一面结好秃发氏，一面派遣特使拜沮渠蒙逊为镇西将军、沙州刺史、西海侯。从此各国都在默默备战，北凉才得养民息兵一年。

北凉全盛时期疆域图

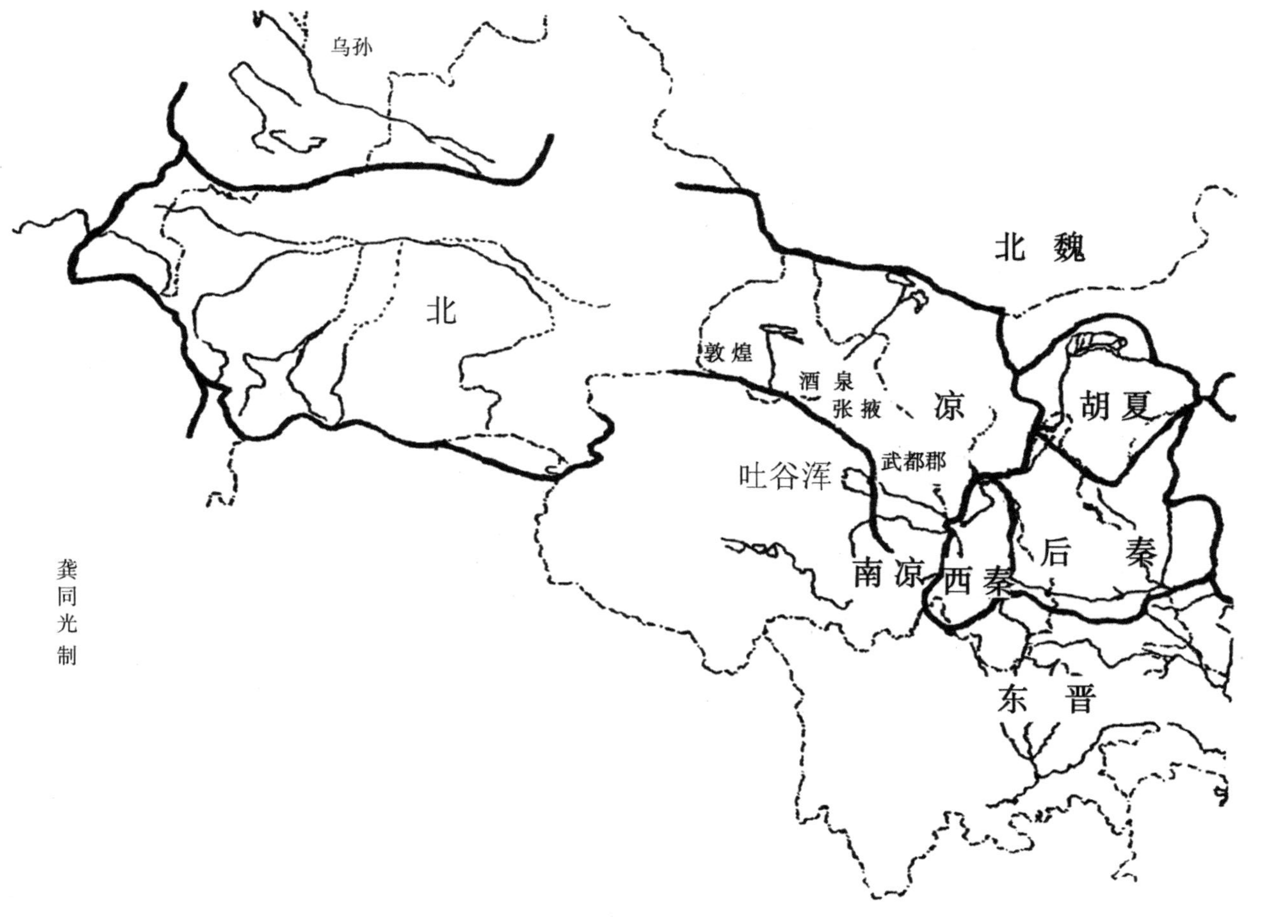

鸠摩罗什塔

塔址位于甘肃省武威市北大街。唐贞观年间尉迟敬德为收藏后秦高僧鸠摩罗什的舍利子所建。

沮渠蒙逊西进

在五胡十六国期间的局势是强凌弱、众暴寡的。没有哪一个政权、部落或族群能够维持十年不受侵略或不侵略别国、别族的，沮渠蒙逊当然也不例外。当他与南凉联合攻击吕隆失败后，环顾周围，姑臧的后凉已被羌族的后秦所灭，姑臧已为后秦名将齐难据守。外围据点南方的仓松(甘肃省古浪县西)，北方临北凉，南境边强的番禾，都有重兵驻守。他只有向西方发展，因为西方新兴的西凉李暠羽翼未丰，有机可乘。尤其是酒泉太守王德反叛，沮渠蒙逊曾亲率大军讨伐，一战而下酒泉，一路追击王德到玉门西南的沙头，如入无人之境。他知道李暠本身既没有军事知识，而僚属又是杂胡凑成班底，所以沮渠蒙逊有西伐李暠的打算。

北凉永安五年(405)，李暠先奉表向东晋称藩，自称大将军、大都督，领秦、凉二州牧，然后迁都酒泉，大军进驻酒泉与张掖之间的重镇建康郡。进攻沮渠蒙逊的意图已经很明显了。

翌年(406)秋九月，沮渠蒙逊先下手为强，进击酒泉。在建康南的安珍一战，李暠败退，沮渠蒙逊也是试探性的军事行动，所以因军糈不继而引还。

南凉的秃发乌孤迁都姑臧。西凉移都酒泉，南北两敌国的压力，使北凉的沮渠蒙逊大有腹背受敌的威胁。为了自保，他决定先打比较弱势的西凉李暠。

北凉永安十年、西凉建初六年(410)秋，沮渠蒙逊已经探得西凉的布防情况，他出兵以游击战法不攻坚为上策，绕过西凉建康太守张体顺的重兵据点而沿弱水，循边墙(长城)径向酒泉进军。途次酒泉以东的马庙与西凉世子李歆所部遭遇，李歆的大将朱元虎应战。沮渠蒙逊以精骑冲阵战法，一下子就把朱元虎擒到手而立即迅速还师，使李暠不知所措。最后李暠拿出白银两千斤、黄金两千两把朱元虎赎回。

翌年(411)秋八月，沮渠蒙逊率轻骑再袭酒泉，李暠已经了解沮渠蒙逊的战争心态是以游击战法为主，所以李暠就以静制动，闭门不战。不久，沮渠蒙逊由于粮糈将尽而撤军，李暠遣李歆率七千轻骑在半路截击，使北凉军首尾不能相顾，军中大乱，沮渠蒙逊大败而还。前将军沮渠百年被西凉军俘去。

这一仗沮渠蒙逊败得相当惨，他已体会到后勤与战争的关系之重要性。他一方面扩展农业生产，充实军备。同时他感觉到南凉的姑臧对于他的北进政策也会掣肘，也就是说他如全力西进，南凉的姑臧很可能会乘虚而攻他的根据地张掖。所以他下决心先除后顾之忧——姑臧。

北凉永安十一年、南凉嘉平四年(411)，沮渠蒙逊率步骑三万攻击南凉的姑臧，经过西郡时气候突变。北凉军乘天雾掩护深入南凉境内的显美(甘肃省永昌市)掳去数千户后伪装成撤退的样子，使南凉王秃发傉檀误以为北凉真的撤退，于是派军追击。快到边境的西郡时，沮渠蒙逊乘南凉军正拟安营之际挥师猛烈反攻。南凉军大败溃不成军，沮渠蒙逊乘胜进兵姑臧。沿路居民、杂胡流民归降者一万多户。秃发傉檀阵前请和，沮渠蒙逊和他订立和约之后回师张掖。

秃发傉檀以前除了畏惧后秦姚兴外，其余诸胡他都没有放在眼里，尤其是沮渠蒙逊更是不在话下。南凉这次战败，军队溃散大半，一时很难复原，这时他才对北凉深怀戒心，于是又把首都悄悄迁回青海境内的乐都。

姑臧以南的古浪地区有个部落小军头焦朗，乘南凉撤出姑臧的真空时间进占姑臧自立为王。沮渠蒙逊立即率步骑三万南下姑臧，收服焦朗。派沮渠挐为护羌校尉、秦州刺史，驻镇姑臧。十余天后沮渠挐病死，又派镇京将军沮渠益子驻镇姑臧。

翌年(412)冬十月，沮渠蒙逊把他的国都自张掖迁到姑臧。十一月就自称为“河西王”，改元“玄始”。并大事修缮宫殿、城门，立他的儿子沮渠政德为世子，加镇卫大将军、录尚书事，这是要“交棒”的准备。

沮渠蒙逊把政治中心东移，就是准备要南下攻南凉的。这一点南凉的秃发傉檀也非常明白。南凉秃发傉檀自乐都发兵北伐姑臧，沮渠蒙逊也早有防备，立即派出精骑五千快速进击乐都前进基地的若厚坞(青海省西宁市北，距离南凉首都乐都不到一百里路)。出其不意的闪电突袭让南凉守军大惊，措手不及，被打溃散。湟河太守秃发文支据湟川(在乐都东南)和护军成宜侯率众向北凉军投降。沮渠蒙逊派秃发文支为镇东大将军、广武太守进驻甘肃皋兰西一百二十里处，堵着南凉军向东逃逸。成宜侯为振威将军、湟川太守仍驻碾伯，监视乐都。亲信殿中将军王建为湟河太守，总督广武、湟川地区之兵力再攻乐都的南凉秃发傉檀。这时候秃发傉檀的战力损失殆尽，于是派太尉秃发俱延向北凉的沮渠蒙逊求和，北凉才撤兵。

沮渠蒙逊在南战场大胜回师之后，立即准备西进。他巡视到苕蓼戍(甘肃省永昌县西)，就派戍守部队的冠军将军伏恩率骑兵一万进攻西凉中间地带居延海附近的卑和、乌啼两部落，掳得两千多篷帐回师。

这时候鲜卑族乞伏乾归的西秦所占地盘是当时的金城郡、苑川、秦州、武始郡、大夏郡、安固郡、南安郡、东秦郡、陇西郡、白马郡、甘松郡。西邻北凉的东疆重镇枹罕，东邻后秦的秦州都是历来争战最多的地方。西秦在这时候西邻北凉，东北与东方大部分邻接后秦，东南一角接壤东晋辖地的甘肃东南角与陕西西南角。

三年前西秦曾与南凉发生过枹罕争夺战，他被南凉打得大败，这一仗南凉损失也很惨重。

北凉玄始元年(412)，沮渠蒙逊迁都姑臧后，西秦的乞伏乾归被他的侄儿所杀。乞伏乾归的儿子乞伏炽磐嗣立，把国都自谭郊迁到枹罕。枹罕原为南凉所有，这时候沮渠蒙逊既然赶走了南凉，他就认为枹罕应该是北凉的领地，所以沮渠蒙逊开始向乞伏炽磐动武，意图索回枹罕。

沮渠蒙逊先遣步兵自枹罕以西的湟河运粮，顺流而下枹罕，同时他的主力骑兵攻取枹罕以北的广武郡（甘肃省永登县）。自广武南下在浩亹开辟新战场，与西秦大将乞伏魋尼寅决战，结果乞伏魋尼寅战死，西秦军大败。

乞伏炽磐再派将军王衡、乞伏折斐、乞伏麹景等率领一万精骑兵占据西宁以东的勒姐岭高地，打算自湟河顺流而下乐都，再进击浩亹来截击北凉军。又被沮渠蒙逊分段邀击，俘虏了乞伏折斐等七百多人，士卒溃散数千人。乞伏麹景、王衡率残众逃离战场。沮渠蒙逊完全占领了青海的西宁、乐都，就派他的弟弟折冲将军沮渠汉平为湟河太守，驻镇这个新占领区。

乞伏炽磐率步骑三万，反攻湟河（青海省化隆回族自治县）。沮渠汉平先采守势，派司马隗仁乘夜偷袭乞伏炽磐军营，斩杀数百人。乞伏炽磐已深知对付沮渠汉平力战不如智取，于是差遣间谍，勾结沮渠汉平的长史焦昶和卫将军段景约为内应，挟持沮渠汉平投降。乞伏炽磐军进入湟河城，唯独沮渠汉平的司马隗仁亲率壮士一百多人固守南门城楼数日，终于众寡悬殊，而且粮械不济，最后被乞伏炽磐俘虏，被囚五年后才放回。这是北凉玄始四年（415）的事。

当沮渠蒙逊与乞伏炽磐在青海地区的战事胶着的时候，听说西凉新登基为王的李歆，下达动员令准备南下攻张掖。

北凉与西凉

自三年前西凉的威昭王李暠病死后，沮渠蒙逊时刻都在想着兼并西凉，所以当他接到西凉动员要攻张掖的消息后，立即公告全军说在南战场上还要继续绥靖各地区，大军必须全力贯注在此。这个消息传到西凉李歆那里，李歆大喜！遂发步骑三万来犯张掖。此时沮渠蒙逊放出假情报后，立即调动精锐主力，兼程秘密西进。(《年表》说是公元420年的事)

沮渠蒙逊的作战计划很周密，他以争取国际战法为最高指导原则：一面争取各政权间尤其是东晋的支持，他写信给东晋的益州(四川省成都市)刺史朱龄石，请他转告东晋皇帝司马德宗，表示愿意协助刘裕肃清中原蛮族云云。另一面和北方的新兴势力胡夏结盟，誓言互不侵犯。这时候他又下令紧急动员留守张掖的驻军即刻西进，先占领甘肃山丹境内的乌啼部落和居延境内的卑和部落，以免被西凉利用。大军就在张掖西北三百余里的蓼泉与西凉军遭遇。在大战进行中沮渠蒙逊的主力大军陆续赶到，西凉军败退。沮渠蒙逊乘胜追击，李歆回师再战，又败。李歆战死，残军大部溃散。

沮渠蒙逊遂占据了西凉的首都酒泉。由于军纪严明，士民都很安定地生活。沮渠蒙逊派他的儿子沮渠牧犍为酒泉太守。

西凉的皇族酒泉太守李翻、新城太守李预、领羽林右监李密、左将军李眺、右将军李亮等退守敦煌。沮渠蒙逊派索元绪进驻敦煌，西凉的敦煌太守李恂逃奔北山。

敦煌自前秦开发近百年来由于佛教文化的根底深厚，佛教艺术发达，可以说是盛极一时。北凉取得西凉这份实在难得的资产，一跃而成为中国北方的佛教圣地了。

是年冬李恂整合残众数千骑反攻敦煌，索元绪战败东奔凉兴（甘肃省敦煌市以东）。李恂在敦煌自称冠军将军、凉州刺史。翌年（北凉玄始十年、西凉永建二年、公元421年）春正月，沮渠蒙逊率步骑两万进攻敦煌，攻城不下，就在党河上游引水灌城。当地人宋承发起民众与守军举城投降，李恂自杀。沮渠蒙逊挥兵屠城，西凉乃亡。

东晋元熙二年(420)，东晋末代皇帝恭帝司马德文禅位给宋王刘裕，是为南朝宋武帝，改元永初。

唐瑶是段业叛将世家政权时代的北凉晋昌太守，公元400年时他背叛了段业时代的北凉政权，拥戴当时北凉的镇西将军李暠建立了西凉王国。唐瑶病故，他的儿子唐契继承晋昌太守之职。公元421年北凉灭西凉，北凉沮渠氏政权又命唐契为晋昌郡守。

公元421年，晋昌郡守唐契据郡城叛变。沮渠蒙逊派世子沮渠正德率军讨伐。经过两年多的围剿，十数次惨烈苦战，唐契才承认失败，带着他的弟弟唐和、外甥李宝，率领残兵败将逃往新疆哈密的伊吾，再招收两千多户的逃亡难民，向柔然称臣。柔然可汗郁久闾吾提封唐契为“伊吾王”（伊吾，今新疆维吾尔自治区哈密市西北四堡）。主要是利用他的残余兵力来看守大门，以防北凉。

唐契嗾使柔然出兵进击北凉，沮渠蒙逊一面派世子沮渠政德率军迎战，一面派使臣向北魏求救。北魏为了争取北凉，乃派军攻击柔然的东部。北凉的沮渠政德虽然战死，而柔然也因后门受敌，不得不急急撤退。

二十多年后(442)唐契受不了柔然的强大压力而脱离柔然羁绊，打算西向夺取高昌而自立称王，后被柔然军追击擒杀。

公元422年春，沮渠蒙逊向南朝刘宋进贡，刘宋朝廷任命沮渠蒙逊为“都督凉、秦、河、沙四州诸军事”“骠骑大将军”“凉州牧”，又封“河西王”。

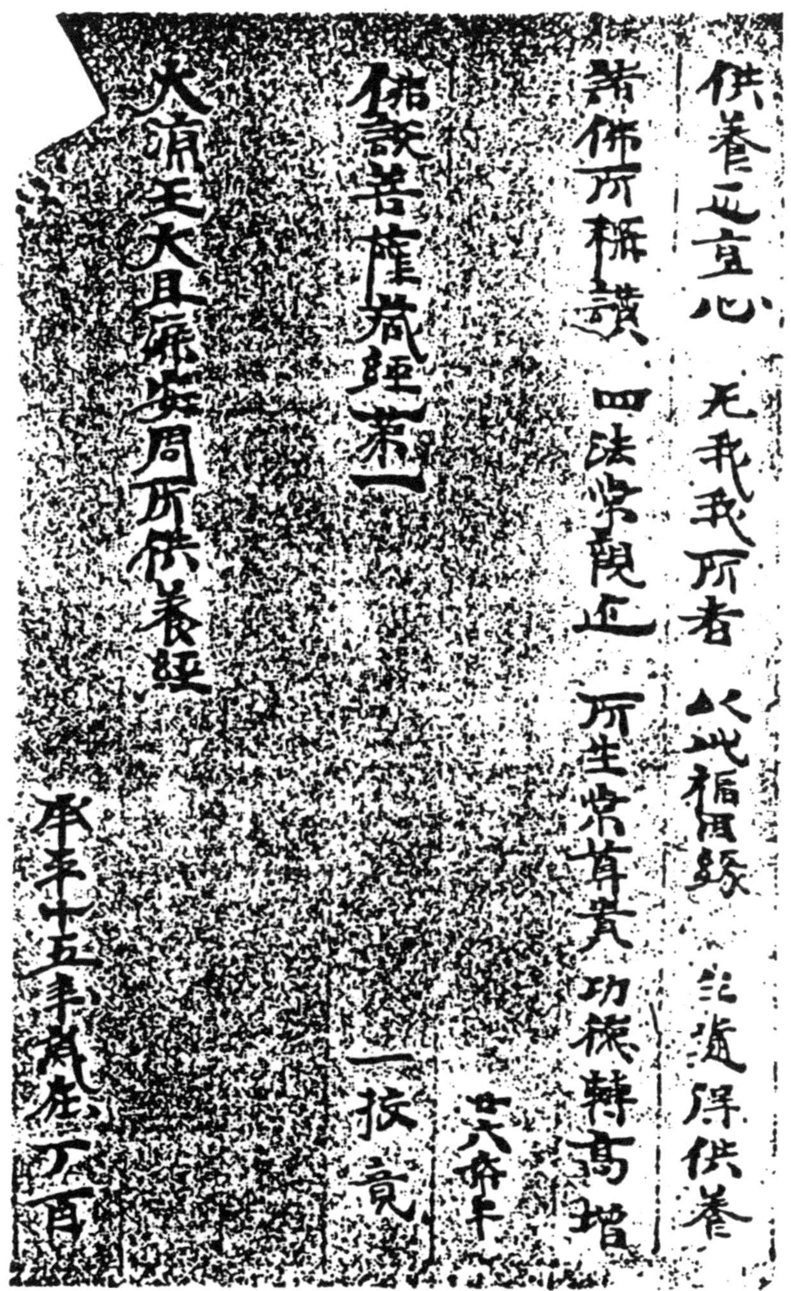

供養正真心 无我我所者 以此福因緣 悉逮得供養
諸佛所稱讚 四法常隨近 所生常尊貴 功德轉高增

佛說菩薩藏經第一

一校竟

大涼王大且渠安周所供養經

承平十五年歲在丁酉

《佛说菩萨藏经》"大凉王大沮渠安周所供养经"

公元 457 年所写经

是年冬，再任沮渠蒙逊为“镇军大将军”“开府仪同三司”“凉州刺史”。

这时候五胡十六国只剩北凉、北燕和新崛起的北魏了。北燕抱残守缺驻守在现在东北的辽宁和河北东北角。北凉虽然已经是强弩之末了，但仍然是个难缠的角色。因为他受佛教文化影响甚深，所以他的国民爱国护教之心极其强烈。北魏先取北燕，统一中国华北，东可制衡高句丽、契丹与库莫奚诸胡族部落，然后再图北凉与刘宋以绾毂全中国。

拓跋焘老谋深算，又精通兵学。他决计先征北燕，但他必须先极尽其能地讨好北凉的沮渠蒙逊。他懂得沮渠蒙逊目前最需要的是权力和财货。所以他就派太常寺正卿李顺为他的全权代表，带着拓跋焘亲笔诏书，任命沮渠蒙逊为“征西大将军”“都督凉州、西域、羌、戎诸军事”，这是当时最具权威的军事管制总司令。文职方面为“侍中”“太傅”“凉州牧”，又封“凉王”。采邑包括武威以北的张掖、敦煌、酒泉各郡，还有青海境内的西海、金城、西平各郡，给他吃遍了大半个甘肃和青海的一部分。并且还特别授权自河套以西到昆仑山，北自大碛(沙漠)，南到湖北竹山(上庸)与四川北界的岷山地区内，所有治安事故都由沮渠蒙逊代表大魏天子用兵维持。所有文武官员，他都可以代表皇帝任命，出警入跸，全依天子制。这种至高无上的权力、荣耀，把这位年逾花甲的“凉王”弄得晕头转向，不知道天有多高、地有多厚了。

北魏拓跋焘曾派李顺为使节，先后访问北凉达十二次之多，主要目的是探测北凉的军事、内政实情。可是李顺所受北凉的款待，一次比一次更殷勤，贿赂也越加丰富。所以他回国向拓跋焘报告北凉国情，总是说北凉地瘠民贫，无利可图等一类的话，无形中使拓跋焘侵吞北凉的决心缓和下来，而北魏与北凉和平共存的现状也因之多维持了几年。

古代的帝王，每到老年都会产生一些病态心理，如过分追求权力、财货和女色，骄奢淫逸糜烂至极。这就是人性的贪婪。沮渠蒙逊也未免俗，所以他的僚属都苦于应付。北凉义和三年、北魏延和二年(433)沮渠蒙逊以六十六岁之年病死，他的儿子沮渠牧犍继立，改元“永和”，是为“哀王”。当年派遣特使向拓跋魏报丧，并重申外交关系。为了讨好拓跋焘，还把妹妹兴平公主嫁给拓跋焘为“右昭仪”。

翌年(434)沮渠牧犍又向南朝刘宋上表报告嗣位。刘宋文帝刘义隆诏封沮渠牧犍为“征西大将军”“梁州刺史”“河西王”“都督凉、秦等四州诸军事”。

北魏的拓跋焘也任命沮渠牧犍为“都督凉州、沙州、河州、西域、羌、戎诸军事”、“车骑将军”、军事仪仗同三司、凉州刺史，又封“河西王”。沮渠牧犍虽曾谦辞，但拓跋焘也很客气地让他接受，这是那时候国际政坛上常见的权术。

北凉永和五年、北魏拓跋焘太延三年(437)，拓跋焘为了笼络北凉，把妹妹武威公主下嫁给沮渠牧犍为妻。

沮渠牧犍本来经他父亲沮渠蒙逊的主张娶前西凉王李暠的女儿了，但西凉已在十八年前被沮渠蒙逊灭亡了，现在北魏以强势命令的方式把武威公主下嫁，沮渠牧犍的李后受过很好的儒家教养，自动要求沮渠牧犍废除她的“皇后”名分，偕同她的母亲尹氏(前西凉王国的亡国太后)迁居到西凉的故土酒泉去了。

两大之间

沮渠牧犍派沮渠旁周到北魏京城(平城)进贡，拓跋焘也派侍中古弼与尚书李顺到北凉的首都姑臧报聘，同时命令北凉的世子沮渠封坛来平城做“贵宾”——人质。

这时候的天下情势，北魏占领整个中国北方，南方的刘宋帝国偏安在长江以南，关山万里，不容易接触上。沮渠牧犍也早已看透北魏的野心了，可是最可怜的沮渠牧犍夹在这两大国之间，靠南朝刘宋太远，又没有实力可以支援，只能给予一些精神上的官样文章。靠北魏，不管是战是和，余生都是刀俎中间的块肉。

失去了自主能力的北凉末代帝王沮渠牧犍面对现实环境，他认为的生存空间只有向西向南发展。南方青海的吐谷浑部正在强盛，但是吐谷浑和北魏都是鲜卑族。他如投靠吐谷浑，很有被出卖的可能。向西发展，西域（中国新疆维吾尔自治区及中亚地区）各小胡族、小部落都已靠拢北魏，不敢跟他建交。他只好向北方联络与北魏有世仇而又同是匈奴族的柔然部，他也明明知道南朝的宋王朝没有能力支持他，但在这种万分危急的处境下，他又不得不设法维系着这个唯一正统的宗主关系，就算是一个幻想，也可以自我安慰一时。但是北魏的势力，介在北凉与柔然之间，最后北凉只好硬着头皮向北魏投降了。

于是沮渠牧犍在送太子沮渠封坛去北魏做人质的同时，又派使节到刘宋首都建康（江苏省南京市）呈送他所保有的珍贵文献一百五十四卷，其中有敦煌赵敺（《十六国春秋》作“敺”，《历宗通海》作“歐”）所著《甲寅元历》（又称《玄始历》）一卷。这个历法最早提出改革闰法，对以后南朝祖冲之编制《大明历》很有启示。还有《赵敺传》、《周髀》注一卷。刘昞所著的《凉书》（记前凉事）十卷及《敦煌实录》十卷，阚骃的《十三州志》十卷。当时除了赵敺死了几年之外，刘昞、阚骃都还活着，这是尤应注意的。此外北凉还送去魏、晋之间著名历法家杨伟的著作《乘丘先生书》二卷、《时务论》十二卷。魏敦煌人周生烈（依裴松之注姓周生，名烈）的《周生子》十三卷，前凉名臣谢艾的《谢艾集》八卷。这些书都是南朝所没有的。同时沮渠牧犍也向江南求抄《晋朝起居注》和《周易》及子集诸书四百七十五卷。还有干宝的《搜神记》。宋文帝满足了他的要求，命人抄好送去。地方文献还要宋廷给予指示以表示尊重南朝宋廷为正统的意思。

北魏伐北凉

北魏的武威公主嫁给沮渠牧犍为正宫，这种政治婚姻根本没有真正的伦理情感，难免沮渠牧犍感情“走私”。当武威公主对沮渠牧犍和他的嫂子通奸事大表不满时，沮渠牧犍的嫂子就狠心下毒，打算毒死武威公主。后来经北魏紧急派遣医师去抢救，才使武威公主活命。

北魏早有计划灭北凉，只是等时间，找借口而已，这次可算找到理由了。

北凉永和七年、北魏太延五年(439)夏五月，拓跋焘部署好了北疆防务，严密监视柔然。是年秋，拓跋焘认为是用兵最好的季节，于是自平城发兵，由云中(内蒙古自治区的托克托县)渡过黄河，到上郡属国城(陕西省绥德县)建立前进基地，储存辎重粮秣，部署战斗序列：使抚军大将军拓跋健、尚书令刘絜与常山王拓跋素为前锋，兵分两路对姑臧发动钳形攻势。骠骑大将军乐平王拓跋丕、太宰阳平王杜超率所部为后续部队。大军浩浩荡荡西征近两千里路的北凉首都姑臧。

是年(439)秋八月，魏军拓跋健部在河西虏获北凉属下的马、牛二十多万只。北凉沮渠牧犍大惊！一面急派征南大将军沮渠董来率一万多步兵在城南迎战。由于魏军的心战攻势猛烈，一经接战，北凉军大败溃散。沮渠董来逃回姑臧。沮渠牧犍又派遣特使疾驰柔然求救，要求柔然出兵袭击魏军后方。他不知道拓跋焘早已设防大漠之南了。

八月间，是初秋的季节，魏主拓跋焘进驻姑臧军营，派代表劝说沮渠牧犍投降，而沮渠牧犍却幻想着他所寄望的外来援助柔然一定会出兵袭击魏军北疆，而魏军也一定会收兵回去救他自己的国家，所以他婴城固守拒绝向北魏投降。

可是战争是最现实的，没有事实做根据的想象只是主观的幻想，凭空幻想一定失败。

沮渠牧犍的侄儿沮渠祖出城降魏，向魏主提供了很多情报，又加上源贺也招徕当地三万多鲜卑部落来声援魏军。

拓跋焘对于用兵作战很讲究艺术，他一面紧紧围着姑臧，一面分兵进攻姑臧以西的外围据点。他派镇南将军奚春进击张掖，镇北将军封沓进攻乐都。张掖太守沮渠宜得自知不能敌魏，于是放火烧了仓库、宫舍，投奔西方的酒泉。乐都太守沮渠安周也弃城南逃到吐谷浑境内去了。北魏的封沓掳得乐都数千户而还师。

拓跋焘派能征善战的奚春进攻酒泉，驻守酒泉的北凉太守沮渠无讳和刚刚逃来的沮渠宜得裹挟部分胡众逃奔晋昌（甘肃省瓜州县）。魏军追至，他们又逃到敦煌投奔沮渠唐儿那里去了。这些将领官员都是沮渠牧犍的近亲。他们每战必败，必逃，越逃离国土越远。

魏军包围姑臧一个多月，同时展开全面的心理攻势，使鲜卑族各部落归顺。这一招使在姑臧城内的统治阶层也动摇了，沮渠牧犍的另一个侄儿禁卫将军沮渠万年率所部开城迎降。姑臧大乱！沮渠牧犍所期盼的外来援助也成空了，而且藩篱尽失，亲眷不能相救。城内又成众叛亲离的局面，最后只有率领文武官员及皇亲国戚五千多人自缚请降了。时在公元439年、北凉永和七年、北魏太延五年的九月间。

是年冬，魏主接收了姑臧城内户口二十多万，城外杂胡数十万；仓库珍宝、军事装备不可胜计。然后派遣战将分别驻镇酒泉、武威、张掖等地。留乐平王拓跋丕及征西将军贺多罗镇守凉州以督察西方诸军事与行政。迁沮渠牧犍宗族、官员民众三万户到平城一带为“平凉户”，有的罚作“奴隶户”。又把当时著名的学者与能工巧匠都迁到平城内供魏廷差遣，并对沮渠牧犍甚为礼遇。

沮渠无讳反攻

北魏太延六年(440)春正月，北凉沙州刺史、沮渠牧犍的弟弟沮渠无讳在敦煌整合随他逃来的残余部众反攻酒泉。魏守将弋阳公元絜认为沮渠无讳战败之将不堪一击，于是毫不在乎地出城约沮渠无讳阵前会话，打算当面说服他投降，没想到沮渠无讳虚与委蛇了两天，越谈越亲近，元絜也越无防备。第三天的阵前会话，元絜就被沮渠无讳乘势擒去。

沮渠无讳围城三月，攻下酒泉，接着进袭张掖。这时才惊动了魏主拓跋焘，立即派遣抚军大将军拓跋健率大军急速西进支援。两月后沮渠无讳再攻，而张掖防守兵力大增，而且数路出兵反扑。沮渠无讳退保祁连山边的临松，居高临下，鸟瞰张掖魏军，准备等待有利时机再攻张掖城。

临松位在祁连山麓，易守难攻，魏军于是展开政治作战，多次派遣游说人士多方利诱，在当年(440)秋八月间，沮渠无讳向拓跋健有条件投降，条件是魏廷任沮渠无讳为征西大将军、凉州牧、酒泉王。而沮渠无讳归还酒泉，以及所掳将士，包括弋阳公元絜。

翌年(441)春，拓跋焘破格重用沮渠无讳为“凉州牧”，封“酒泉王”，但却另派将军尉眷率兵留镇凉州(《通鉴纪事》语)。拓跋焘重用沮渠无讳为“征西大将军”“酒泉王”完全是政治手腕，想利用沮渠无讳去诱降酒泉以西、敦煌一带的北凉残余。沮渠无讳也料到这一点，所以沮渠无讳答允“归还酒泉”，但却没有退出酒泉。魏主拓跋焘是一个知人、知兵的精明人物，他知道沮渠无讳很熟识山地作战，魏军不如沮渠无讳。所以他只好各个安抚，各个利用，期能以政治手段达到不战而屈人之兵的目的。同时拓跋焘又封北凉降将沮渠万年为张掖王。沮渠万年是沮渠牧犍的亲侄儿，封他高位目的是以他来制衡沮渠无讳。沮渠万年又游说盘踞在敦煌的沮渠唐儿。

是年(441)夏，沮渠唐儿宣布脱离沮渠无讳。这时候沮渠无讳本来是以敦煌为根据地，逐步南向发展，希望达到复兴北凉的目的。沮渠唐儿这一叛，对他的复国大计打击很大，所以沮渠无讳派沮渠天周留守酒泉，自己立即引兵西上讨伐沮渠唐儿。

拓跋焘深深了解沮渠无讳的如意算盘，他随时随地暗中严密监视着沮渠无讳。当沮渠无讳率军离开酒泉后，北魏的镇南将军奚春所部大军就把酒泉包围了。

拓跋焘的用兵艺术境界很高，他很少用硬碰硬的大规模强攻战法，他知道酒泉唯一的外援在敦煌，由于沮渠唐儿的牵制，沮渠无讳也不敢轻言回师救酒泉。所以他命奚春把酒泉围得水泄不通。粮食、水源都断绝了，城中饿死一万多人，沮渠天周把他自己的妻子杀了以饱战士。这种悲惨境况，当然难以持久。当年(441)冬，魏军攻下了酒泉，俘虏了沮渠天周，把他解送到平城，拓跋焘下令斩首。所部残余，壮者编入军中，老弱配给营户为奴工。

沮渠无讳西伐沮渠唐儿，虽然打了胜仗，沮渠唐儿战死，但沮渠宜得失踪，失去后路，没有能力再回师酒泉和魏军作战了，他只有向西方发展。他派他的弟弟沮渠安周率一万多族众进攻西域国防设备很薄弱的鄯善(新疆维吾尔自治区内)，沮渠无讳的部队虽然都是残兵败将，但对付军备落后的鄯善还是绰绰有余的。鄯善也知道自己的力量不敌沮渠安周，可是魏军早就派遣特使到鄯善游说获取支持。所以鄯善的态度很强硬，以致沮渠安周只好退保鄯善之东城。

翌年(442)夏，沮渠无讳又被迫放弃了敦煌，领导一万多户西进，和沮渠安周结合。鄯善王比龙见沮渠安周势力大增，恐怕他再来攻，于是就自动放弃首都扜泥(新疆维吾尔自治区若羌县附近，也是车师王国的一部分)。地方世子向沮渠安周投降。沮渠无讳遂占据了鄯善。虽然稍得安顿，可是他的部属经这次数千里路的长途跋涉，又经过流沙大漠，渴死、病死了一大半。

这时候的沮渠无讳在鄯善整合残余之后，又开始在那些军备落后的地方到处闯荡，设法抢占地盘，和当地土著小军阀或弱势部落不断发生冲突。经年的大小战斗，沮渠无讳最后占据了高昌郡。这地方是现在新疆维吾尔自治区的乌鲁木齐(迪化)、吐鲁番一带，是流民、汉人、小部落、小军阀杂胡荟萃的都会区，刚要“抬头”的柔然族也是虎视眈眈时常来犯。

沮渠无讳据有高昌(新疆维吾尔自治区吐鲁番市、乌鲁木齐市一带)之后，他也明白自己的力量敌不过拓跋魏，复国计划已成妄想。东还无望，他打算向西发展，因西域各国兵力较弱。他需要有正统派的名分，于是当他稍事稳定之后，乃派特使氾雋携带奏章到南京向南朝的刘宋称藩。刘宋朝廷封他为“河西王”，凉州刺史，征西大将军，都督凉州、河州、沙州诸军事。

在西域的三十六国大都亲魏，其中以占据天水南北的车师六国(车师前部、车师后部、东且弥、卑陆、蒲类、移支——依《后汉书》)最具实力，也与北魏最亲密。

车师王国的大帅车伊洛，是北魏拓跋焘所任命的平西大将军，并封为前部王。车伊洛与平城(北魏首都，山西省大同市)之间的交通，为南宋授命据守高昌的沮渠无讳所隔断，因而车伊洛与沮渠无讳之间时常冲突，双方僵持两年。

南朝刘宋的元嘉二十一年、北魏太平真君五年(444)秋，沮渠无讳死。宋廷以沮渠安周继承沮渠无讳的各项封爵、职位。

沮渠安周强迫沮渠无讳的儿子沮渠乾寿交出所领军队。车伊洛乘机游说沮渠乾寿率同部属五百多户投奔北魏。

车伊洛又说动占领敦煌的李宝之弟李钦等率部众归附北魏。

沮渠安周造寺功德碑部分

此碑于高昌废都出土。全碑已腐朽不全，仅拓能够辨识部分。

423年与李宝同投柔然而后(442)又背叛柔然的唐和集结其残余部众投奔车师前部，车伊洛也带他投奔北魏。这时候唐和又攻下沮渠安周的横截、高宁、白刃三城(都在新疆维吾尔自治区吐鲁番市境内)，同时归降北魏。

北魏太平真君八年(447)，沮渠牧犍的原守藏吏向魏主拓跋焘告密，说沮渠牧犍在姑臧撤守时取去国库宝物金玉甚多，而且沮渠牧犍父子藏匿的还有毒药，打算暗中毒杀拓跋焘。还说沮渠牧犍仍和故旧臣民阴谋复国，并说拓跋焘的右昭仪夫人(沮渠牧犍的妹妹兴平公主)也和他们同谋等。拓跋焘立刻下令赐右昭仪自缢，并诛其同族。派崔浩到沮渠牧犍的住所赐沮渠牧犍死。随行的北凉臣属二百余人，全被斩首。

南宋大明四年，北魏和平元年，公元460年冬，柔然攻陷高昌，斩沮渠安周。柔然立阚伯周为高昌王，阚伯周又下令把沮渠家族全部收斩。姓沮渠的残余族众也散灭在这地方。

北凉全盛时期据有武威、张掖、敦煌、酒泉、金城以北之地，以及西平、乐都等地，还有内蒙古的西海郡(居延等地)。最后新疆吐鲁番一大块地也成为他们沮渠氏的墓园。

公元397年沮渠蒙逊拥段业为建康公。公元401年沮渠蒙逊灭段业自称“张掖公”。而公元439年北魏亡其国，到公元460年柔然灭其族，前后算计六十四年。

439年，时北凉的沙州刺史沮渠无讳率残部会同沮渠安周一万多家西进鄯善，再鸠占鹊巢，占据高昌(新疆维吾尔自治区吐鲁番市)。整军经武，安定下来后向南朝刘宋政权称臣，刘宋封之为“河西王”，又苟延残喘了二十二年。

北魏皇帝拓跋濬和平元年(460)春，柔然攻陷高昌斩沮渠安周，屠灭沮渠家族。北凉亡国二十二年后，沮渠氏族被灭。士卒或平民都散失在高昌地区，现在新疆吐鲁番地区可能还有沮渠氏的后裔。

新疆维吾尔自治区

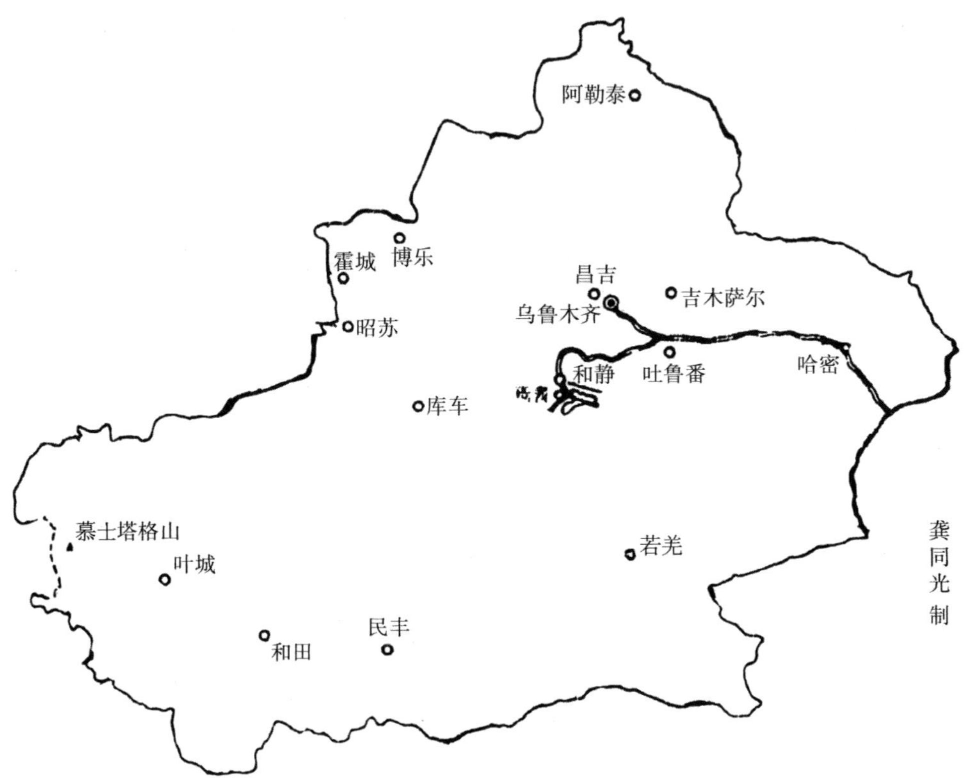

胡夏(匈奴)

民　　族：匈奴族

建 国 者：赫连勃勃。十六国第十五个建国者

时　　间：公元 407—431 年，计二十五年

疆　　域：陕西省、甘肃省、宁夏回族自治区各一部分

首　　都：长安，统万城(陕西省靖边县)

历代帝王：武烈皇帝赫连(刘)勃勃：公元 407—425 年

昌秦王赫连昌：公元 425—428 年

平原王赫连定：公元 428—431 年

早在公元 271 年前，匈奴汗国的祖先南单于的右贤王刘猛就盘踞在北地郡(陕西省耀州区)一带游牧，也曾南向侵犯过金城郡(甘肃省兰州市)。

公元 272 年，刘猛被其部下刺杀身亡，新任左贤王刘去卑的儿子刘诰升爰接管部众，是为南匈奴五部帅之一的北部帅。刘诰升爰死，其子刘虎继承了北部帅的职位。游牧的活动中心移居在山西忻州的新兴郡，自称铁弗部落，统帅匈奴族群四千余落(户)。史家遂称其后为“新兴匈奴冒顿之后”。

汉赵刘聪曾以刘虎为宗室之谊而封其为楼烦公、安北将军、监鲜卑诸军事、丁零中郎将等职，刘虎遂成为雄踞并州以北的一大军阀。

刘虎在当时是以彪悍、抢掠著名。其众所到之处，庐舍为墟，人民不

堪其苦。西晋并州刺史刘琨曾联合拓跋鲜卑的军事力量来清除刘虎以靖地方。刘虎战败，西渡黄河，退守塞外。

刘虎死，其子刘务桓继承其帅位，乃“招集种落(族众)，为诸部落之首领”(《晋书》)。后赵石虎争取他，封之为平北将军、左贤王、丁零单于。刘务桓死，他的儿子刘卫辰继之。刘卫辰依附前秦苻坚，“遂有朔方之地，控弦之士三万八千，驻屯代来城”(《晋书》)。

公元391年，北魏拓跋珪攻占代来城，刘卫辰没经抵抗就西逃河套，被部下所杀。北魏拓跋珪追至，杀了刘卫辰的满门以及其宗党、族众五千多人，还把刘卫辰的尸体斩首、碎尸，投之黄河。最后把刘卫辰三十多万匹战马，四百多万头牛、羊以及不可胜计的军事资源全部抢掠。

刘卫辰的第三儿子刘勃勃(赫连勃勃)被侍臣叱干部酋长阿利救出，投奔鲜卑族的后秦高平公破多罗没奕干。后秦王姚兴见刘勃勃身体魁梧、气宇不凡，就任命他为安远将军。把北方的杂胡部落和刘卫辰旧属残余部众三万多人，配属给他统领；使他附属在破多罗没奕干部，驻镇高平(宁夏回族自治区固原市)的陇东郡以防北魏。破多罗没奕干还把女儿嫁给刘勃勃为妻。后来姚兴又拜刘勃勃为“安北将军”“五原公”，把陕西榆林地区绥德的三城(三交)和五部鲜卑族部落杂胡两万多落(户)以及他父亲刘卫辰的旧部三万多户交付刘勃勃统带，使他镇守朔方(内蒙古自治区鄂尔多斯市东胜区)，作为防御北魏的边防军。

关于刘勃勃的性格，在《两晋南北朝史》中说得最切实际而具体：“勃勃之为人也，可谓安忍无亲。初依没奕干，稍强，遂袭杀没奕干而并其众；众至数万。义熙三年六月僭称天王大单于。自以匈奴为夏后氏之苗裔也，乃称大夏。”又说：“刘勃勃的性格贪婪残暴，嗜杀，无义，见利轻趋。”

时盘踞在黄河西的柔然族酋长郁久闾社崙部落贡献骏马八千匹给后秦王姚兴，刘勃勃就乘其渡河未久而全部截留下来占为己有。

刘勃勃人长大了，野心也更大了，他不甘心屈居岳父之下，于是又杀了他的岳父高平公破多罗没奕干，并其众。在当时有了八千匹马后又兼并了破多罗没奕干部众，这是刘勃勃极其难得的军事资产。从此他的军事实力一下子壮大起来了。

刘勃勃对于后秦的态度表面是虚与委蛇，实际上他时时在筹划着自立自强以图将来。

北魏是刘勃勃不共戴天的杀父仇人，他附属于后秦，完全为了借重声势报此杀父之仇。公元407年夏五月，刘勃勃听说后秦姚兴与北魏王拓跋珪媾和，刘勃勃就据关中叛离姚秦而独立。他自认为匈奴族是夏后氏姒文命的后裔，所以自称国号为“夏”，他是大夏天王、大单于，自立年号为“龙升”。并设立文武百官，组成行政中心，俨然独立王国。后来史家就称他为“胡夏”。但他不定国都，因为他认为马上驰骋，来去自如，可主动。如果定了国都，守护一个城池，敌人把目标集中一点，可能会被灭亡。

刘勃勃的世仇大敌是北魏拓跋氏，在当时地理形势是两者之间有黄河天险。北魏当时的国际情势，北方大患有柔然不时威胁，内政方面拓跋珪年老多病，执政的拓跋嗣也健康不佳，其实力虽然强过胡夏刘勃勃很多，但也无力对胡夏用兵。所以正是刘勃勃向南扩张，进取长安王城的好时机。

刘勃勃对付后秦是采取高度机动的游击战法，他训诫所部说：“敌虽量占优势，但以骁骑风驰，出其不意，攻其无备；敌救其前则攻其后，救其后则攻其前，使彼疲于奔命，我则游食自若。”

是年(407)冬，刘勃勃破鲜卑、薛干等部落，收服其部众万余人。又进攻后秦的陕西延安三城(陕西省绥德县南)几个重要的军事据点，斩秦将姚丕、姚石生等万余人。十一月又攻占秦地青石原(甘肃省泾川县西北)，斩秦将张佛生，俘虏秦兵五千余人。从此就在甘肃、陕西、宁夏地区展开游击运动，攻略后秦北疆诸城市据点。大小战事数十次，常常运用后退诱敌、伏击、突袭、截击等出奇制胜的灵活游击战法，每战必胜。消耗后秦兵力，蚕食后秦渭河以北各郡县，给后秦种下败亡的种子。

刘勃勃初步得意之余，想用政治婚姻作为外交手段，当年(407)他向南凉求婚，被南凉王秃发傉檀拒绝。刘勃勃一怒之下于是年冬亲率精骑两万伐南凉。自甘肃永登西的杨非亭开战，一路进攻三百多里。杀得南凉军死伤一万多，掳去胡、汉居民两万七千口，牲畜数十万头。当刘勃勃凯旋途中，南凉王秃发傉檀派军追击，冀图夺回被抢去的人、畜与财物。刘勃勃一面派步兵以方阵战法，掩护所掠得的人口、牲畜、财富向岭北蒙古境内退去，一面在甘肃靖远阳武下峡设置种种障碍堵死峡口，使南凉军不能前进。又派精骑回师以冲阵战法侧击南凉军，致使南凉军大败。刘勃勃追击八十多里，斩杀南凉名臣大将数十人，战士死伤一万多人，秃发傉檀在数名侍卫保护下逃离战场。刘勃勃左臂也受了箭伤，然后还师岭北根据地。刘勃勃把南凉军遗留下来的尸体，堆积一起，号称“髑髅台”以炫耀其战功。

声西击东

翌年(408)刘勃勃为了和北魏争雄，早日报杀父之仇，他极力向河东发展。他先向后秦战略据点青石原进攻，斩杀后秦守将以下五千多人，使后秦中央把注意力集中在西疆。然后再向偏远而又脆弱的地区——河曲(山西省北部河曲县境)进攻，一战而斩杀七千多秦兵，收缴战利品兵仗、战马等无数。追后秦兵到陕西榆林，再俘虏秦左仆射齐难及其部众一万三千余人，战马一万多匹。刘勃勃打胜这一仗，顿时声威大振！于是岭北地带的诸胡族及汉人，望风归附刘勃勃的有数万部落。

东晋义熙五年(409)夏四月，刘勃勃率骑两万掳掠甘肃平凉杂胡七千多户，集体迁移到平凉的依力川去屯垦。是年秋九月，刘勃勃和后秦王姚兴在陕西黄陵的贰城决战，擅于游击战法的刘勃勃，正面用步兵防御方式吸引着后秦军主力，另派轻骑三千分头奇袭秦军的补给线、站，以致后秦军大败。刘勃勃再攻甘肃平凉西北的敕奇堡，后秦守将王奚集合羌胡三千多户婴城固守。刘勃勃使用云梯阵，一波接一波地爬上城去强攻，短兵相接，数次肉搏城头，刘勃勃兵士伤亡惨重。最后刘勃勃在城外山河筑堰，断绝堡内用水，堡中居民迫于无奈，把王奚绑赴城外投降。刘勃勃劝王奚归顺，王奚和他身边数十人自刎而死。刘勃勃再攻下平凉以北的黄石固、俄罗城(在黄石固以东平凉市北)等地，把当地胡、汉居民七千多家强制迁移到他的基地大城(内蒙古自治区境内东胜区与杭锦旗一带)编为营户专事农垦。刘勃勃命丞相刘右兼任幽州牧，镇守大城，军事管制这批营户。这是胡夏开发农业经济的第一步。

东晋义熙六年(410)春三月，刘勃勃派尚书胡金纂进攻平凉。后秦姚兴亲自率军救援平凉，夏军战败，胡金纂战死。刘勃勃又派左将军刘罗提进攻陕西宜川西北的定阳，坑杀后秦将士四千多人，并将掳来的妇女们配给作战军士为妾侍。

后秦地方领袖曹云、曹炽、王肆佛等各率部众四千多户人家，奉姚兴之命迁到陈仓(陕西省宝鸡市)一带定居。夏军接着西进陇右，攻下清水(陕西省延川县)、略阳(甘肃省秦安县东)等地，后秦守将姚寿都弃城逃走。夏军把当地居民一万六千多户强行迁到他的首都大城。

后秦的大将姚群，在三城(陕西省绥德县)战败，向南方黄陵的大苏堡撤退，被刘勃勃的平东将军鹿奕于所率骑兵追击，姚群被杀，后秦军全部做了俘虏，被编入夏军。

刘勃勃率骑兵三万，进攻后秦的安定(宁夏回族自治区固原市)，与秦守将杨佛嵩在甘肃泾川西北七十里处的青石岭展开遭遇战，恶斗七天七夜，后秦军终于禁不起刘勃勃军乘间抵隙的游击奇袭而大败。刘勃勃收降秦军四万五千人，战马两万匹。后秦军左翼党智隆投降，胡夏徙当地居民三千多户到贰城。

战事急转直下，后秦的镇北参军王买德也投奔胡夏，这一来对后秦军的士气打击甚大。

后秦王姚兴任命杨佛嵩为雍州刺史，率岭北现有的武装部队攻击刘勃勃。会战结果后秦大败，杨佛嵩被俘自杀。

刘勃勃的龙升七年、东晋义熙九年(413)，胡夏天王刘勃勃发布公告，说他的祖先是从母姓刘，子从母姓不合匈奴礼法，所以用他匈奴族的方言文化而改姓“赫连”氏。“自云徽赫与天连”(《魏书·刘虎传》)，皇族以外的贵族改姓“铁伐”(匈奴人称母为“铁伐”，称父为“鲜卑”)氏、“摩利”氏。刘勃勃的名字从此就成“赫连勃勃”了。

关于赫连勃勃的姓氏，唐、宋以前史籍大都以为“胡俗本无姓氏”。《魏书·官氏志》也多不尽翔实。至于赫连勃勃之姓，史籍说大同小异，今摘出《北朝胡姓考》有关赫连氏的一段原文附下供参考：

赫连氏

朔方赫连氏，本号铁弗，匈奴与鲜卑之混血族也。《魏书》卷九十五《铁弗·刘虎传》云：“铁弗刘虎，南单于之苗裔，左贤王去卑之孙，北部帅刘猛之从子。居于新兴虑虒之北。北人谓胡父鲜卑母为‘铁弗’，因以为号。”《刘屈孑传》载：“……(曾孙)屈孑，本名勃勃，太宗(拓跋嗣)改其名曰屈孑。屈孑者，卑下也。……镇朔方。太祖(拓跋珪)末……，僭号大夏天王，……屈孑耻姓铁弗，遂改为赫连氏，自云徽赫与天连，又号其支庶为铁伐氏，云其宗族刚锐如铁，皆堪伐人。”

据此，是赫连勃勃本姓铁弗，而“铁弗”乃胡语“胡父鲜卑母”混血种之意，故勃勃耻之，改称“赫连”也。按《晋书》卷一三〇《赫连勃勃载记》，载勃勃下书述其改姓之缘由云：

“朕之皇祖，自北迁幽朔，姓改姒氏，音殊中国，故从母氏为刘。子而从母之姓，非礼也。……朕将以义易之。帝王者系天为子，是为徽赫实与天连，今改姓曰赫连氏。……系天之尊，不可令支庶同之。其非正统，皆以‘铁伐’为氏；庶朕宗族子孙刚锐如铁，皆堪伐人。”

观上引勃勃书中，讳言其本姓铁弗，而袭《汉书·匈奴传》匈奴为夏后氏苗裔之说，冒称姓姒，又采《晋书·刘元海载记》冒顿妻汉公主，子孙冒刘氏之说，谓“从母氏为刘”。显系伪托之辞，不待赘论，惟勃勃改姓赫连，必有所本。按《魏书·官氏志》有綦连氏，乃居于祁连山之西部鲜卑，“祁连”为鲜卑语称“天”之意。勃勃改译为“赫连”，从汉语字面释为“徽赫实与天连”，盖译音而兼译意，藉以夸示其“系天之尊”也。疑勃勃先世本居于祁连山之西部鲜卑，以役属于匈奴，被号“铁弗”。迨勃勃称帝，乃复其本姓，而其宗族仍以“铁伐”为氏。古轻唇读如重唇，“铁伐”当即“铁弗”之异译，勃勃曲解为“刚锐如铁，皆堪伐人”，俾掩饰其先世之丑迹耳。

胡夏天王赫连勃勃占领了农产丰富的宁夏固原后，属下建议定都于此。可是以游牧为生的族群，他们的所有财产都随身随马携带，集中一城易招敌人抢夺。赫连勃勃自以为他在大平原上以运动灵活的骑兵对后秦攻守自如，对自己游食自若的运用，对后秦展开全面性的骚扰战，消耗后秦的有生战力，对后秦的威胁极为严重。

是年(413)四月，胡夏进攻后秦北疆最强据点之一的杏城(陕西省黄陵县西南百十里处)，与后秦守将姚逵大战二十天。活捉了姚逵、姚大用、姚安和等数十员大将，坑杀秦兵两万人。这时候赫连勃勃的军队主力已经深入后秦境内，他以精骑四万进击上邽(甘肃省天水市)，大战十多天，秦将姚平都及将士五千人战死。赫连勃勃放火烧了上邽城，再进攻甘肃灵台西五十里的阴密城，击杀秦将姚良子以下一万多人。赫连勃勃派他的儿子赫连昌为持节特使，驻镇阴密城。

赫连勃勃的大军再度威胁着固原的安定，年前的一次大战，残酷的屠杀，使后秦守将姚恢吓破了胆，于是弃城逃回长安。安定人胡俨、华韬等率领五万住户向赫连勃勃投降。赫连勃勃配置五千鲜卑战士驻镇安定。

安定、阴密，都是长安西北的外围重要据点。他又西向进攻一个可以直接威胁着长安的雍城，就是现在的泾川县，也就是泾河的上游。占据了雍城，可以顺流而下长安。后秦的雍城守将姚谌弃城而逃，赫连勃勃占据了雍城就进兵陕西郿城，一步一步逼近长安。

统万城

赫连勃勃当时是想征服后秦，也跟历代帝王一样都长安以绾毂天下。可是他也曾根据历史教训，知道关中的民族很复杂，即使取得长安经营起来也很吃力。当他连连战胜后秦，地盘不断地扩大，并且长安已成他的囊中之物了，这时候他要建立一个比长安还要坚固的新都。在赫连勃勃凤翔元年、东晋义熙九年(413)，赫连勃勃曾经登上陕西横山北方十里处的契吴山，遥望汉代遗留下来的夏州故城，盛赞此城“临广泽而带清流，自马岭以北大河以南未之有也”(《十六国春秋》)的优美环境，于是他选定在这地方建筑新都。他选择这个地方除了自然环境优美之外，另有两重意义：

一、在地理环境上横山在代来城的正南方，在毛乌素沙地以南，以此为基地，再向南或向东进军都比较容易。而且城在无定河之北，淖泥河之南。有长城、契吴山等自然屏障。

二、他的目标是先兼并西北诸胡——南凉、西秦、北凉和后秦，取得关中的统治权；再去消灭他的世仇大敌——拓跋魏，以报杀父之仇。当时拓跋魏的势力范围就在黄河以东的山西境内。胡夏把神经中枢放在横山，等于向东迈进了一步。

于是他命令他的亲信大臣叱干阿利征发岭北民夫胡、汉义工十万人。修筑一个极其坚韧强固的都城。完工后，他以“统一天下、君临万邦”的意义而名之为“统万城”，并改年号为“凤翔”。

统万城墙高七丈(一说高十丈)，墙基厚三十步，墙头厚十步。城壕阔二丈，底宽一丈，积水深一丈。叱干阿利为总监工督造，要先把土用麻秆火蒸热软化之后再填装模板内，用夯打实。他规定分组土方责任制。城墙每完成一方，就用铁锥试撞，如果锥入新墙一寸，就杀做这一土方的督工和民夫，并把杀死的人或病死累死的人的尸体填进城墙土里。据《通典》说：城基之厚为城高之半，上部之宽又为城基之半，筑城百步，约需两万三千人日，掘壕一里，约需七万零五百人日。工程之艰巨，于此可以想见。

墙成之后“土色白而牢固”，城墙可以做磨刀石，所以后来的当地人称之为“白城子”。赫连勃勃把这个城的东门叫作“招魏门”，南门称为“朝宋门”，西门称作“服凉门”（寓意征服北凉的意思），北门则称“平朔门”。这城直到北宋淳化五年(994)才被宋太宗下令堕毁。在我国兵学史上可以算得上最讲究的筑城工事。赫连勃勃征集辖区内的工匠技术人才集中在城内大兴土木，营造宫殿。墙高五丈，台榭飞阁相连，极尽豪华。铸了很多铜驼、大鼓、龙、兽之类的装饰，都是镀金的，陈列宫殿之前。工匠有数千人都是因为雕刻不精而被杀。

赫连勃勃大量制造各种兵器，鼓励创新发明。兵器制成之后，他必须亲自测试，如果箭不能穿甲，就杀制弓的匠人，如果一射透穿甲，就斩制甲的匠人。锻炼精钢制刀，号称“大夏龙雀”，取义媲美古时的湛卢宝剑。

赫连勃勃时常外出巡视防务，臣下为了他的安全有谏议的，他就怀疑臣下有二心，先割臣下的舌头，再斩首示众，以警后人少说话。皇帝出巡，当是威风八面，严谨非常，所以一般民众也必好奇来看，可是都知道赫连勃勃的性情古怪暴烈，百姓又不敢正视，如有偷着看的，赫连勃勃就下令挖这个人的眼睛。有私人偷笑的，就割掉他的嘴唇，以致胡人、汉人、外藩、近侍人人自危。他在统万城殿前的大石上刻有“能控弦之众，百有余万；跃马长驱，鼓行秦、赵；使中原疲于奔命，诸夏不得高枕”字样。这就是他暴行的最好说明了。

赫连勃勃的世仇大敌是北魏，但北魏这时的国力正在旺盛的时候。他当前是想先攻下长安，必须先防北魏抄他后路，于是他用离间之计，诱使山西境内北魏与后秦势力交错之间靠近黄河的吐京（山西省石楼县）、离石（山西省离石区）、蒲子（山西省隰县）等地方的匈奴族酋长出以眷宣布脱离北魏独立。胡夏派军事代表团进驻吐京（山西省石楼县——出以眷的根据地）。北魏派军进剿出以眷，被胡夏军打得大败。翌年（414）春北魏才驱逐胡夏的大营护军，派大军收复吐京。

东晋义熙十三年、胡夏凤翔五年（417），也就是后秦王姚泓的永和二年，东晋的太尉刘裕攻下了后秦的国都长安。姚泓投降，被解押到东晋的建康（江苏省南京市）斩首。这时候在中国大西北有强大军事实力而且还有图晋野心的就只有赫连勃勃了。

刘裕收复长安之后，只派他的儿子刘义真驻镇长安，大军还师江南。刘裕也明明知道赫连勃勃有进犯中原的意图，但是他一心要在他有生之年做上一任皇帝，所以急着回师篡晋。不过他给赫连勃勃写了一封修好的信，约盟结为兄弟，互不侵犯。赫连勃勃假装答允，并回师统万城，秣马厉兵，以待来年。

翌年（公元418年，胡夏凤翔六年）春，胡夏天王赫连勃勃乘驻在长安的晋军内部不和、自相残杀，刘裕又在东晋朝廷中急谋篡晋而无暇西顾的大好机会，决定发兵进攻长安。陆路先占领长安东南的青泥(陕西省蓝田县西南)与上洛(陕西省商洛市)，堵死东晋支援的路子。东方占领潼关，堵住东晋的水陆交通，然后再兵临长安城下，长安投降。这个计划经他的参谋本部通过之后，赫连勃勃便下令太子、抚军大将军赫连璝为“都督前锋诸军事”，率军两万进攻长安。前将军赫连昌进军潼关。任命王买德为抚军大将军府的“右长史”，率军埋伏在青泥，俟机捕捉长安的败逃散兵。

晋军安西司马傅弘之在池阳城(陕西省三原县西北二十里处)击退赫连璝，追到甘肃的庆阳斩杀了很多俘虏，赫连璝大败。

赫连勃勃占据了咸阳，再派太子赫连璝都督前锋诸军事，率骑兵两万主攻长安。前军将军赫连昌已进占潼关，控制着晋军的水陆通道。王买德也已进占长安以南要冲的青泥镇，用游击方式阻断长安与武关的来去之路。于是长安城中的东晋官僚群与军队已经成为瓮中之鳖了。

在南京的刘裕听到这个军报，急令刘义真撤守，移镇洛阳，并派朱龄石为雍州刺史，驻守长安保护刘义真撤出长安。

刘义真贪婪无厌，搜掠民间很多金银珠宝，装载二十几辆牛车，所以行动缓慢，一天走不过十几里路。他的臣下劝他放弃些贵重家私，轻车简从，逃命要紧，可是刘义真舍不得他在长安搜刮得来的珠宝行囊，依然坐着牛车慢慢前行，而夏兵却紧紧追击。

走到青泥镇又遇到夏军的右长史王买德，晋兵已经疲惫不堪，尤其对于胡兵的恐惧，让他们无力再战，接着傅弘之、蒯思等被胡夏军俘虏，士卒逃散。刘义真只身落荒躲在苇草丛中，才没有被夏兵抓到。在长安，官僚们争权夺利，晋军军队纪律荡然，到处抢掠、奸淫，民众的生命财产毫无保障。所以赫连勃勃还没有攻进长安城，晋将雍州刺史朱龄石就被民众赶跑了。朱龄石临走又放火烧了宫殿，他逃往潼关投奔防守潼关境内曹公垒的龙骧将军王敬先。朱龄石的弟弟朱超石也自山西永济(蒲坂)赶来会同商讨撤退计划。胡夏前将军赫连昌的大军把曹公垒团团围住，并切断曹公垒的水源。晋军无力作战，自行崩溃。朱龄石、朱超石、王敬先和他的右军参军刘钦之等全被夏兵擒获，押到长安一起被杀。民众开城迎降，赫连勃勃进入长安，关中各郡县先后归顺。至此后秦所有领土已全部为胡夏所有。不过在东晋撤退之际，北魏曾乘机进占了河南洛阳、管城一带。

大夏石马

石马前腿下残留“大夏真兴六年岁在甲子夏五月辛酉……大将军……造”字样，考古学家以此认为是赫连璝墓前遗物。

赫连璝为报池阳战败的一箭之仇，把傅弘之剥光衣服，绑在冰上活活冻死，又把俘虏来的或受伤未能撤走的晋军将士五万多人统统杀死，然后把这五万多人的头颅垒成一个“京观号髑髅台”。

长安，这个自周、秦以来数朝的故都，占有了它，赫连勃勃认定为天命所归。于是俯顺臣下所请，当年(418)就在灞上筑坛，宣布即皇帝位，改年号“昌武”。又派军继续东征河南洛阳与山西永济等地。

“大夏真兴”钱

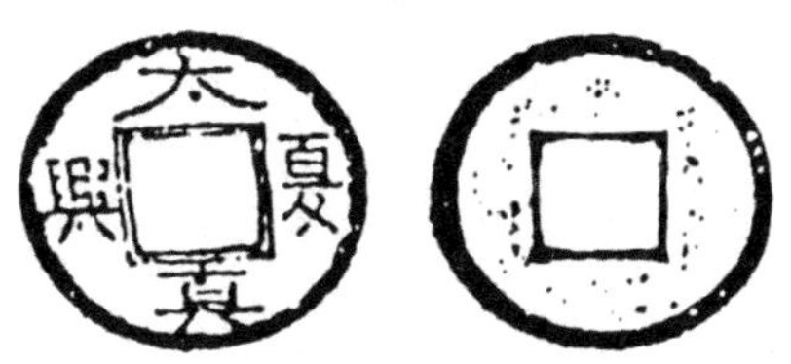

公元 419—425 年夏赫连勃勃真兴年间铸造

依《中国古钱图谱》

此钱制作类莽泉，罗雷翁断为夏赫连勃勃之真兴年间铸，盖大夏乃国号，真兴乃年号也。

公元 419—425 年铸造铜币，面文“大夏真兴”，真书旋读，面背均有内外廓，钱形小巧，铸造尚称整齐。据说还有“骀虞峙钱”和“义通”两种篆书钱，也是大夏钱。三种夏钱都是数量绝少的品种。

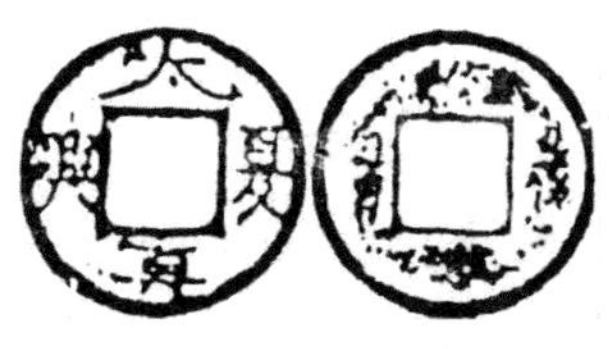

“大夏真兴”钱

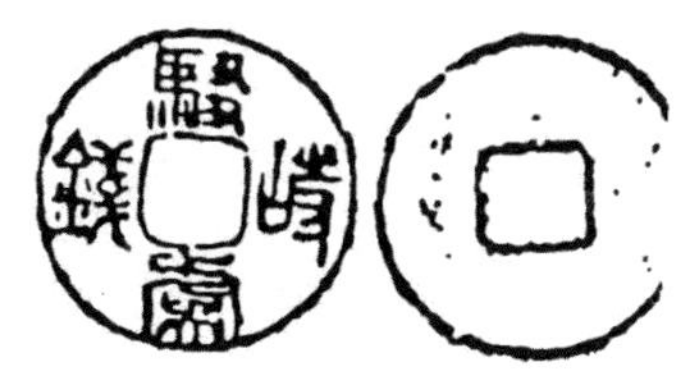

骀虞峙钱

据长安而不为都

群臣劝赫连勃勃定长安为国都，可是赫连勃勃却不忘他所经之营之的统万城，主要原因是怕北魏乘虚觊觎北疆。他以长安为行都，在长安设“南台”衙门，留太子赫连璝为大将军、雍州牧、录南台尚书事，镇守长安。

赫连勃勃自率近卫精骑回师，坐镇他一手所督造的统万城。是年(419)又改年号为“真兴”。

赫连勃勃出生在万分危险的环境中，环境造成他的性情暴躁、多疑、残忍。他常随身带刀、带弓，看谁不顺眼，立时自己动手杀人。他的官兵怕他，一般居民更是害怕这个暴君。他把民间所有值钱的东西，包括金银首饰、铜器等都搜刮到他的统万城中。农民收获的粮食是依他养兵的需要而征收，民间没有存粮，只好去当兵。他强制民间种桑、养蚕、织布，统统缴纳到政府去做军用资源。连年战争，以致民生凋敝，经济破产。居民吃的、穿的都是严重缺乏，年老的躲在窑洞中等死，年轻的只有当兵一条路。不甘心去为暴君送死的，就结伙向南方逃难，逃到东晋所属的四川、湖北、陕西南部等地去求生。常住杏城(陕西省黄陵县)的羌族部落三千多家，也由酋长狄温子率领投降北魏。

赫连勃勃为了筹措军费而农业又濒临破产，乃于真兴年间(419—425)铸造“大夏真兴”钱以济急(见附图)。

胜利冲昏了赫连勃勃的头脑，他自以为得到关中而王天下的事实已成，整天只在宫中众多的美人堆里饮酒作乐，这种生活侵蚀了他的健康，也侵蚀着他的国家。

公元424年是胡夏真兴六年、南朝刘宋元嘉元年，赫连勃勃听信他枕

胡夏全盛时的疆域图

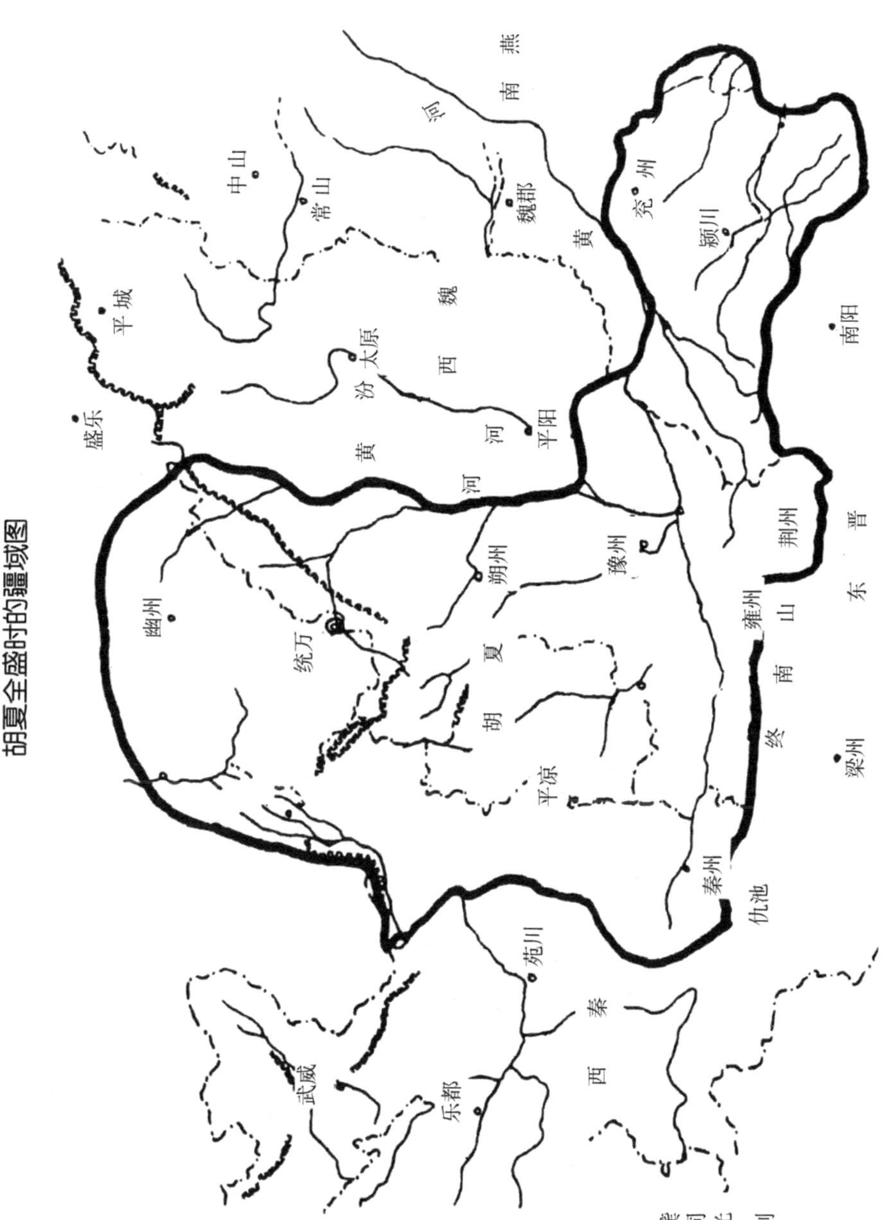

南燕
河
中山
常山
魏郡
黄
兖州
颍川
平城
魏
太原
西
汾
盛乐
黄
河
平阳
河
南阳
荆州
晋
豫州
朔州
幽州
统万
夏
胡
雍州
山
东
南
终
梁州
平凉
秦州
仇池
苑川
秦
西
武威
乐都
龚同光 制

边女人的话，宣布废除掌有重兵驻镇长安的太子赫连璝，另立少夫人所生的小儿子赫连伦为太子。使嫡长子赫连璝在长安立即率兵七万北伐赫连伦。

赫连璝大军在距长安不到一百里的富平与赫连伦的军队遭遇，大战一日夜，赫连伦战败被杀。赫连伦的同母哥哥太原公赫连昌率精骑一万，乘赫连璝正在行军途中突袭他。措手不及的赫连璝被杀死在乱军中，赫连昌把赫连璝枭首示众，并把他所有八万五千部队并编在统万部队中。

胡夏皇帝赫连勃勃遂立赫连昌为太子。

魏攻统万城

赫连勃勃的真兴七年(425)秋八月，赫连勃勃活到四十五岁病死了。太子赫连昌继立，改年号为“承光”，史称为“昌秦王”。

翌年(426)，魏王拓跋焘乘胡夏办理国丧又内争激烈的机会举兵伐胡夏。拓跋焘所部署的战斗序列是：自大同出发的第一路由弘农王、万骑大将军奚斤统领，南下进攻胡夏属的山西南部重镇蒲坂。这时候蒲坂以北是北魏领域，这种牵掣作战如果占领蒲坂，就立即进攻潼关，威胁长安。第二路是驻屯洛阳的交趾侯周几，率同新安公于栗磾部一万骑兵西进河南陕州，进窥长安。第三路由魏主拓跋焘亲征统万城。

是年(426)冬十月，魏主拓跋焘亲率一万八千轻骑西征，由降将薛辩的儿子秦州刺史、涪陵公薛谨向导，自云中(内蒙古自治区托克托县)出发，在黄河渡口君子津(在内蒙古自治区托克托县)，适逢黄河结冰，拓跋焘率两万轻骑兵出乎胡夏国防军意料踏冰过河，疾进到距统万城只有三十里的无定河上游。夏主赫连昌正在与群臣冬至餐宴中，得到这个军报，立刻紧急出城应战。魏军攻势猛烈，赫连昌节节败退。当夜入城还来不及关闭城门时，魏军前锋已经挤在退却的夏军队伍中进入夏宫。拓跋焘穿着兵士轻装，指挥先锋部队，放火烧了西门。

统万城的构筑，有极其坚固的城郭，城内还有许多可以独立作战的建筑体。胡夏关闭所有宫门，使进入夏宫的魏军以及拓跋焘被困在内。魏军勇武将军豆代田奋勇跳出宫墙，用绳索救出拓跋焘。战后拓跋焘封豆代田为统万镇大将军。

魏军乘夜大肆抢掠之后退出，在统万城北扎营。次日又分别出动抢劫，虏获夏军数万人、牛马十多万头。裹挟当地居民一万多家而后撤军。这一仗魏军虽然没有占领统万城，但该城的防御弱点已经暴露无遗，使胡夏的民心、士气都受到严重打击。

胡夏弘农(河南省灵宝市)守将曹达，听说魏军就要到来，就放弃城池，逃回长安。蒲坂的守将赫连乙斗听说北魏名将奚斤来攻，派遣要员急赴统万城请救兵。这位要员所看到的全是围城的魏军，他就回报赫连乙斗说统万城已经失守了，于是赫连乙斗立即放弃了蒲坂逃回长安。奚斤不战而得蒲坂，遂会同周几所部挥军西向追击胡夏残军败将，一路所向无敌，大军深入，胡夏南部腹地长安立即受到威胁，长安守将赫连助兴急向统万城求救，夏主赫连昌命其弟赫连定率部众南下支援长安。

翌年(427)，胡夏承光三年、北魏始光四年春，魏主得知统万城的主力军由赫连定率领南救长安，而且南战场上的战斗已达外围据点，乃立即命令执金吾桓贷在内蒙古清水河西北九十里处黄河上游托克托、东胜交界处的君子津渡口搭建黄河浮桥；将军贺多罗率精骑三千为斥候，在大兵团之前担任搜索任务；平阳王长孙翰率骑兵三万为前锋；常山王拓跋素率步兵三万为主攻部队；南阳王拓跋伏真率兵民夫三万专责后勤补给运输。这是一套大兵团作战的完整部署。

五月，北魏拓跋焘自君子津渡过黄河，先在拔邻山(可能是契吴山—黑水东北，内蒙古自治区境，河套内鄂尔多斯界)筑城，屯储军糈辎重作为后勤根据地，然后挥轻骑三万以破釜沉舟的精神兼程进发统万城。魏军到达统万城近郊，先简选精兵与弓箭手潜伏在附近谷地，布成袋形阵地，准备以少数步兵直趋城下挑战，诱出夏军陷入所布袋形阵地而歼灭之。赫连昌明知魏军来势不善，一面急召在长安的赫连定回师，一面下令城内夏军坚守城池，等待赫连定来援。夏将狄子玉阵前降魏，使拓跋焘得知赫连昌的作战计划，于是急令南战场的奚斤务必紧紧困着赫连定。另设计一套反间计，使军士伪称在营违反军令而畏罪逃亡，故意被夏军哨兵捉去，对夏军供述魏军粮尽，士卒都是吃菜、野草，辎重在后，步兵还没到达云云。赫连昌判断认为言之有理。这时赫连昌得到的情报是：魏军在城外大肆劫掠居民，显示就要撤退迹象，于是决定出城反击而消灭魏军。次日赫连昌自率步骑三万出城，魏军先把精锐主力埋伏在城外深谷中，正面部队伪装收兵退去。夏兵分两翼追击，全军鼓噪，喊杀之声震天动地。这时天气突然大变，风雨交加吹向魏军。拓跋焘分骑兵为左右两支，绕出主阵地以外去侧击夏军。正面由步兵与控弦战士布成方阵，与来攻夏军白刃搏斗。两军主帅都是身先士卒，在混战中厮杀，拓跋焘的坐骑突然受箭伤，一蹶把拓跋焘撂翻在地，滚得一身泥巴，才没有被夏军认得出来他是主帅，虽被乱箭射中却能保住性命。偏将拓跋齐来救，拓跋焘翻身上马再战，冲入夏军阵内举枪刺死了夏将斛黎文，大声喊杀，魏军伏兵同时杀出，左冲右杀，阵地之内血肉横飞，夏军战死的尸横遍野，血流成河，余众溃散。魏军乘势蜂拥入城掳去赫连昌的弟弟、诸母、姊妹、妻妾、宫人等万数人，掳去府库珍宝车旗、御用器物不可胜计。从监狱中释放秦、雍官员数千人。在城外抢得战马三十多万匹，牛、羊数千万头。北魏派常山王拓跋素与执金吾桓贷进驻统万城。

赫连昌眼看统万城外遍地都是魏军，他已没有办法逃回统万城了，于是落荒南奔。他原已命令他的弟弟赫连定收复长安，现在可以投奔长安了，可是走到陕西黄陵的贰城，又遇到魏军的娥清、丘堆部联合攻下贰城。又听说赫连定已经在长安被魏将奚斤、娥清打败而率残军败将逃往上邽。上邽是胡夏西疆的名城，距长安西三四百里的战略重镇。

赫连昌遂掉头西向，跑了两天两夜，到宁夏固原（高平郡），又听说北魏司徒长孙翰的骑兵追到，他只好沿着小路逃向甘肃天水（上邽）去了。

魏兵追击赫连昌残余部队，杀死赫连昌的弟弟、侄儿及随从兵士一万多人，夏尚书左仆射问至，利用夜色的掩护，保护赫连昌的母亲逃出统万城。魏军进城，俘获了夏王朝的王公大臣、军事将领，以及赫连勃勃和赫连昌的皇后、妃嫔、女儿、宫女等几万人。国库中的金银珠宝、奇珍异玩、皇室车辆、旌旗、御用器物，不可胜计。金银财物，依战功分别赏给战士，妇女则赐给有功将领们做奴婢。将赫连勃勃的三个女儿纳入后宫为妃嫔。

奚斤，是当时各国闻名的北魏战将，他所领导的魏军可以说是“所向无敌”。赫连定的部队开到长安，军中心理上都怕奚斤的部队，一经接触，投降的、逃亡的时有所闻。在这方面魏军可以说是“占尽上风”。魏军兵临长安城下，胡夏的长安守将赫连助兴和自山西逃来的赫连乙斗相约弃城逃往安定（甘肃省泾川县）。奚斤乃不战而下长安。胡夏所属的关中各胡族部落都向奚斤投降，北凉的沮渠蒙逊、仇池的氐王杨玄也都派使节来朝贡。

赫连定挥兵反攻，又被魏军奚斤所部猛杀一阵，大败而向甘肃天水的上邽退去。

公元428年，北魏神䴥元年春，魏军进攻上邽，夏主赫连昌退守甘肃平凉。

魏军主帅奚斤自长安进驻甘肃泾川的安定，远征经年，兵士疲惫，战马死得很多，再加军糈不继，士气自然低落。奚斤正在打算分兵筑堡防守，稍事休息，不料赫连昌自平凉率师来攻。魏将安颉与尉眷布下伏兵，然后出兵应战。有勇无谋的赫连昌竟亲自披挂上阵，魏兵认得是夏军主帅，先将主力稍向后退，引诱夏军正面突入，接着魏军伏兵两面杀出，夏军大败。赫连昌的乘马在乱军中突然栽倒，这个夏天王乃被魏军伏兵所擒。

夏平原王赫连定整合残众退守平凉，并在平凉宣称“即皇帝位”，改“承光四年”为“胜光元年”。

魏军主帅奚斤决定进攻平凉，副将娥清建议溯泾水支流而上以省人力。可是奚斤求功心切，坚持陆路速行可以阻挡夏军的退路。于是舍辎重、率轻骑，每人仅带三天的干粮，大军直迫平凉以北的马毛山（在宁夏回族自治区固原市西南二十公里处。三十四年前，前秦苻登就战死在这里）。赫连定探知奚斤实情，先阻断他的水源，再分兵前后夹击。魏军急于抢掠食物而无心应战，士卒被杀六七千人，余众溃散。奚斤与副将娥清、刘拔等都做了俘虏。留守安定的魏军将领丘堆，听到奚斤在前方战败的消息，立刻放弃所看管的军用物资、辎重、城池而逃奔长安，又跟镇守长安的高凉王拓跋礼放弃长安逃往蒲阪。赫连定所部遂乘胜又收复了长安。

公元428年夏，拓跋焘任命拓跋素为征南大将军，率桓贷、莫云等驻镇统万城，拓跋焘胜利班师。所率在统万城强制迁徙的民众在道途中死亡很多，能到平城的仅十之六七。是年（428）三月间，魏军把赫连昌解送到当时北魏的首都平城——今山西省大同市，拓跋焘给予优厚待遇，还把魏始平公主嫁给赫连昌为妻，并任命他代理常忠将军，封赠会稽公爵，三年后又晋封为“秦王”。这都是那个时代流行的政治谋略。

翌年（429）秋，夏军留在陕西中部的残余部队赫连谓以代反攻为魏所占据的鄜城（在陕西省洛川县），赫连定也亲自率军东上支援，被魏平西将军拓跋隗归击退。赫连谓以代临阵逃亡，夏军战死一万多人。

赫连定在当时曾向北魏请求和解，魏主要赫连定投降，赫连定要维护他胡夏帝国的尊严。翌年(430)春又派遣密使与南朝刘宋接洽联合伐魏，期约恒山以东属宋，以西归夏。魏主拓跋焘探得这个消息后，一面自率大军进攻赫连定的临时首都平凉。拓跋焘并使赫连昌临城喊话，要求赫连定投降。一面派安西将军古弼将兵迫近平凉东北的安定城截击自鄜城还师的赫连定。果然赫连定步骑两万回师救平凉，与古弼军遭遇。古弼立即引兵退却，引诱夏军来追。围平凉的魏军也适时与古弼军会合，夹击夏军。混战一昼夜，夏军死伤惨重，在惨败中退出战场。赫连定率残部一万多人退据鹑觚原(据说故城在今甘肃灵台县东北。秦使扶苏筑长城，见此地原高水浅，因欲筑城。《读史方舆纪要》说“亦曰浅水原，原东为高疏城”，其城在陕西长武县北五里处。也有一说：高疏城就是浅水原)，构筑坚固工事，布置步兵死守鹑觚原。魏军层层包围，断水、断粮草，把夏军困得人马饥渴难耐。十一月，赫连定率众突围，与魏军激战，夏军战死一万多人，士卒溃散。赫连定也身中流矢，单骑落荒逃出重围，重整残军，并驱当地五万多居民退守上邽。

北魏军进驻鹑觚原，搜获夏主赫连定的家人以及公侯以下亲眷一百多人。男的解往平城做奴役，女的就配给有功战士为妻妾。

是日，魏兵乘胜进攻安定，夏守将赫连乙斗弃城逃往长安，再裹挟数千户长安居民而逃往上邽。

魏平北将军尉眷进攻上邽，夏主赫连定退守平凉。这时候赫连定在故国的地盘，只剩这西南隅一角——平凉地区，而且还在北魏强大压力之下，朝不保夕。不过他自己手下还掌握着一部分军队，他也曾试图收复统万城，可是他和北魏武力相较太不成气候了。既然打不过北魏，他就想着“鸠占鹊巢”“借地复国”，他听说西秦已经归附北魏了，自他去年阻挡西秦东迁之后，西秦现在的临时首都南安发生严重饥谨。于是他就先派他的叔叔赫连韦代率军一万进攻南安山区(甘肃省秦安县境)。这时候西秦已经是苟延残喘，士无斗志，民无信心，高级官员与将领纷纷向夏军投降，西秦王乞伏暮末也只有向自身不保的赫连定投降这一条路可走了。这是公元431年(胡夏胜光四年、西秦永弘四年)春的事。赫连定渡过黄河打算进攻北凉，夺取北凉所属地盘来做永久之计。

北凉的沮渠蒙逊早已和邻邦吐谷浑的可汗慕容慕璝订有互助协约。这时，吐谷浑派益州刺史慕容慕利延和宁州刺史慕容拾庆率轻骑三万，乘夏兵团渡河一半时，施以猛烈突击，夏兵大败，赫连定被擒。

魏王拓跋焘再临平凉，下令掘壕、筑堑，长期围困夏军到冬十二月，城内粮尽，兵士把战马都吃光了。夏守将赫连社干与广阳公赫连度洛孤等开城投降。胡夏的最后一个城池——平凉遂为北魏所有。

胡夏所属的长安、临晋(陕西省大荔县)、武功(陕西省武功县)等地的守将，都放弃城池四散逃走。于是关中以及关东(河南省一带)之地又全部归属北魏版图。

拓跋焘派巴东公拓跋延普镇守甘肃泾川安定，镇西将军王斤镇守长安。王斤贪污、残暴，人民逃亡刘宋的有数千家。拓跋焘查明后斩王斤。

北魏关中侯豆代田，救出被胡夏俘虏的奚斤与娥清，拓跋焘把赫连定的皇后赏赐给豆代田做妾侍，又封豆代田为有采邑的“井陉侯”，再授“散骑常侍”“右卫将军”兼“内都幢将”。这是拱卫首都的禁卫军总司令，皇帝的侍卫长。而命奚斤为御厨伙夫。

赫连定与赫连昌

公元431年春三月，吐谷浑国慕容慕璝把所俘虏的胡夏最后一任“皇帝”赫连定解送给北魏，拓跋焘下令把赫连定斩首。建国二十五年的胡夏乃亡。

胡夏最后一位皇帝赫连定胜光二年(429)在平凉造鎏金铜像。

撷自《中国历史图说》

公元434年春三月，赫连昌潜逃出北魏首都，打算西去和胡夏残余势力结合复国，三天后被魏军截获，拓跋焘下令杀了赫连昌以及他的弟弟、族人等一百多人。赫连皇族到此算是绝后了。少数幸存的也改姓换名逃往他乡。一百年后(534)在北周宇文泰部下做都督的杜朔周，就是他的曾祖父赫连库多汗在胡夏亡国之战时，逃离故国而改姓杜的。宇文泰知道这个故事时，就命杜朔周恢复原姓，取名为“赫连达”。

北魏（鲜卑）

民　　族：鲜卑族

建 国 者：拓跋珪

时　　间：公元 386—534 年，计一百四十九年

疆　　域：在拓跋珪建国之前：

东自长白山、松花江一带

西到中国新疆、中亚哈萨克斯坦

南有山西省句注山以北数百里之地

北至内蒙古自治区和林格尔、河北省张家口地区

在拔跋珪手中尽有后燕、后秦之地

到拓跋焘时代向南跃马长江，西段以嘉陵江上游和秦巴山为界，东段以淮河中下游以北之地尽归北魏所有。于此北魏已成东亚最强最大之国了

首　　都：平城（山西省大同市）、洛阳

历代帝王：**建国前**

神元皇帝拓跋力微：公元 220—277 年（在位 58 年，活到 104 岁，是中国最长寿的皇帝）

文皇帝拓跋沙漠汗（拓跋力微之子）

章皇帝拓跋悉鹿（拓跋力微之子）：公元 277—286 年

平皇帝拓跋绰(拓跋力微之子):公元286—293年
思皇帝拓跋弗(拓跋沙漠汗之子):公元293—294年
昭皇帝拓跋禄官(拓跋力微之子):公元294—307年
桓皇帝拓跋猗㐌(拓跋沙漠汗之子):公元295—305年
穆皇帝拓跋猗卢(拓跋沙漠汗之子):公元307—316年
平文皇帝拓跋郁律(拓跋弗之子):公元316—321年
惠皇帝拓跋贺傉(拓跋猗㐌之子):公元321—325年
炀皇帝拓跋纥那(拓跋猗㐌之子):公元325—327年
烈皇帝拓跋翳槐(拓跋郁律之子):公元327—338年
昭成皇帝拓跋什翼犍(拓跋郁律之子):公元338—376年
献明皇帝拓跋寔(拓跋什翼犍之子)

建国后

道武皇帝拓跋珪(拓跋寔之子):公元386—409年
明元皇帝拓跋嗣(拓跋珪之子):公元409—423年
太武皇帝拓跋焘(拓跋嗣之子):公元423—452年
南安王拓跋余:公元452年三月为宦官宗爱所扶立,当年又为宗爱所杀。
景穆皇帝拓跋晃:未登基即死,帝号为拓跋濬追谥。
文成皇帝拓跋濬(拓跋晃之子):公元452—465年
献文皇帝拓跋弘(拓跋濬之子):公元465—471年
孝文皇帝元(拓跋)宏(拓跋弘之子):公元471—499年
宣武皇帝元恪(元宏之子):公元499—515年
孝明皇帝元诩(元恪之子):公元515—528年
临洮王三岁幼主元钊:公元528年二月为胡太后所立,同年四月就被尔朱荣投入黄河。

孝庄皇帝元子攸：公元528年四月为尔朱荣扶立，530年十二月就被尔朱荣的部将尔朱兆所杀。

长广王、东海王元晔：公元530年十月为尔朱世隆扶立，在太原宣布登基。次年二月在还都洛阳途中，又被尔朱世隆强迫让位给元恭。

节闵皇帝元恭：公元531年二月为尔朱世隆扶立，公元532年四月为高欢所废并毒死。

后废帝元朗：公元531年十月为高欢扶立，次年四月就被高欢所杀。

西魏

孝武皇帝元脩：公元532年四月为高欢扶立。公元534年秋七月元脩西奔宇文泰，是为西魏皇帝，不到半年就被宇文泰毒死。

文帝元宝炬：公元535—551年。依北魏应为第十六任皇帝。依西魏应为第二任皇帝。

废帝元钦(无帝号)：公元551—554年。公元554年秋被宇文泰毒死。

恭帝拓跋廓：公元554—556年。公元556年除夕，在宇文护的强迫下禅位给宇文觉，是为北周。三个月后拓跋廓被毒死。(西魏亡，北魏的拓跋政权也亡)

东魏

孝静皇帝元善见：公元534—550年。是东魏唯一的拓跋(元)系皇帝。公元550年五月禅位给高洋，史称北齐。公元551年就被高洋毒死。

北魏疆域略图
（386—534年）

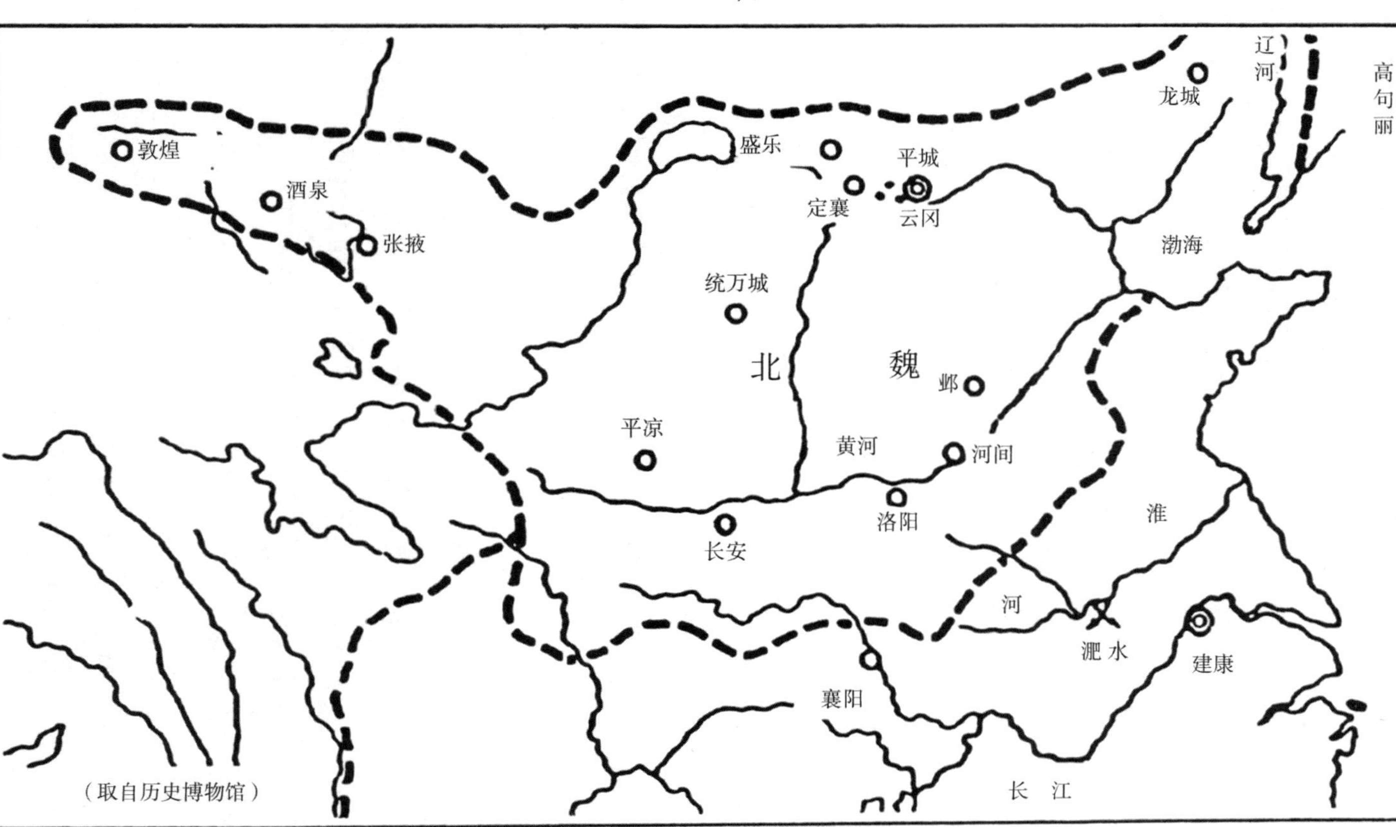

（取自历史博物馆）

鲜卑拓跋部的起源

从不可思议的神话、传说中把我们这一支先民的来历带到可以琢磨的远古史里来，应先从《魏书》的“石室”说起。《魏书》也曾引过“九难八阻”，“神兽导引”的传说。但较可信者则是该书《礼志》所说：

> 魏之先居幽都也，凿石为祖宗之庙于乌洛侯国西北。自后南迁，其地隔远。真君(拓跋焘)中乌洛侯国遣使朝献，云石庙如故，民常祈请，有神验焉。其岁遣中书侍郎李敞诣石室，告祭天地。……石室(西)南距代京(盛乐——内蒙古自治区呼和浩特市)可四千余里。

《魏书·乌洛侯》说：“乌洛侯国，在地豆于之北，去代都四千五百余里……其国西北有完水，东北流合于难水；其小水皆注于难(水)，东入海。又西北行二十日行，有于巳尼大水(贝加尔湖)，所谓北海也。”

《通鉴》说太武帝太平真君四年(443)谒者仆射库六官到乌洛侯国拓跋鲜卑祖先居住过的嘎仙洞告祭。并于洞壁刊刻祝文，原刻尚存。近年(1993)出版的《中国大百科全书》说：“嘎仙洞是兴安岭上最大的天然石室。位于内蒙古自治区大兴安岭北段的密林深处，距鄂伦春自治旗府西北约十公里；甘河支流嘎仙沟东侧的花岗岩绝壁上。洞穴坐北朝南，洞底高出涧流二十五米，洞口略呈三角形，高十二米、宽十九米，洞口前有平坦阳台，洞深南北约九十二米，东西约二十八米，高约二十多米，宛如大厅。洞中有石桌、石椅，洞内有东、西、南三岔洞，均具耳室，气势雄伟幽邃。距洞口十五米处有岩刻祝文二百零一字，据其内容可证明系史所载拓跋鲜卑族的远祖的‘石室’祖宗石庙；是中国古代北方游牧民族鲜卑人的发祥地。”

据现代考古学者考证：

1980 年 7 月 30 日，终于在大兴安岭北段的嘎仙洞内找到了太平真君四年的石刻祝文。从而证实大鲜卑山就是大兴安岭，嘎仙洞就是拓跋鲜卑先世的旧墟石室。这里就是拓跋鲜卑的发源地。

石室中的石刻祝文碑

嘎仙洞是一个天然山洞，位于今内蒙古自治区东北角呼伦贝尔市鄂伦春自治旗阿里河镇西北十公里处。地当大兴安岭北段顶巅的东麓，属嫩江西岸支流甘河上源。地理坐标为北纬 50°38′，东经 123°38′。海拔 520 米左右。（山西高校联合出版社，杜士铎主编的《北魏史》）

据《北魏史》推断，拓跋先世在嘎仙洞活动的年代在公元前 1700—前 1800 年，约当夏商朝之间。

拓跋珪时代

(386—409)

代国时期

鲜卑族在五胡乱华中有慕容氏、拓跋氏、秃发氏、乞伏氏和宇文氏等各部落。

慕容氏所建的国家有前燕、后燕、南燕、西燕。秃发氏所建的国家是南凉。乞伏氏建西秦。宇文氏建北周。拓跋氏建国北魏。

拓跋氏以前游牧在中国东北边鄙地方，可能就是现在的大兴安岭以北额尔古纳河流域(近考古学者认为可能是现在嫩江流域大兴安岭北部的嘎仙洞一带)，一向不通中土。西晋咸宁元年(275)，鲜卑索头部落酋长拓跋沙漠汗朝贡西晋后开始南移，乘匈奴族开始衰退，占领匈奴族西迁(前期西迁，后期南迁)后的原有地盘［王著《魏晋南北朝史(下)》说可能是内蒙古自治区呼伦贝尔市］。这时候他的势力已经扩大很多了。

西晋惠帝(第二任)司马衷的元康五年(295)，鲜卑酋长拓跋力微(活了一百零四岁。史称中国最长寿的皇帝)的幼子拓跋禄官当权，把势力范围以内的地盘划分为三部分：

一、东部：北自今河北省沽源县南至怀来县(约一百五十公里)。东自今河北省的承德市，西到张家口市(约二百五十公里)，称“上谷郡”。由拓跋禄官自己治理。

二、南区：今河北省的蔚县为“代郡”。含今内蒙古自治区凉城县(参合陂）与山西省大同市等地，归他的侄儿拓跋猗㐌统治。

三、西部：以今内蒙古自治区的和林格尔县（定襄）的故城“盛乐”为中心，称为“定襄郡”。由拓跋猗㐌的弟弟拓跋猗卢治理。

拓跋猗卢擅长军事，不断向西扩展领土，屡次攻击向西迁移不久的匈奴、乌桓部落，逼使他们一再向西退让或归降。

力图向南发展的拓跋猗㐌也大肆招纳汉人，利用汉人。于是归附他的汉人越来越多，他的势力范围当然也越发扩大。不到五年，西方、北方诸胡族有三十多个汗国或大部落归属于拓跋猗㐌。

西晋永安元年（304），匈奴族刘渊在山西离石自称“汉王”，这时西晋正在闹着八王之乱，晋廷无力平乱。东瀛公司马腾就联合拓跋禄官出兵打击刘渊。这时候的拓跋猗卢盘踞山西北部，有地百余里，军事资源富实，有控弦骑兵四十万，步兵也有数十万之众。拓跋猗卢和拓跋猗㐌联手攻击刘渊，把在榆林河（山西省中部）一带新崛起的刘渊打得大败，南逃蒲子（山西省隰县）。

翌年（305），刘渊再度反攻西晋司马腾驻地太原。拓跋猗㐌率轻骑数千驰援司马腾，斩刘渊的大将綦母豚，杀士卒一千多，刘渊再度退守河东郡（山西省永济市）。晋廷封拓跋猗㐌代理大单于，加操右将军。

西晋永兴三年（306），东海王司马越部下大将祁弘的鲜卑兵团进入长安，大肆抢掠，杀居民两万多人，从此胡人开始到渭水流域。

拓跋猗卢

西晋怀帝永嘉元年（307），拓跋禄官与拓跋猗㐌相继病死，拓跋猗卢统合三部，拥有擅射弓弩的骑兵四十多万人，成为大西北一支强大的武装部队。

三年后拓跋猗卢又助西晋平北大将军刘琨讨平匈奴族刘虎之乱，击破匈奴右贤王铁弗氏与白部鲜卑，把他们全部集体屠杀。晋廷封拓跋猗卢为大单于、代公，并以代郡为采邑。这时候拓跋猗卢已率部落一万多家进入雁门关，并向晋将刘琨要求朔县、代县(句注山——陉岭)以北之地为其游牧区。晋廷为了借重拓跋猗卢的武力来抵制匈奴，就下令把山西朔州的马邑(西汉与匈奴的古战场)、阴馆、静乐(古战场楼烦)、繁畤及崞县等五县数百里地方划给拓跋猗卢的鲜卑部落定居，并下令该地区原住民汉人一律迁移到陉岭(句注山)以南。不愿迁移的一概归附拓跋猗卢治下为农奴。从此拓跋猗卢在汉人区内俨然成立一个独立王国了。西晋的残余政权也就依赖着拓跋猗卢的崛起，茁壮而勉强苟延残喘十多年。

西晋愍帝司马邺建兴元年(313)，拓跋猗卢以盛乐(内蒙古自治区和林格尔县)为北部都城，在山西大同筑平城为南都；又在山西朔县的治水(治水源出山西省朔州市，东北流汇桑乾河)边黄瓜堆建新平城，派他的长子右贤王拓跋六脩驻镇，统御南部各部落。这是拓跋氏开国的初基。

翌年(314)匈奴族前赵君主刘聪的儿子刘粲攻占了晋属的太原，这是晋平北将军刘琨的根据地。刘粲大肆屠杀全城居民，并把刘琨的父亲杀了分尸。刘琨急向拓跋猗卢求援，拓跋猗卢派儿子拓跋六脩、侄儿拓跋普根为前锋，自率二十万大军围攻太原。刘粲放火烧城，突围逃走。拓跋猗卢遣精骑追击，刘粲所部大将刘儒、刘丰、简令、张平、邢延等战死，士卒死者不计其数。史载“伏尸数百里”，其战况之惨烈可以想象。这是拓跋猗卢进关五年来第一次正规战。晋廷封拓跋猗卢为“代王”，授金印紫绶。

由于拓跋猗卢拥护西晋，所以很得汉人知识分子和豪族的支持，他属下的文官谋士大部分是汉人。

拓跋猗卢用法极严，国人犯法，不分胡汉动辄灭族或诛杀几族，甚至株连全部落。如果判杀全部落，这部落就不论男女老幼，不分胡人、汉人，都会相偕到指定地点去就死，没有一个敢逃亡或藏匿的。

拓跋猗卢打算立幼子拓跋比延为继承人(世子)。这激怒了他的长子，于是正在驻镇新平城统御南方诸部落的右贤王拓跋六脩拥兵叛变。拓跋猗卢率军讨伐，又被他的儿子拓跋六脩打败，全军覆没。拓跋猗卢换穿了汉人农村服装逃匿乡间汉人家中，又被胡兵搜出，结果被他的儿子拓跋六脩斩首碎尸。为了争夺权利，父子、兄弟自相残杀的，在胡人各族群中比比皆是。

拓跋六脩正要举兵北上夺取国都盛乐时，又被他的堂哥拓跋猗㐌的儿子拓跋普根袭击。杀了拓跋六脩，收编了他的部众，拓跋普根遂自立为"代王"。权力更替，国中大乱，贵族与贵族、部落与部落之间互相诛杀。原拓跋猗卢属下的汉人左将军卫雄、右将军卫操、信义将军姬淡等率领汉人和其他胡族来归民众三万多家、牲畜十多万头，投奔晋朝平北将军刘琨。这一股胡军使西晋最后一位驻守北疆的藩镇将领刘琨又苟延残喘了两三年。

拓跋郁律为王

公元316年冬，拓跋普根死，族众拥立拓跋郁律为"代王"。两年的时间内，拓跋郁律扩充步骑兵一百多万人。先把经常流窜在境内的匈奴流寇刘虎所部逐出塞外，收抚了在山西、河北、内蒙古边区没有来得及撤走的残余部队。于是拓跋郁律开始西征，占有了新疆温宿以北、伊宁以南以及中亚哈萨克斯坦一带乌孙族的游牧区。又东进征服了长白山、松花江一带的古勿吉汗国各部落。在那时只要占有土地、占有人口，就有粮源与兵源，也就有了政治资本，拓跋郁律也就因而决心雄霸中国北方了。

拓跋郁律是一个有远见、有魄力的政治家，可是在胡族中为谋权位而不论亲疏，动辄诛杀政敌全党全族的残酷手段已经是北方诸胡的传统。东晋元帝大兴四年(321)，前任代王拓跋普根的母亲惟氏谋杀了拓跋郁律以及其亲信数百人，立拓跋普根的幼弟拓跋贺傉为代王。

拓跋郁律的长子拓跋翳槐因寄居舅舅贺兰部落而幸免于难，幼子拓拔什翼犍还在襁褓中，被他母亲藏在裤裆中逃出，幸免一死。这两弟兄后来都曾做过代王，尤其是拓跋什翼犍，史书上称他“雄勇有智略，能修祖业，国人附之，始置百官，分掌众务”(《通鉴》)。

东晋明帝太宁三年(325)，代王拓跋贺傉死，弟弟拓跋纥那继立。拓跋翳槐的舅舅贺兰部落酋长联合诸胡部落大人、酋长共立拓跋翳槐为代王，在今内蒙古自治区和林格尔地区筑盛乐城为首都。拓跋纥那逃奔宇文部落，旋又投奔前燕请求庇护。

拓跋什翼犍崛起

拓跋翳槐做了十二年的代王，于东晋咸康四年(338)病死，传位给他的弟弟拓跋什翼犍。年方十七岁的拓跋什翼犍就在山西浑源西的繁畤即代王位。

鲜卑族自拓跋猗卢率族众南移以来，二十多年中前十年由于拓跋猗卢善于团结汉人及诸胡族，扩张领土，发展农业，很快地强大起来。拓跋猗卢死后，由于统治层自相残杀，国内诸胡部落也不断反叛，拓跋氏的公权力已经丧失殆尽。

拓跋什翼犍深深明了当务之急，他主政后除竭诚团结汉人与诸胡族之外，最要紧的是选贤任能，唯才是用。当时的汉人知识分子如许谦、燕凤、常任等就协助他建立了严明的法律与政治制度，重划土地，振兴农业，训练精壮，整顿军队。数年之间已具国家规模。东自朝鲜北境古江原道（濊貊），西至西域宁远，昆仑山北支而外蒙古的大戈壁诸胡与汉人数百万人都来归附他。

东晋咸康七年（341）冬，匈奴族流寇刘虎进犯山西五寨，代王拓跋什翼犍派军迎击，在宁远东边遭遇。刘虎战死，全军败退边境。刘虎的儿子刘务桓继续统领残余据守阵地向代求和，拓跋什翼犍一心向东、向南发展，所以也就将计就计，招刘务桓为婿，并封他为“匈奴大人”，这是仅次于“单于”的部落领袖的头衔（拓跋什翼犍招刘务桓为婿一事，《通鉴》及《通鉴纪事本末》都是这样记载。可是拓跋什翼犍当年才二十岁，何来如此大的女儿?）。拓跋什翼犍乘势大破北方的高车部落，虏获一万多人，牛、马、羊一百多万头。翌年再破高车没歌部落，又获马匹、牛羊数百万头，没歌部落全被消灭。

东晋康帝建元元年（343），燕王慕容皝派世子慕容儁率军攻代。善于用兵的拓跋什翼犍明知不是燕军对手，于是给他来一个空城之计，率领全部族众连夜向北遁去。燕军入境发现代人清野战法，唯恐有诈，于是急急退去，而拓跋什翼犍乃又安然回来。

此后十年间，在代王拓跋什翼犍治下的各胡族部落互相挞伐、互有消长，尤其是匈奴族刘务桓部落盘踞在代与前秦的接壤地带，时顺时叛。刘务桓死，他的弟弟刘阏头继立。刘务桓的儿子刘悉勿祈逐走他的叔叔刘阏头。刘悉勿祈死，他的弟弟刘卫辰又杀了刘悉勿祈的儿子而率众向正在强盛时期的前秦苻坚投降。在苻坚的协助下，才得率族众和军队移居陕北、甘肃东南地带。虽然定居了，可是他们的流寇本性未改，其生活方式仍然是打家劫舍、抢掠地方，把所得财物按阶级分给将士，所掳人口则解送到基地做奴婢，当地居民不堪其苦。前秦王苻坚严厉责成刘卫辰释放被他劫来的人口，因此刘卫辰又叛苻坚而再次回归拓跋什翼犍。反反复复了十多年。

代王拓跋什翼犍决心消灭这个反复无常、为害地方的刘卫辰部落，至少也得把他驱出河西走廊，将来向东发展才无后顾之忧。可是要想渡过黄河，必须得等到黄河结冰封河之后，人马才可自冰上通过，所以刘卫辰就凭这个天险屏障而无虞代军来犯。

拓跋什翼犍深深了解这一点，他要运用奇兵制胜。于是就在东晋太和二年(367)的初冬，河水还在初冰的时候用芦苇做成很多绠绳浮在河面上，使水流减速，很快结成厚冰，再在冰上散铺苇秆，使冰坚实像浮桥一般，代兵得以迅速过黄河。

刘卫辰意料不到代军如自天降，一时不及应战。刘卫辰单骑西奔，余众崩溃。拓跋什翼犍收抚其散军及部落十之六七，获牲口数十万头。刘卫辰向前秦王苻坚求救，苻坚也深深了解拓跋什翼犍的远图大略，如不及早消灭他，将来势必后患无穷，于是慨允派出大军对代军施以东西夹击。苻坚派他的幽州刺史苻洛为招讨大都督，率领幽州步骑二十万由刘卫辰向导进攻大同。派并州刺史俱难、镇军将军邓羌等率步骑十万自辽宁朝阳的和龙出发，约定与苻洛会师大同。又派尚书赵迁率步骑十万自陕西延安的上郡北上进攻拓跋什翼犍的根据地(内蒙古自治区和林格尔县)。

代王拓跋什翼犍派白部鲜卑独孤部落在西部布防，又派他的外甥南部大人刘库仁将步骑十万支援西部防务。刘库仁虽然是刘卫辰的同宗堂兄弟，但两派却是水火不容的世仇大敌。两军在大同西北的石子岭展开大战，短兵相接，厮杀两昼夜，秦军伤亡一万五千多。代军虽将士用命，刘库仁又智勇兼备，但是经不起腹背受敌，终于大败。刘库仁为了保存实力，乃率残余退出战场。

拓跋什翼犍听说外甥刘库仁败退，由于他正在生病，也不能亲自出战。这时候蒙古一带的高车杂胡各部落纷纷叛变，真是内忧与外患交并，使一代英雄的什翼犍只好率领中枢大臣和禁卫部队退往阴山之北，但遭高车部落抵制，再到大漠南部以避秦锋。又把一般战斗部队分别埋伏在云中四郊农村中俟机而动。前秦军进占云中（山西省大同市），只见空城一座。一则由于军糈不济，二则又怕中计，于是很快退去。这时候拓跋什翼犍才又从容还师云中盛乐宫。

前秦军退到内蒙古清水河西北九十里处的黄河渡口君子津，占着滩头阵地监视云中。

东晋咸康四年(338)，代王拓跋翳槐为与后赵石虎议和，特派当时的皇弟拓跋什翼犍赴后赵首都邺郡为人质。同年十一月拓跋翳槐死，族众议立拓跋什翼犍的弟弟拓跋孤为代王。拓跋孤以长幼有序为由，就亲自到邺城晋见赵王石虎陈明原委，自愿留邺为质，换得长兄拓跋什翼犍回代为王。石虎感念他们兄弟情深，命他兄弟二人一起回国，拓跋什翼犍即代王位后为回馈弟弟拓跋孤这份道义深情，就把外族归附来的乌桓部落分为南北两部，北部由拓跋孤领导，南部则由拓跋什翼犍的嫡长子（世子）拓跋寔领导。两年后拓跋孤死，继之拓跋寔也因伤重去世，拓跋什翼犍就顺势收回两部领导权，由他自己统一领导。拓跋孤的儿子拓跋斤因失去应该他承继的权势而怀恨在心，乘拓跋什翼犍战败回到云中的夜晚，串通拓跋什翼犍另一个庶生长子拓跋寔君先把正在护卫拓跋什翼犍的五个儿子杀掉四个，只有幼儿拓跋窟咄幸免，然后再乱刀剁死拓跋什翼犍。顿时盛乐宫大乱。

前秦军借口“平乱”，很快再次攻进云中。代军战死三千多，余众溃散。所有文武官员、亲眷都被秦军掳去。前秦把拓跋什翼犍慕容妃所生的最小儿子拓跋窟咄送往长安入太学，凶手拓跋寔君和拓跋斤押到长安五马分尸。拓跋什翼犍的嫡长孙拓跋珪当时年仅五岁，由他母亲贺氏秘密携出投奔他的娘舅家东部大人贺讷部落，代遂亡。时在公元376年，东晋太元元年、前秦建元十二年。

刘库仁、刘卫辰与拓跋珪

前秦王苻坚素有兼并北方诸胡、统一华夏的雄心大志，所以他的政略是以胡制胡，以汉养秦。他消灭了代后，把代的原有领土划分为两大行政区域，分由敌对的两个匈奴军团刘卫辰与刘库仁统治。拓跋珪母子和拓跋什翼犍的旧属们都来归附刘库仁。

刘库仁整合离散的代军，很快加以训练成军。把所辖地区治理得井然有序，农业生产年年增加，军事力量成长迅速，苻坚嘉赏刘库仁为广武将军。

翌年(377)，刘卫辰叛变，苻坚命刘库仁西伐刘卫辰。由于刘库仁的军队训练有素，渡河一战而大败刘卫辰，杀伤数千，俘虏士卒一万多人，所得兵器、辎重无数。刘卫辰率残众向西撤退，刘库仁紧追不舍。刘卫辰抛弃妻子、亲眷，退守代来城(内蒙古自治区鄂尔多斯市)。刘库仁追过阴山西北一千多里，所经部落，都强制迁移到山西阳高(山西省大同市东北)一带。

刘卫辰不甘心败在刘库仁的手中，于是计诱刘库仁的弟弟刘眷，允予支持刘眷执掌军权。刘眷就贿通刘库仁的亲近侍卫慕舆文、慕舆常等，配合慕容文，在东晋太元八年(383)冬十月刺杀了刘库仁。

刘眷统御了刘库仁所有部众，掌权之后，第一波的军事行动是驱逐原与刘库仁、拓跋氏族有密切关系，基地在山西右玉县善无地区的贺兰部，然后又逐走柔然部落，一时志得意满。可是第二年(384)刘库仁的儿子刘显就发动兵变，把刘眷和他的妻、子、同党二百多人碎尸处死。

刘显的本性残忍，又恨族内各派系自相残杀，自立之后，非常仇视刘库仁以前所有关系，当然包括拓跋珪在内，打算把他们各个消灭掉。拓跋珪得知这个消息后，乘夜轻骑逃走，投奔他的舅舅贺兰部酋长贺讷。其他没有得能及时逃脱的部落酋长们有的被刘显先后杀害，有的率众追随拓跋珪而去。

拓跋珪已稍有实力，由于他是拓跋家族的嫡系，他的舅舅贺讷在东晋太元十年(385)冬十二月于牛川(内蒙古自治区呼和浩特市东)召开各胡部落大人联席会议，共推拓跋珪为盟主，翌年(386)春拓跋珪即代王位。

建元为“登国”，定盛乐(定襄，内蒙古自治区和林格尔县)为首都(王庭)。

拓跋珪有远大的政治谋略，从此发展农业，息兵养民，讲武教战。与汉人与诸胡族之间相处，都制定有规范可循。兵役制度也打破了贵族与平民的阶级限制，官制尽量仿效曹魏时代，文官尽量任用汉人知识分子。以前因战争而受损害的原住民都得到了补偿，为胡人汉化打下了一个良好基础。

同年(386)夏四月，代王拓跋珪自己改称“魏王”，十二年后国号“魏国”，他才有理由称帝。他一面安抚汉人与诸胡，积极净化其内部。在外交方面先是倚重他舅舅的阴山贺兰部落，结纳东邻的后燕，然后又借后燕慕容垂的兵力消灭称雄塞外的独孤部落，夺得战马三十多万匹、牛羊四百多万头，军事资财无数，收抚得散兵二三十万。于是暴富了的拓跋珪开始壮大，一跃而成为塞外最大最强的胡族集团。

这时候刘显是拓跋珪西方的大敌。刘显见拓跋珪称魏王又日见壮大，既决心要消灭拓跋珪，又恐怕拓跋珪来攻，于是把他的基地自善无(山西省右玉县)迁到马邑(山西省朔州市)。离拓跋珪的首都盛乐又远了一百多里。

拓跋珪有一个叔父拓跋窟咄(拓跋什翼犍的小儿子)，在十年前(376)被前秦苻坚掳去长安，苻坚淝水之败后拓跋窟咄又归附西燕慕容永，曾任新兴太守。刘显派弟弟广宁太守刘亢埿去说服拓跋窟咄，允予拓跋窟咄兵力支助。拓跋窟咄的实力大增，乃出兵进攻拓跋珪的南部边境，企图夺取拓跋家族所有的王权。

拓跋窟咄暗地联络拓跋珪身边的重臣于桓、单乌千等五人阴谋绑架拓跋珪。幢将莫题也暗中联络七姓所部与拓跋窟咄勾结，准备与刘显内外夹击拓跋珪的首都盛乐。

拓跋窟咄又到山西阳高西北的高柳招收一些几年前被刘库仁强迫迁来的流民无赖，打算和刘显部围攻拓跋珪。事为拓跋珪侦知，立即捕杀了于桓、莫题等数百人，然后与后燕名将慕容麟会师高柳，击败拓跋窟咄的联军。

拓跋窟咄逃出投奔刘卫辰，刘卫辰杀了拓跋窟咄，拓跋珪收编了拓跋窟咄的所有部众，声势大振。

翌年(公元387年，拓跋珪登国二年)秋七月，刘卫辰自其黄河西驻地献马三千匹给后燕王慕容垂。运马渡过黄河，经过刘显所盘踞的河口地区，刘显乘机扣留了这批马，慕容垂大怒。拓跋珪就利用这个机会，联合慕容垂打击刘显。慕容垂派刘卫辰渡河进攻刘显基地，刘显再退守朔州(马邑县西山)。拓跋珪乘势南下，会同燕军围剿刘显，在朔州西南的弥泽，把业已溃不成军的刘显部打得兵败山倒，尸横遍野，残余部众及马牛羊数十万头全为燕军掳去。刘显只身单骑，逃奔占据长子县的西燕慕容永去了。

拓跋珪的政略

拓跋珪盱衡国际局势，跟他有同样称霸野心的是后燕，所以他时刻在打算着消灭后燕。可是这时候后燕正在慕容垂领导之下，如日中天。拓跋珪只有先拣软泥挖了，他先向东发展，攻打同是鲜卑族的宇文部落。公元

388年秋在饶乐水（内蒙古自治区西拉木伦河）南会战，大败库莫奚部，同年库莫奚表示投降。

库莫奚、契丹都属鲜卑族（史称东胡）的宇文部，他们的祖先都曾臣服于前燕的慕容皝，以后被迫迁移到千里松林与大漠之间的松漠地区。

拓跋珪在三年中先后征服了内蒙古的喀喇沁部，把赤峰的契丹八部、朝阳地带的宇文、库莫奚等部落强制迁移到内蒙古北边的克什克腾地区游牧。又把原在该地带游牧的高车族和吐突邻部，以高度军事压力分散杂居在大戈壁以北。使他们互相监视、互相猜忌。（高车是敕勒、铁勒的别称。其祖先原是匈奴族，后来匈奴南迁，高车部落留在贝加尔湖而脱离匈奴族系。最后高车乃为后起的突厥所灭）

拓跋珪又把原在武川（女水）流域游牧的解如部落带着杂畜十数万，全部与原住在大同北塞外意辛山区的贺兰部落、纥突邻部落、纥奚部落迁移到山西东部、河北西北地带。这种迁徙计划最富军事意义，平时可以防御后燕，战时可作东征后燕的前进基地。

柔然部落原是瀚海沙漠北部的游牧族群，也是东胡族的一支，酋长姓郁久闾名地粟袁，一向都是向代称臣。郁久闾地粟袁死后，他的两个儿子把原部落族众分为东西两部分，长子郁久闾匹侯跋继承父位，领导东部，次子郁久闾缊纥提领导西部。十五年前（公元376年，前秦建元十二年），前秦苻坚灭代，把代国分为东西两部，河东归刘库仁领导，河西归刘卫辰领导。刘库仁忠于祖国（代）传统，刘卫辰狡猾，又在地利之便，郁久闾氏的两个柔然部落都归附了刘卫辰，当然也就跟着刘卫辰反魏了，所以当拓跋珪征服北方各胡族部落后，只有柔然拒不接受拓跋珪的领导。

北魏登国六年（391）冬，拓跋珪乘击败刘卫辰的余威，对柔然发动第一次非常强烈的总攻击。柔然大败，向北逃窜。魏军追到南床山（蒙古境）下，柔然部落被俘虏了一半以上的人口与牲畜。郁久闾匹侯跋和另一支部落酋长屋击率残部突围西窜，拓跋珪派将军长孙嵩追击，斩了屋击，余众投降。魏军追击郁久闾匹侯跋部到外蒙古南境阴山高阙塞北一千多里的涿邪山下(蒙古国三音诺颜旗境)，郁久闾匹侯跋和他的弟弟郁久闾缊纥提投降。拓跋珪把这些柔然部落迁到云中(内蒙古自治区呼和浩特市托克托地区)。

拓跋珪登国九年(394)，郁久闾缊纥提的儿子郁久闾曷多汗和他的堂哥郁久闾社崙，率领部分武装族众潜出魏境向西逃亡。魏将长孙嵩追到陕西榆林北的跋那山下，斩了郁久闾曷多汗。郁久闾社崙回头投奔郁久闾匹侯跋，并袭杀了郁久闾匹侯跋，大肆抢掠五原(内蒙古自治区包头市)，率领匹侯跋部众向漠北逃去。郁久闾匹侯跋的两个儿子郁久闾启跋、郁久闾吴颉则坚守大本营，效忠拓跋珪。

拓跋珪崛起

拓跋珪绥靖了东方诸胡之后，正要整军经武，他的西方大敌刘卫辰，派遣其儿子刘直力鞮率大军九万来攻。拓跋珪虽然年轻，但他有一伙高水准的汉人谋士，对于国防军事早有万全的部署。所以表面上他只带了五六千人南下应战，实际上他早在陕西榆林东北的长城要塞铁岐山下屯有精锐步兵、战斗团以逸待劳，出敌不意地猛烈邀击。刘卫辰部队遭遇奇袭，主力全军覆没，主帅刘直力鞮单骑脱逃。拓跋珪挥其精锐骑兵，自五原金津渡河，径行冲进刘卫辰在五原南方的总指挥部代来城(悦跋城)。刘卫辰见敌突然掩至，一时措手不及，顿时内部大乱。刘卫辰仅率近卫军西逃，到内蒙古河套内的木根山，刘直力鞮被擒，刘卫辰也被他部下的乱军杀死。刘卫辰的幼子刘勃勃逃亡薛干部落，又投奔没奕干部落，没奕干把女儿嫁给刘勃勃。刘勃勃后来改姓赫连，于公元 407 年建立了胡夏王国。

拓跋珪进军盐池（内蒙古自治区巴彦淖尔市临河区）附近，获刘卫辰尸首，再斩千刀，又逮捕刘卫辰的宗族子弟、同党五千多人，不分男女、少长，集体处死，投尸黄河。刘卫辰的三万八千名训练有素的控弦战士全部归拓跋珪收编，虏获名马数十万匹、牛羊四百多万头，器械、辎重、积谷与珍宝珠玉无数。这批军事资源，使新兴的拓跋珪获得大量补充。河套以南地带连年遭刘卫辰的压榨搜刮，弄得民不聊生，人民望治心切，所以当地不分胡、汉，很快地全部降附拓跋珪。

魏军继续西征俟吕邻部落，在宁夏海原的苦水杀死俟吕邻部酋长以下三百多人，余众投降，被迁榆林。

西方、南方平定了，拓跋珪开始了他的建国大计。在军事方面，扩大兵源基础，不论胡、汉都得依制征召入营接受军事教育，流民、移民都得强制接受军事训练。战俘则编入“营户”，施行军事屯垦。

经济方面，开发农业，充实军糈资源。重划土地、游牧区，配给移民土地、耕具，落实赋税和役政。

东晋太元二十一年、拓跋珪登国十一年，公元 396 年秋，拓跋珪迁都山西大同的平城。开始营造宫室，建宗庙、立社稷、订历法、设官制、兴学校、制礼仪、审度量、平权衡、协音律、订法律。改年号为“皇始”。

在地方建设方面，标道里、修直道路，征发民工数十万开山筑路，扩张战备。

拓跋珪接受五经博士李先的意见，收集民间存书，由中央政府设官统办教育。中央置胡人子弟国子监太学生员三千人，五经群书，各置汉人博士来掌专科教学。

后燕伐北魏

国家制度已粗具规模，这些都是拓跋珪重用汉人知识分子张衮、许谦、崔宏、邓渊等人的成果。

这时候拓跋珪的文治武功，可以说是已经震动各国。盘踞在山东、河北大平原的后燕慕容垂深感不安，于是在后燕建兴十年(395)、拓跋珪登国十年的五月间，慕容垂命太子慕容宝率步骑兵八万，派慕容德将一万八千精骑为后继，西上伐魏。

拓跋珪把步兵、老弱族众及重要资源分散在平城郊外，率骑兵及中央官员退到黄河西岸，表示无意抵抗。燕军进兵五原，收降魏所留下来的别部老弱三万多家。到处搜寻，找不到拓跋珪的主力。

慕容宝大军西进到黄河东岸的临河，征材造船，准备渡河一战。拓跋珪一面隔河对峙，一面向南邻后秦求援，同时发动敌前心战，把所俘燕军哨兵甲士尽行释放，使燕军自相猜疑。又遣武装间谍潜伏在后燕首都中山(河北省定州市)与五原和临河的路上捕捉燕军信使，获取重要资讯。又在敌前散播“慕容垂已死”的谣言，以致燕军士气涣散。

拓跋珪反攻

拓跋珪先遣拓跋虔率骑兵五万，自河套进驻河东，一部骚扰主力直取包头以北固阳镇燕军右翼。派拓跋仪率五万骑在南方渡河配合后秦来援友军杨佛嵩部进攻河东磴口后燕军左翼。派拓跋遵率精骑七万分段断敌退路。时值隆冬，黄河结冰封河，拓跋珪大军得以很快过河。燕军由于内部不稳，且受“慕容垂已死”的谣言影响，慕容宝不敢应战，一下退到大同东南的参合陂。拓跋珪选精骑轻兵追击，慕容宝正要扎营，魏军轻骑追到，加之拓跋遵的大军包剿而至，燕军大乱，人马自相践踏，有赴水淹死的，有放下武器投降的，几乎全军覆没，能够逃回中山的不过数千人。慕容宝杂在乱军中逃回中山。是役后燕的军事实力几全消灭。拓跋珪生擒后燕王公大臣、文官武将士兵等五万多人，由中部总监王建下令全部斩杀，并弃尸河中。所获军糈物资，直接补给军中，拓跋珪又听说他最恨又最怕的后燕慕容垂病死。年前，李辩来降，勾起拓跋珪朝思暮想的东进计划，慕容垂的去世，又造成拓跋珪乘人之危的用兵良机，于是他乘胜兴师伐后燕。

拓跋珪听从他的参谋团崔宏等意见，采用以面围点的战法，全面渗入毫无阻力的农村，就地征粮，就地征兵，然后再攻城池。不数月间，在黄河以北广大平原的后燕境内，除了首都中山、邺城(河北省临漳县)和信都(河北省冀州区)三大重镇外，几乎全面为拓跋珪所占有了。

拓跋珪早就打算攻取邺城，因为在一百多年前邺城就是曹魏的灵魂都城，水陆交通方便，商业发达。黄门侍郎崔宏曾告诉拓跋珪：“夫魏者，大名，神州之国也。”拓跋珪素有“统一中原”取晋而代之的野心壮志，所以他把国号“代”改为“魏”，所以他要早日占领与魏有历史渊源的邺城。

拓跋珪皇始二年(397)夏，魏军兵临邺城。大战三天三夜，燕守将慕容德败走。魏军斩首三千多，俘虏后燕文武官员七百多人，拓跋珪遂占有这座历史名城。可是不久，又被燕将慕容德夺回。

魏攻中山

同年(397)秋，正是秋高马肥的用兵好季节，拓跋珪亲勒六军(天子的威仪)四十多万，自山西朔州的马邑出发，后勤辎重，预备队络绎二千多里。派左将军李栗将五万骑兵为先锋，越过句注山(又名雁门山，在山西省代县西北)，径取晋阳(山西省太原市)，再沿七十年前石勒灭刘琨的故道东下井陉，攻下常山，围攻中山(后燕的首都)。另遣右将军封真等率三万骑兵自东路出军都陉(北京市昌平区西北)，攻取后燕的辎重基地蓟州(北京市大兴区)和幽州(北京市)。派冠军将军王建率步骑进攻后燕的广宁(河北省涿鹿县)和上谷(河北省怀来县)。广宁、上谷都是魏前身“代”的故土。

并州、中山之战

拓跋珪善用心战，所以常有不战而屈人之兵的战绩。魏军进攻并州之前，先遣很多后燕的俘虏回并州散播谣言说邻县阳曲已经投降，晋阳司马投降等，造成后燕军士气低落，待后燕守将慕容农出城应战，未及交锋即全军溃散，慕容农仅剩三骑逃回中山。

拓跋珪的军事优势是他的精锐骑兵，在大平原上运动灵活；还有训练有素的控弩战士，专门有重点地对付步兵。这时候他调遣留守后方的部队东进，调监视邺城的新军北上，对中山发动南北夹击，拓跋珪则自信都(河北省冀州区)直指中山。

后燕皇帝慕容宝拿出府库珍宝、宫娥彩女，招募地方无赖群盗，编成战斗兵团，由慕容宝亲自指挥，进驻中山西北的曲阳迎击拓跋珪。在曲阳的柏肆坞夜袭魏营，拓跋珪的战地资讯得到得非常灵活，就在营区周边布下火网阵，等待燕军进入阵地时立刻火焰四起，火光照得燕军头晕目眩。魏军最厉害的神弩手乱箭射来，于是燕军大败，一夜之间死在阵地上的就有一万多人。燕将高长、秘书监崔逞等四千多人做了俘虏。魏军获军械、兵器、辎重不计其数，慕容宝单身匹马逃回中山。魏军也已紧紧包围了中山。

后燕在城中的皇族、征北大将军慕容隆主战，卫大将军慕容麟主和。人心惶惶不安，慕容宝向魏军求和，答允放回五年前被扣留的外交特使拓跋觚，以太行山为两国的国界，拓跋珪鉴于军心疲惫又加瘟疫流行，于是答应和解。可是没有几天，慕容宝又后悔了，拓跋珪也再下令攻城。

城中主将慕容麟谋杀慕容宝没有成功，逃出中山城投奔太行山中的丁零部落。城中人心更加恐慌。慕容宝不知道慕容麟的去向，既怕他投降魏军再来攻城，又怕他联合清河王慕容会的军队回师占领他们的老窝龙城。

慕容宝越看情势越危险、越可怕，第二天的夜晚，他就率同太子慕容策、辽西王慕容农等亲信近卫一万多骑兵逃回龙城老家。皇族官员有的跟随慕容宝，有的南奔邺城投靠就要宣布自立为“南燕王”的慕容德。只有开封公慕容详没有来得及逃走，城中残余燕军就拥慕容详为盟主，闭门固守中山城。

拓跋珪的心战

大战之后必有瘟疫。翌年秋八月，驻扎在河北正定(常山郡)的魏军发生瘟疫，人、马和其他牲畜死去大半，将士要求休兵，回家就医。拓跋珪对将士们说：“这是天意，回到家去也是死。大丈夫应当四海为家。只要有人的地方，我都可以建立国家，不必怕人死光。”于是将士们只有认命去拼命了。

后燕秘书监崔逞被俘降魏，拓跋珪和崔逞检讨中山战役中燕军已临全面失败，为何战斗意志如此坚强？崔逞告诉拓跋珪，燕军之所以誓死抗魏的主要原因是在年前参合陂一役，魏军集体屠杀战俘，才使燕军上下一心。拓跋珪擅于统战，为了讨好崔逞，期能安抚后燕遗民，立即派崔逞为尚书，并把参合陂杀俘的责任归咎于并州刺史拓跋素延，并立即下令免除拓跋素延的职务。拓跋珪及时随便抓一个替死鬼来顶罪，是最有效的心战，也是军阀、帝王们诿过于人的传统手段。从此拓跋珪都把战俘释放回去，作为他的心战工具。

拓跋珪为了征发军糈，下令拓跋仪解除邺城之围，部队移驻河北平乡，巨鹿地区督征邢台地区的粮草。并任命拓跋仪为骠骑大将军，都督兖、豫、雍、荆、徐、扬州诸军事，又封“卫王”。这是全国总司令的职衔、权威。

拓跋珪也因军中流行瘟疫与缺粮乃下令解除对中山城的包围，移防河北河间、献县子牙河流域整补。

中山城中的慕容详派兵出击，被拓跋珪打败，斩杀五千多人，俘虏七百多人。拓跋珪已经了解利用俘虏比屠杀俘虏的威力大得多，所以就把俘虏全部释放。

中山解围前一年五月间，后燕的慕容详就在中山城登基自称为后燕的皇帝，改年号为建始。把扣押已经六年之久的北魏特使拓跋觚斩首表示对魏的强硬立场。又任命一个姓可足浑名谭的鲜卑族人为车骑大将军、尚书令，可是还没有两个月就把这个可足浑谭诛杀了，说他阴谋叛乱。这样的政权会能维持多久就可想而知了。

慕容详派辅国将军张骧率五千步兵驻守河北正定（常山）催粮。慕容麟自太行山丁零部落出击，夺得张骧这支军队，遂即冲进中山城，杀了慕容详，自称燕皇帝。

拓跋珪下令再围中山，慕容麟出城迎战，在中山西南的新乐(义台)会战，慕容麟大败，仅剩十数骑逃奔邺城投靠他的叔叔慕容德去了。

十月间拓跋珪再占中山，挖出慕容详尸首再碎斩千刀。逮捕主张杀了拓跋觚的官员高霸、程同，将二人斩首加灭五族。然后下令拓跋仪率三万骑兵团进击邺城。

拓跋珪搜获燕王的玺绶、图籍、府库珍宝等，把燕廷遗老、王公大臣及其家属数百人一律处死。两万多战俘将帅、士卒一律编成建设兵工团，修筑河北定州至大同的国道。自河北望都而到山西阳曲，再到太行山恒岭隧道五百多里直达代郡。把中山胡汉居民十多万人迁移到河北蔚县(代郡)，把新占领区的官民、徒河部落、高句丽杂胡等三十六万以及各种技术工人十多万口迁到平城，以充实首都的各项建设。在那时候的技术工人，身份都是“贱民”，而且完全是魏朝廷的奴隶，本身没有自由，所制造的物品有“冶坊”的兵器、农具。“绫罗户”又分为“绸缎纺织户”和“精密纺织户”，所产成品直接报缴魏廷。

翌年(公元398年，北魏天兴元年)春正月，北魏拓跋仪兵临邺城，后燕范阳王慕容德自知不敌，就率居民与部队族众四万多户乘夜出南门逃往黄河南岸的河南滑县的滑台。拓跋仪进邺城，接收要塞、仓库兵器，设官分职、公告安民。拓跋珪极其重视邺城的历史价值，在这里设立了他的行营，派龙骧将军为尚书，率官兵五千人镇守。

拓跋珪巡视邺城后，正待北返时听说右将军尹国在冀州谋反，乃命抚军大将拓跋遵移防河北南皮(勃海郡)，拱卫邺城。派安南将军长孙嵩逮捕尹国，将其斩首。

拓跋珪再临中山，设行营，调卫王拓跋仪驻镇。并下令把山东六个州的故燕官员、诸胡部落十多万人，强迫迁到代郡，配发给农田(计口授田)、农具，使他们安心农耕。工艺技术匠人，则迁到首都，充实工商业。

后燕慕容垂幕下谋士崔逞，前年第一次中山之战时被拓跋珪俘虏，他在无可奈何的心情下归附拓跋珪。他深深了解胡人的传统观念，也很了解拓跋珪的性格，所以他是抱定徐庶归曹的理念而附魏的。他先把妻子和四个儿子留在冀州，吩咐他们乘机投奔南燕。他只带着最小的儿子崔顾前往平城晋见拓跋珪。当时拓跋珪委任他为尚书，设计政府行政组织法。

拓跋珪第二次包围中山，久攻不下，军中缺粮。这时候崔逞已经晋升为“御史中丞”，这是监察院的秘书长职位，拓跋珪向他问计，他就建议桑葚可以充饥。他列举《诗经》上说过猫头鹰就是吃桑葚才会叫的，他建议下令农民可以桑葚缴纳田赋。当时拓跋珪很尴尬地接受了他这个建议，也真的解决了当时的缺粮问题；可是拓跋珪内心总觉得崔逞有些故意侮辱他的意思，所以记恨在心，两年后就借个其他理由，下令崔逞自杀。不予斩首，是给予贵族王公大臣的礼遇。

拓跋珪的绥靖政策

连年战乱，民生凋敝，自然就会盗贼蜂起。拓跋珪以铁腕手段来绥靖新占领区，对于失意政客的造反活动、打家劫舍的强盗群，不论胡人、汉人一律处死。如有名的东晋中山太守仇儒，以群盗赵准为主帅，聚众流窜在冀州、青州。晋清河太守傅世，聚众千余家自称抚军将军。东胡库狄部落酋长叶以干、宥连部落酋长窦于泥、侯莫陈部落、离石胡帅呼延铁、西河胡帅张崇、渔阳群盗乌丸库官韬等，拥众数千，都被抓来集体屠杀了。甚至连居留境内的数百家慕容氏部落，虽然与拓跋氏同为鲜卑族，因为怕他们与后燕残余勾结而发生内变，也下令不分男女老幼，全部杀死并焚其尸。

拓跋珪称帝

拓跋珪在过去十二年由部落时代的酋长而成为“代王”，再成“魏王”，在理论上都是晋朝的藩属。而今他的势力范围已经扩大到他所谓的“六州”（兖、豫、雍、荆、徐、扬）、“二十二郡”县，大约是今宁夏回族自治区的全部，内蒙古自治区、甘肃省、陕西省、山西省、河北省的大部分，河南省、山东省的一部分，已占中国的大西北地区。与局促在东南一隅的东晋不相上下，所以他想做皇帝。称帝必先建国，于是他便接受黄门侍郎崔宏的建议：宣布“魏”是一个独立的主权国家，又自称是魏国的皇帝。把“皇始”三年改为“天兴”元年。这是公元398年，东晋隆安二年、拓跋珪皇始三年的事。当时史家因为曹操的“魏”在一百三十多年前，所以就称拓跋珪的魏为“后魏”，后来的史家因为南北朝的形成，于是又称拓跋氏的魏为“北魏”。

拓跋珪把他那些还在野蛮时代的远祖拓跋毛以下二十七代，都尊称为“皇帝”。近代有历史可据的六世祖拓跋力微为“始祖神元皇帝”。他的祖父拓跋什翼犍为“高祖昭成皇帝”。尊他的父亲拓跋寔为“献明皇帝”。并宣布他是轩辕黄帝的苗裔，受土地之神保佑，应该享有神州大地的继承权利。

迁都平城

拓跋珪于公元397年击败后燕，占领河北与山西北部之后乃于公元398年七月，把首都自代都（内蒙古自治区和林格尔县）迁到武州塞以内的平城(今山西省大同市)并改元为天兴，拓跋珪这一招具有政治与经济的双重意义。在政治方面，武州塞自西汉以来就是中国防胡的北疆要塞，他既进入武州塞，等于突破了晋朝的北疆边防。在经济方面，塞外是以游牧，到处抢劫掠夺取得生活资源的；进入塞内的汉人区，自是以游牧经济进入农业经济形态。

平城，本来是一个荒凉的土堡，除了军事价值外，人口稀少，土地荒芜，原住民不断南移。公元310年拓跋猗卢受西晋封为代公，三年后自以平城为“南都”，开始营建城邑。拓跋珪定都平城，乃在平城设置各级行政机关，开始大规模的营建，致使这个荒僻小城一跃而成北魏(代)的政治与经济中心，也可说是南犯中原的神经中枢。

拓跋珪设计下的平城，分为郭城、宫城和原有的旧城三部分。拓跋珪曾在其他各地大量移民来平城。天兴元年、东晋安帝隆安二年(398)十二月，把后燕境内“六州二十二郡守宰、豪族两千家迁于代都平城”(《通鉴》)。当时还有很多自动来此谋生的工艺匠人与商人，使平城的人口大量增加，工商事业也日趋繁荣。

拓跋珪还网罗了不少汉人高级知识分子，来给他设计建立国家行政制度，由吏部尚书崔宏担任总监督。吏部郎邓渊创建文官制度，仪曹郎董谧制定礼仪程式，三公郎王德制定法律规章，太史令晁崇考察记录天象。鲜卑族自拓跋猗卢时代就建立起很完整的军事制度。

全国六州的行政体制分“京畿区”“四面”(东、西、南、北)和“四方”(东北、东南、西北、西南)。东自河北蔚县(故代的发祥地)，西至山西右玉(善无)，北自内蒙古的凉城(参合陂)，南到山西代县(阴馆)为京畿领地，直辖首都平城。京畿以外的“四面”“四方”则设八部总监分别治理。把全国六州、二十二郡的主管以及地方豪强们的眷属两千多家强制迁到平城，以便由中央直接列管。

拓跋珪盱衡当前国际情势：西方的后秦已成强弩之末，没有再大作为。余如北凉、南凉、后凉、西秦等都在互相攻伐，无力自保状态中。跟他有世仇的匈奴族刘卫辰的第三个儿子赫连勃勃，这时正在蓬勃发展，但他还在寄生后秦，三五年内不可能成大气候。慕容德在河南滑台新兴的南燕还在幼稚时期。北方则是五胡杂处，既没有统一组织，也没有领导中心，很容易各个击破。只有东方的后燕日渐复兴，是拓跋珪心目中的大敌。

拓跋珪当时的想定政略是统领诸胡、雄霸北中国，东进冀、鲁、豫的广大平原，充裕兵源、粮源。回头西方来卞庄子刺虎式地收拾西方残余局面，最后南下寇晋。

拓跋珪对于邻国一向采取远交近攻政策。先是对于南邻的没奕干、黜弗、素古延等小国寡民，征服后还掠夺他们的财物，掠夺战马四万多匹，并把他们集体迁到大同附近。

对于北方的高车族连续征讨，破其三十多个部落，掳去七万多人口、战马三十多万匹。再北进大漠以北一千多里，对匈奴族属下的丁零、柔然部落施以多次袭击，打得他们四下崩散，或远走西域，或逃奔贝加尔湖以北的俄罗斯，使他们无力南犯。对于河西的西域三十多个诸胡部落也都一一征服，把河南滑县的南燕赶到山东半岛。占领了河北及河南、山东大半部。

北魏与后秦之战

东疆、北疆都已稳住了，拓跋珪急着统一华北诸胡族。公元 401 年(北魏拓跋珪天兴四年、后秦姚兴弘始三年)春，后秦在黄河西岸邻近北魏的边防苑川(甘肃省榆中县)增兵。拓跋珪认为姚兴有意挑衅，于是年夏开始军事反应：

一、先撤销河北临漳的邺城行营，同时撤销行营所属六郡特区的各种特权，改邺城为相州，任命庾岳为刺史。加强兵役与赋税的稽征，支应东方战区的粮源与兵源。

二、后勤方面有了准备，就派兖州刺史长孙肥率步骑兵两万，南下进攻东晋属地(河南省许昌市)，稳住南疆边防。

是年冬，派虎威将军宿沓干(朔方人，本姓若豆根，其子仕魏，明元皇帝拓跋嗣赐姓宿)率军进攻后燕所属的令支(河北省迁安市)。攻下令支，筑城驻守以监视后燕的军事动向。同时派常山王拓跋遵率定陵公和跋所部五万多步骑兵团进攻宁夏固原的高平郡。后秦派遣的没奕干刚刚赶到高平还没有展开布防，一时措手不及应战，就不顾部队而自率部分骑兵跟刘勃勃逃奔天水(秦州)。魏军虏获战马四万多匹、牲畜九万多只，与不及逃走的部众全部解送平城。

在山西战场上，魏平阳(临汾市)郡守贰尘攻陷后秦的河东郡(山西省夏县)。晋南重要据点失陷，后秦首都长安大为震惊，白天也不开城门，紧急征兵、征粮，准备反攻北魏。

翌年(402)夏，后秦天王姚兴动员大军反攻北魏，由姚平率四万大兵团北上。山西临汾襄陵镇的乾壁，是北魏的前哨，后秦姚平攻打两个多月，魏军把乾壁付之一炬而撤守。紧接着魏廷派来的援军拓跋顺所率领的六万骑兵团南下援救乾壁，而且拓跋珪亲自南下督战的总指挥部也已经进驻乾壁以北数十里处的永安(山西省霍州市)了。

后秦战地总指挥姚平得到拓跋珪的情报后，立即派出两百多精锐骑士夜袭拓跋珪大营，打算劫持拓跋珪。结果陷入魏军设计好的拒马网形阵地，全部被魏军活捉。

姚平退守临汾西南三十里路处的柴壁城，魏军把他团团围住。后秦天王姚兴亲自率领步骑四万多人援救姚平，并下令进占与柴壁一水(汾河)之隔的天渡，好运送粮秣补给姚平。可是拓跋珪手下的汉人谋士不仅兵学素养很高，而且对当地环境也非常熟悉。在姚兴之前，魏军已经抢先占据了天渡，对汾河东岸的柴壁施行严密封锁，并在汾河西岸扩大防卫阵地，阻止姚兴接近天渡与姚平会合。

姚兴大军开到山西永济(蒲坂)，距离柴壁、天渡还有一百多里路的地方就得到魏军的战地资讯，正在迟疑不前的时候，魏军的精锐铁骑突然冲到姚兴的营中，猛烈冲杀，斩杀姚兴禁卫军一千多。姚兴退到四十多里以外的山谷扎营。

姚平困守柴壁，东方、南方、北方三面都有魏军重兵监视。西方面临汾河，河西岸的天渡为魏军占据，姚兴的援军只有在几十里路外与姚平举火为号联络。僵持数月，冬天来到了，姚平希望结冰封河再向西岸突围，好与姚兴的援军会合。可是魏军在汾河上游破冰以加速水流，使中下游不能结成厚冰。

姚平的粮食吃完了，副马也吃完了，生病的战士也多起来了。在这种绝望情形之下，姚平召集干部会议，决定由干部组成敢死队，乘夜冒死游向西岸，先向魏军表示投降，上岸后再决一死战。他们没有想到魏军早有水战部署，姚平等四十多个将军级指挥官一下水就被魏军蛙人部队逮捕了。留在柴壁的两万多兵士也只好向魏军投降了。

姚兴派使节向拓跋珪求和，拓跋珪没有接受。这时候北方的柔然可汗郁久闾社崙听说拓跋珪南下用兵，于是率兵乘隙南犯。拓跋珪回师应战，郁久闾社崙才撤退北返。拓跋珪追击到戈壁，虏获兵士七万多人、战马三十多万匹、牛羊一百四十多万头。拓跋珪命卫王拓跋仪率领三万精骑，越过大漠一千多里，击破高车部落七个战斗兵团，虏获战马五万多匹、牛羊二十多万头、高车兵车二十多万乘以及珍宝、服饰、军资无数。

拓跋珪为了炫耀其战胜余威，发泄其仇恨异族的情绪，就在大同西北的牛川举行盛大狩猎。命高车俘虏连成肉墙，周围近百里，围逐野兽到平城以南。再命二十多万的高车、柔然俘虏在大同北郊起造养鹿场，方圆数十里。亭、台、楼阁、鸿雁池，豪华至极，供他享乐。

新占领区地盘扩大了，魏廷的移民政策反而造成有些地方人口空虚。拓跋珪又把太行山以东六个州的官员、居民及各胡族部落十多万人强迫迁到河北蔚县(代郡)。于是博陵(河北省安平县)、勃海(河北省南皮县)、章武(河北省大城县)等地方盗匪群起，打家劫舍，由拓跋遵、庾岳等讨伐一年多才算平定。匈奴族部落酋长呼延铁、西河匈奴部落酋长张崇等反抗强制移民而聚众起义。庾岳率军镇压内战、叛乱，打了一年多才平息。原属后燕的将领张超，聚众三千多家汉人，占据河北南皮县(勃海)反抗拓跋珪的暴力统治，结果拓跋珪还是以暴力平定了判乱。

拓跋珪对于新占领区的不断叛乱极其重视，他也不断地反省、检讨，他认为民生凋敝、管理不善为主因。于是下令先整理户籍，然后发展农业。调查统计人口(据《山东省潍县志》：此时勃海五郡有一万七千五百八十四户，四万六千五百四十九口)，把户口不满一百家的县份撤销，并入邻县。土地重新分配，凡是逃亡地主、犯罪灭族的土地一律收归国有，除了划为大型牧场外，一概分配给包括胡汉族的新移民户。

是年(402)，东晋前荆州刺史司马休之、刘敬宣等在江苏淮安(山阳)地区，打算投降北魏。经过陈留，听说拓跋珪虐待汉人，迫令崔逞自杀的故事，立即改变计划投奔南燕去了，司马休之死在半路。拓跋珪得知后，深感后悔，从此对于汉人知识分子特别礼遇。

解除军事管制

拓跋珪要厘清官制，可是他的新制是借复古之名而行淘汰之实，他依太昊伏羲时代的图腾称谓：春官为青龙官，夏官为赤龙官，秋官为白龙官，冬官为黑龙官，中官为黄龙官。管历法的称凤凰官，管民政的称祝鸠官，管军事的称鶡鸠官，管治安的称爽鸠官。而他这一变革的真正目的是：依其才能，任命官职。对于血缘疏远的皇族以及非皇族的贵族封过爵位的世袭后裔，有官职的一律降低爵位，没有官职的注销其以前的爵位。

拓跋珪觉得他的统治已经稳定，现行各种军事管制有放松的必要，政府与民间也应多加沟通。所以他下令把以前因战功而兼职地方政府的高级将领们全都调回中央（首都平城），带着原爵位、原待遇退休回家养老。

地方政府，州设三个督导，轮流督察所属郡县，郡县也设三个督导，分别轮流到所属境内了解民间疾苦。北魏能维持一百多年的统治，拓跋珪这种经常不断的革新精神是最主要的因素。

三年前，拓跋珪曾打算在山西朔州建设一座南平城做新都，但是接受臣下建议作罢。现在（406）他又下令美化首都平城，扩大兴建宫殿，城墙、城门要和当时著名都城长安、洛阳、邺城完全一样。于是征发京畿五百里以内的所有男子，不分老幼全部自带伙食投入这个伟大工作。由当时著名的土木工程专家河南兰考（济阳）郡守莫题主持其事。后来又嫌莫题怠慢而下令让他自杀。再建漫南宫，门高十丈，苑内有山、水、花、鸟、虫、鱼、珍禽奇兽，他所想要的都得有，否则就杀主办人。

他的太史令报告“天际星辰错乱”将有灾难发生。拓跋珪相信这是人事变化的预兆，他就用“改变官制”来“调动人事”，斩杀他平常不喜欢的人来禳灾。以前被强制迁来平城的徒河鲜卑族慕容姓部落计划集体逃回东北原籍，拓跋珪下令把他们一百多家不分男女老幼全部杀光。

所有帝王们都迷信着他们的“无限”权力，也迷信着他们还有“无限”的体力、精力，所以对他们那些无限的三宫六院为所欲为，拓跋珪就是这一类的皇帝。

女人在胡族社会里是没有地位的，平民家的女人，只是家庭生活中的奴婢。帝王家的女人只是供帝王泄欲的玩偶。如果所生的儿子被封为太子而身为国母的话，就会惨遭皇帝赐死。据说这是西汉武帝刘彻留传下来的残忍制度。在胡人的统治层中不知道发生过多少这种残忍悲剧。直到元恪时代才革除这个陋规。

拓跋珪之死

在十多年前，拓跋珪在皇太后宫中见到他母后的妹妹贺氏长得美艳动人，他立刻就向他母亲表示要选这个美丽的姨妈入宫，当时他母亲严厉警告他两点：第一，姨妈是有丈夫的；第二，越是美的东西越有毒。这两点在自我意识很强烈的拓跋珪心目中不算是什么问题，他回去就派武士把他姨妈的丈夫杀了，自然也娶到他姨母入宫了。他这个姨妈贺氏给他生了一个儿子，取名拓跋绍，这孩子生下来就一脸怪相，长大后又不务正业，品行恶劣，到处逞凶杀人，拓跋珪几次将他毒打，甚至想把他杀掉。

拓跋绍十多岁了，母亲贺氏也没有以前那样美艳动人了，当然也不会使拓跋珪着迷了。一次拓跋珪责备贺氏教子不严，贺氏因为看多了拓跋珪稍不如意就会杀人的暴躁脾气，生怕拓跋珪借口杀她，就用这场经过告诫儿子拓跋绍。

拓跋珪跟所有做皇帝的一样，自以为他有天赋的“无限权力”，所以他就任意杀人。杀了他姨妈的丈夫，是为了占有姨妈。他以为他还有“无限”的精力，所以他就没有节制地宣泄淫欲。为了维护他这天赋“无限权力”，他需要“无限”体力，所以他在三十岁时就经常服用补药来补强他经常透支的精力。补药是他的御医阴羌以炼丹功夫制成的一种在当时很有名的“五石散”，又名“寒石散”， 是据古籍“炼五色石以补天”的神话用

山西省大同市示意图

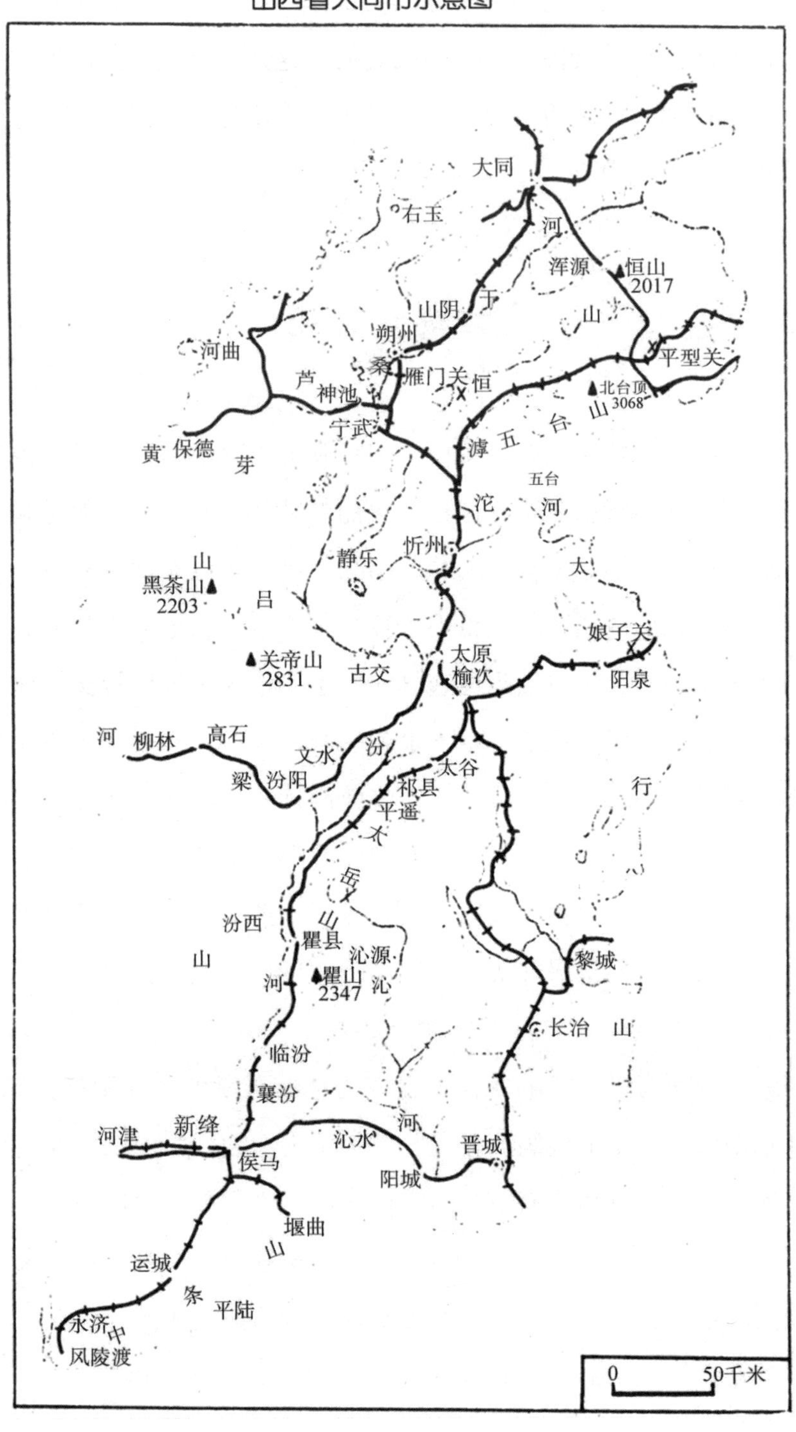

大同
右玉
河
浑源
恒山
2017
山阴
干
山
朔州
河曲
平型关
桑
雁门关
恒
芦
神池
北台顶
3068
宁武
五
台
山
黄
保德
芽
滹
五台
沱
河
忻州
静乐
山
太
黑茶山
2203
吕
娘子关
关帝山
2831
太原
古交
榆次
阳泉
河
柳林
高石
文水
汾
梁
汾阳
太谷
祁县
行
平遥
太
岳
汾西
山
瞿县
沁源
山
瞿山
2347
沁
黎城
河
长治
山
临汾
襄汾
河
河津
新绛
沁水
晋城
侯马
阳城
堰曲
山
运城
条
平陆
永济
中
风陵渡
0
50千米

五种石头锻炼而成。这种强壮剂有毒，毒性发作时会使他性情暴躁异常，使他喜怒无常，常疑有人来犯，所以他就随时随地看人气色不正者杀，说话用词不当者杀！使他对待自己的孩子也没有父子之爱。

美丽的女人也有毒，他这个美丽的姨妈给他带来的报应更毒。拓跋绍听了他母亲贺氏的话后，联想到过去拓跋珪那些严酷无情的可怕性格，也深深害怕拓跋珪可能会杀他母子俩。于是年轻气躁的拓跋绍就带着武士闯进皇宫，杀死了他的父亲拓跋珪。这是公元409年，北魏天赐六年，拓跋珪三十九岁那年十月十三日的事。

这个事件的发生，和一般争权夺位的政变不同。拓跋绍由于年龄太小，平时从没有想过夺权，于今因一时冲动而闯下这滔天大祸。他却不知道如何处理下一步，只是紧闭宫门，把宫中财物散发给宫中大臣们。

拓跋珪有九个儿子，长子拓跋嗣是拓跋珪二十五年前和寄居、寄养的匈奴族领袖刘库仁的从女刘贵人所生，五年前已经封为太子。次子拓跋绍就是拓跋珪的姨妈贺氏所生。三子拓跋熙、四子拓跋曜，还有拓跋脩、拓跋处文、拓跋黎、拓跋连等。太子拓跋嗣原来为了躲开拓跋珪的怒气，避居城外。十月十四日当他听到这个不幸消息后，立即带随行的文武官员驰回首都平乱。

在拓跋嗣回城时，皇宫卫士已经逮捕了拓跋绍。拓跋嗣下令斩杀拓跋绍和他手下的官员、士兵、宦官、宫女等数十人，并碎尸万段剁成肉酱分给文武官员当菜吃。(据《魏书》说，贺氏于拓跋珪的皇始元年，公元396年春正月去世)

三天后(十月十七日)拓跋嗣宣布即皇帝位，自称“魏明帝”，改年号为“永兴”。翌年(410)九月五日葬拓跋珪于魏的故都盛乐宫(内蒙古自治区和林格尔县)金陵。庙号为“宣武帝”，十年后又改称为“道武帝”。

拓跋嗣时代

（409—423）

公元410年是北魏拓跋嗣的永兴二年。

这年的大事有：

东晋大将刘裕灭南燕。

冯跋弑高云自称“北燕天王”。

北魏这个时候还没有薪给制度，官员们所得全靠皇帝赏赐，而皇帝的赏赐大部分是战争所得的战利品，这就造成贪污之风很盛，这事拓跋嗣很了解，故决心改善为政目标。拓跋嗣曾派遣钦差大臣分别到各郡县检查基层领导人员的身家财产，凡是家中以外的现有财产，一律视作贪污所得，注册登记列为政绩考核。

这年拓跋嗣已经十七岁了。他在他父亲拓跋珪的身边，耳濡目染了不少的治国要领，所以他很重视“劝课农桑、藏富于民”的经济建设。他施行战士授田归农，重行分配土地；施行屯垦制，寓兵于农。把陕西榆林西北的跋那山区划为军事屯垦模范区，迁当地居民到喀喇沁部地区，配合胡族部落开发农业。

柔然、高车与丁零

柔然汗国可汗家族的始祖名叫“木骨闾”。

木骨闾幼年时为拓跋族酋长拓跋猗卢收养，取名“木骨闾”。长大后做了拓跋猗卢的骑将，因为作战误期，依法当斩，乃与部众北逃投靠于纥突邻部落。木骨闾死后传至重孙郁久闾社崙，族群壮大、部众日盛，乃扩大其占领区，游牧于蒙古高原南部。当时占据中国北方的少数族系很复杂，群雄并起，武力强权竞相征逐。社崙在这种环境里求生存，只好左右捭阖，时而隶属北魏，时而归刘卫辰(胡夏赫连勃勃之父)。到北魏拓跋珪的天兴五年(402)，社崙被北魏击败退到大漠以北高车部落境内，征服高车部中几个小部落而高车臣服。又征服几个匈奴遗留的小部落，进而统一蒙古高原，创建了柔然汗国，自称丘豆伐可汗。

“柔然”这个族名的译法不同，史籍可见的有“蠕蠕”“实蠕”“芮芮”等，而柔然族自称“大茹茹”(近代历史学家冯家升、日本人水野清一等在云岗石窟的废土中发现一块残破不堪的柔然石碑上有“大茹茹、大可墩”字样)。

此后柔然在武力强权的纷纷扰攘中发兵西征，击败西部鲜卑，车师前部、后部，焉耆等地，势力深入西域中部，从此柔然成为北方一大强族。

北魏太和十一年(487)，柔然可汗社崙意欲南侵北魏，征兵于属部高车。高车副伏罗部首领阿伏至罗率众十万余户脱离柔然汗国，西迁至军师前部西北(新疆维吾尔自治区乌鲁木齐市一带)，建立高车汗国，与柔然为敌。双方征战不休，柔然汗国因此衰落，东退至蒲类海(新疆维吾尔自治区巴里坤湖)为界。

六世纪中业，突厥崛起，西魏大统十二年(546)，击灭高车王国，收降五万余户，柔然汗国丧失阿尔泰山以西地区。西魏废帝元钦元年(552)，突厥首领土门率众东征，大败柔然。

西魏恭帝元(拓跋)廓二年(555)，突厥木杆可汗率众击灭柔然汗国。于是东逃的柔然人同化于契丹，南奔的柔然人同化于汉族。留居蒙古高原的柔然人同化于突厥和九姓铁勒。柔然之名，从此消灭于历史洪流里。

丁　零

这个族群名称远古时期即已出现，游牧于大兴安岭以北。商周时期称为“丁零”，人畜滋繁，住地扩展至北海周围，经常向商王和周王进贡珍奇畜产品。匈奴兴起时，常为拱卫中原朝廷而与匈奴为敌。西汉初年，匈奴冒顿单于强盛，征服丁零，丁零成为匈奴单于国的属部。西汉中期，匈奴屡为汉军所败，势力大衰，西受乌孙打击，东受鲜卑侵扰，丁零也乘机南下，侵占匈奴北方的牧地。东汉末年，鲜卑强盛，首领檀石槐占领匈奴以前所有的地盘，建立鲜卑汗国，丁零曾被征服，成为鲜卑汗国的属部。檀石槐死后，丁零得以独立自主。四世纪末五世纪初，自称“敕勒”，因为所乘车辆的车轮高大，被称为“高车”。从此以高车的族名活跃于北方，丁零这个名词逐渐消失。公元前一世纪中叶，匈奴郅支单于征服丁零，并曾迫使部分丁零人西迁康居，至魏晋时，属于康居国，史称“西丁零”。

高车，在东晋时称霸于蒙古高原北部和贝加尔湖周围。南朝称他“高车”，而他却自称“敕勒”，南方人译之谓“丁零”也是很早的事。

四世纪末五世纪初，其族逐渐强大，常与拓跋鲜卑和柔然为敌。后为柔然征服成为柔然汗国的属部，柔然出兵作战，常以高车精骑为先锋。游牧于北海以东的高车为东部，游牧于北海以西的高车为西部，两部分立，并不统一。

北魏道武帝拓跋珪曾多次出兵北伐柔然汗国，袭破东西两部高车。太武帝拓跋焘又曾迫迁东部高车于蒙古高原南部，北魏的北方六镇士兵，多以高车降人充当。部分高车人因受汉人影响，设法脱离军事管制而散落农村自行经营农业。

孝文帝拓跋宏征调高车族人和六军中的高车士卒共同成军，进攻南朝。高车人不愿从征，乃共同推举袁纥部首领袁纥树者为统帅，相率北返投归柔然汗国，从此不断发生高车族人的起义和暴动。

公元487年，柔然可汗豆崙想要征发高车骑士南侵北魏。以副伏罗部为首的西部高车人群起反抗。在首领阿伏至罗和其从弟穷奇的率领下，分南北两路西迁。阿伏至罗率领五万余户(落)，由浚稽山(阿尔泰山南端)西行，频频击败柔然可汗豆崙的追兵。穷奇率领五万余户(落)，由金山(阿尔泰山中段)西南行，多次为柔然大将那盖所率的追兵击败。两路高车在高昌王国(今吐鲁番盆地)西北会师，建立了高车王国。从此与柔然为敌。又出兵南征塔里木盆地诸国，与嚈哒相争。南齐的江景玄出使丁零，在于阗见到丁零国王(即高车国王阿伏至罗)。六世纪中叶，高车为突厥击灭，高车人又以铁勒之名，服属于突厥汗国和西突厥汗国。(以上摘自《新疆民族辞典》)

拓跋嗣派长孙嵩北伐柔然，打到瀚海沙漠之北班师。柔然回头追击，把长孙嵩包围在山西大同西北的牛川。是年夏，拓跋嗣亲率大军北上支援长孙嵩，柔然可汗郁久闾社崙下令退走。中途郁久闾社崙病死，他的弟弟郁久闾斛律继位，自称蔼豆盖可汗。拓跋嗣回师山西阳高的参合陂。

盘踞在河北涿鹿北塞外的匈奴族越勤部落，不服北魏领导。魏永兴五年(413)春，拓跋嗣下令征召京畿区内十二岁以上男丁集合，全国诸州每六十户出戎马一匹。命山阳侯奚斤、鸿飞将军尉古真等进兵讨伐之。越勤部落大败，所属部落两万多户全部被迁到河北平泉东北的大宁，计口授田。所获战马五万多匹收归国有，牛二十多万只，每户发还两只助之耕田。

游牧在山西南部的河西胡匈奴族酋长曹龙，有众两万多人，占据山西隰县东北的蒲子地区。自称蒲子是前赵刘渊称帝建都的地方，当然应该是匈奴族所有的领土，于是宣布独立来声援越勤部落。另一游牧在山西东南部的西河匈奴族酋长张外也率族众附和，并百方迎合曹龙，推曹龙为大单于，计划扩大反魏。魏都兵将军奚斤在涿鹿战胜越勤部落之后，挥师南下扫荡曹龙。在奚斤大军到达前，曹龙就率众向北魏朝廷投降。张外打算退守原游牧区，曹龙擒张外献给北魏。拓跋嗣下令斩张外，没收其部众。

鲜卑族南凉皇帝秃发傉檀的儿子秃发保周等叔侄五人，在公元414年年初南凉灭亡后相率流亡到北凉，是年年底他们又伙同投奔北魏。擅于统战的拓跋嗣表示非常欢迎，立即册封秃发保周为“张掖王”、秃发贺为“西平公”、秃发覆龙为“酒泉公”、秃发副周为“永平公”、秃发承钵为“昌松公”，都是含有使之复国的意义。虽然拓跋嗣并不希望他们能够复国，这样做只不过是国际统战的运作而已，但也使秃发氏的余绪再度昌盛起来。

拓跋嗣很欣赏秃发贺的才华，乃赐姓源，就是后来为北魏东征西讨，立下不少汗马功劳，拓跋焘曾册封为“陇西王”、殿中尚书、冀州刺史、太尉等重要官职的“源贺”。

东晋义熙十年、北魏神瑞元年，公元414年夏五月，东晋的冠军将军泰山(山东省)太守刘研弟、辅国将军东平(山东省东平县)太守赵鸾、广威将军昌平(山东省曲阜市)太守罗卓，还有游牧在斗城(陕西省西安市西北)地区的匈奴族屠各帅张文兴等，率流民七千多家来降北魏。接着河西(黄河以西)胡酋长刘遮等率部落一万多家渡(黄)河来归降北魏。

翌年(415)春，东晋驻山东诸城的琅琊郡太守刘朗，率众两千多家归降北魏，拓跋嗣钦命刘朗为琅琊太守，配给军队驻镇山东诸城。

是年二月，北凉王沮渠蒙逊进攻甘肃永登西秦的广武郡，西秦王乞伏炽磐向北魏求援。拓跋嗣策动游牧松山(甘肃省皋兰县北)一带北凉所属的河西胡匈奴部落酋长刘云率数万户归降北魏以牵掣北凉军。北凉王沮渠蒙逊不知道刘云下一目标是什么，于是立即下令撤军。

拓跋嗣的抗灾法

北魏的发祥地云中郡(内蒙古自治区东胜区、呼和浩特市一带)和代郡(河北省西北部)一带连年灾荒，居民饿死的很多。拓跋嗣感慨：打仗时，人民战死；和平时，人民饿死。这都是政府的罪孽，于是他下令把这些地区里最穷苦的鲜卑人组成流民团，前往太行山以东的河北定州(定州)、河北中部(冀州)、河北南部(相州)地区求食，并派左部尚书周几率军进驻鲁口(河北省饶阳县)负责监护。同时，拓跋嗣发起全国抗旱运动，鼓励民间多种耐旱作物，种桑养蚕。

公元415年，北魏神瑞二年，河西(陕北地区)歉收，在当地游牧的匈奴族向外逃荒求生。流民在山西潞城(上党郡)集结，首领白亚栗斯倡议就在占领地建国，族众推白亚栗斯为“大单于”“大将军”，废弃北魏正朔，建年号为“建平”。并进军北魏属地河南沁阳(河内郡)和前年占据该地自称“晋王”的司马顺宰合流，计划向黄河以北掠地。

北魏派将军公孙表率军讨伐。变民又拥立流寇出身，而且勇猛过人的刘虎为领导，自称“率善王”。刘虎击败公孙表，魏军损失惨重。

拓跋嗣再派驻在河北临漳的相州刺史叔孙建为中领军，率相州地方团队进驻河南沁阳督战。是年秋，一次决战中斩杀叛军一万多人，俘虏十多万人。刘虎渡河向东逃亡到河南陈留被部下所杀，司马顺宰、白亚栗斯被俘斩首。

北魏对于少数民族的传统政策是：灭族、同化或分化移民在其他族区中，相机再族灭之。早年移居太行山的丁零族翟蜀、洛支等部落计划联合被分散在西山的其他部落反魏。公元417年冬十月，拓跋嗣派司徒长孙嵩率娥清、周几及叔孙建等部讨伐丁零，把两部落全部屠杀焚尸。

这时候黄河以北，包括山东，为北魏占据。黄河以南、淮河以北，包括河南、安徽、江苏，是后秦的领域，后秦的首都在长安。

东晋乘后秦与胡夏屡次战役屡次失败之际，大举兴兵伐后秦。水师先头部队自河南开封溯黄河西上，北魏的南疆重要边防滑台(河南省滑县)守将兖州刺史尉建弃城北逃。拓跋嗣立即派遣公孙表、叔孙建自河内(河南省沁阳市)进驻枋头(河南省浚县东南淇门渡)，再渡河南下滑台，路上逮捕临阵脱逃的兖州刺史尉建，带到滑台斩首，把尸体投入黄河。

东晋军乘虚进占滑台，见魏军到来，又整装上船西进，并派使节向魏廷表示绝无侵占魏国领土之意，只是临时借道西上收复为羌胡(后秦)占据的故都(洛阳)祭拜皇家祖庙而已。

东晋的北伐军总司令刘裕虽然明确向北魏表示“借道”，但北魏军仍然严加戒备以防东晋有诈。拓跋嗣任命司徒长孙嵩都督河南境内黄河以北诸军事，指挥振威将军娥清、河内镇将于栗磾等部队步骑兵十多万，沿黄河北岸布防，严密监视东晋军。娥清并派出数千轻骑兵，在黄河北岸跟踪监视东晋舰队，但并不阻挠晋军西进。

东晋的舰队都是满载运补物资，在这一段的黄河又是流速湍急，所以必须纤夫在岸上拉着舰只逆水而行。如果偶遇强风会把纤绳拉断，船随狂流怒涛冲到北岸，而被魏军俘获，物资为魏军所得，兵士为魏军屠杀。

东晋刘裕下令武装部队在北岸登陆，攻击北魏的防守部队。经过几天的激烈战斗，刘裕以“新月”战阵以及新兵器锋锐刃利的铁矟对魏军展开肉搏冲锋，斩杀魏军战将阿薄干以下数千人，魏军败退。东晋的运补舰队既然可以顺利西上，目标是后秦的长安，也没有必要再与北魏战下去。

等到刘裕攻下长安，消灭后秦时，拓跋嗣又派使节向刘裕请求和解。东晋的刘裕当时志在篡晋，当然不愿多树敌人。遂与北魏建立非正式的外交关系。

原为匈奴族属国的丁零部落，本来是北方很古老的狄族。他们的祖先世代游牧在西伯利亚叶尼塞河上游，贝加尔湖以南地带。西汉时为匈奴征服，成为匈奴族五个属国(丁零、隔昆、新犁、屈射、浑窳)之一。十五年前拓跋珪为了彻底消灭那些少数民族，先把他们分化了，分别强制迁移到太行山东西麓的河北、山西境内，使他们互相之间自然隔离。被迁移到山西南部太行山北麓的丁零部落，因不满北魏对少数民族施行分化的移民政策，酋长翟猛雀率众占据山西阳城西北的白涧山，宣布脱离北魏统治。

拓跋嗣派内部大官张蒲会同冀州刺史长孙道生率步骑大军围剿。张蒲执行魏廷的分化政策，先行派人渗入丁零部落的基层中进行招降，宣传“胁从不问，首恶必办”的魏廷政策，结果自动投降的数千家，最后只剩下一百多人跟从翟猛雀逃出包围圈。魏左部尚书周几施行地毯式搜查，终于把这部分丁零部落的死硬派全部捕杀消灭，只有少数精壮由领导翟蜀洛支率领南逃进入太行山的深山中去了。

后秦遗民

东晋与后秦之战的真正受益者是北魏与胡夏。东晋消灭后秦，占领长安，只是有重点地占领，在整个陕西还有很多不同种族的胡人，长安城内还有不同派系的汉人，小规模的顺从与叛离不断发生。所以说东晋对于全面性的收复，有待更多、更复杂的政治建设。

后秦的遗民羌族部落三万多家游牧在雍城(陕西省宝鸡市凤翔区)的领袖齐子元、徐该奴等率领下投降北魏，拓跋嗣派将军王洛生率军西上接应。

东晋与后秦之战结束了，北魏与胡夏之战，胡夏与西秦之战先后展开。各地难民潮涌向秦州(甘肃省东部)、雍州(陕西省中部)的数千家，共推后秦遗臣寇赞为领导，向北魏投降。拓跋嗣知道寇赞善于组织群众，就任命他为魏郡邺城太守。以后各地难民仰慕寇赞之名人数越来越多，拓跋嗣下令把洛阳、沁阳、荥阳三地合并增设“南雍州”，升寇赞为“南雍州”刺史，并封“河南公”。命其积极征兵、征粮，做好战备工作。是年夏又令各州、郡、县全面征收田赋，每户必须缴纳五十石谷米，分别储存在中山（河北省定州市）、相州（河北省临漳县）、冀州（河北省冀州区）。鼓励年轻人参军，建立很多军事训练区。

拓跋嗣对当前的国际政策，是经过多方面的评估之后，他才决定“柿子先拣软的吃”，先兼并北燕，再消灭胡夏，最后再南下东晋。

五十多年前，前燕王慕容皝曾把他们祖籍老家的徒河族众分别迁移到河北境内。几十年来历经前秦灭前燕、北魏灭后燕而占领后燕的大部分领土，这些徒河移民也都安居现址。自拓跋嗣决计讨伐北燕，唯恐那些移民为北燕所利用，于是年（416）下令清查统治下的幽州（北京市大兴区）、信都（河北省冀州区）、中山三地，凡自徒河迁来与慕容姓有关的居民，一律强迫他们迁移到北魏京畿（平城）区内，以便监视。

北魏泰常三年、北燕太平十年，公元418年五月，拓跋嗣令给事黄门侍郎（皇帝的侍卫长）奚观、督同征东将军长孙道生、安东将军李先等率精锐骑兵两万向北燕发动攻击。又命骁骑将军延普、幽州刺史尉诺率军直指河北迁安（辽西郡）声援奚观。拓跋嗣进驻辽宁凌源的突门岭督战。

长孙道生所部攻下和龙的外围据点乙连城（辽宁省朝阳市西南五十公里处波罗赤镇），遂乘胜包围和龙（辽宁省朝阳市），和北燕的单于右辅古泥会战。北燕战将皇甫轨战死，古泥临阵脱逃，北燕军大败，退守和龙城。魏军远征，希望速战速决，而北燕却闭关固守。魏军只好回师，临走掳去北燕居民一万多家。

东晋叛臣司马璠、司马道子、司马文思等阴谋败露后投奔后秦。东晋灭了后秦，这批国际政客又投奔北魏。在北魏听说刘裕正在计划篡晋，他们又计划在北魏发动政变，再给司马家族开辟另一新王朝。事为司马文思向魏廷检举，北魏泰常五年(420)，拓跋嗣下令把司马璠、司马道子斩首，牵连到在当时稍有头脸的一百多名汉人，全被魏廷抄家灭族。

南朝与北朝

西晋的四任皇帝，在内乱、胡乱中浑浑噩噩过了五十一年，最后亡于胡乱。

东晋自公元317年，元帝司马睿在南京即帝位，黄河以北的国土已经沦为胡人天下。国土分裂，政治号召当然是“收复失地”“北伐胡夷”“统一国土”。可是在内乱频仍、国力衰竭的情形之下加之北方为逃胡乱而南来的豪门财阀们利用官府权势又造成一些特权、恶霸群，以致社会动荡不安。所谓北伐，所谓统一，也不过是时势造成几个野心勃勃的军阀而已。当权派有权无力，只有安于现实来苟延残喘。思想界不满现实，只有游戏文字以逃避现实。于是玄学、清议大行其道，佛家、道家盛极一时。刘裕之代晋称帝也可以说是自然更替。

东晋十一传，到公元420年(东晋元熙二年、北魏泰常五年)的六月九日为宋王刘裕所篡，改国号为“宋”。

刘裕代晋称帝，仍以正统自居，中国北方以鲜卑族为首的诸胡族已在正统派的国土上生存一百多年了，南方的正统派既然无力统一国土，那就不得不承认分裂国土的北魏政权为正统。于是“南北朝”的形势就此形成。经过两百年，到公元七世纪唐贞观中御史台主簿李延寿所著《南史》与《北史》一百八十篇问世，从此“南北朝”的名称才算约定成俗，正式进入历史了。〔南朝自刘宋永初元年(420)历南齐、南梁、南陈，南陈祯明三年(589)灭亡，计一百七十年。北朝由北魏、东魏、西魏、北齐、北周而隋灭北周(581)，计一百九十六年〕

拓跋嗣犯宋

拓跋嗣和他父亲一样，在宫中享尽女色之余，他还要享尽天下的山水之美，所以他常“出巡”和“游幸”各地。在薛林山（内蒙古自治区鄂尔多斯市境内）打猎经年，还到桑乾河（㶟水）看鱼。他要去的地方，先修行宫，搜刮民脂民膏在所不惜。现在他还要把那些大自然的美景浓缩在他的庭苑之中，于是他下令征调平城民众数千人兴建一个周围三十里的御花园。

三年来北魏与南朝的刘宋政权一直维持着“和平共存”的局面。等到刘裕死后，拓跋嗣乘南宋国丧期间竟然下令进攻黄河南岸的洛阳、虎牢关以及河南滑县的滑台，作为将来大举南下灭宋的前进基地。他的谋臣崔浩以“不乘人之危”的古礼劝阻而拓跋嗣不听，并下令由太子拓跋焘主持一次御前战略会议。

战略会议中，武将奚斤要以“攻城”制点、制线，再设行政中心为主要指导原则。文官崔浩以二十五年前他父亲崔宏向拓跋珪所提最成功的战略为蓝本，则建议“略地”，先夺取广大面的土地来“以面围点”，既可就地取粮，又可就地征兵。把洛阳、滑台、虎牢的粮源隔断，南朝援军也不能过来，使他们孤立在魏军大后方，成为瓮中之鳖。奚斤坚持己见，崔浩的主张虽然合理，可是他是汉人，发言的分量没有胡人重，最后拓跋嗣任命奚斤为司空，兼任“晋兵大将军”，行扬州（江苏省南京市，南朝刘宋政权的首都）刺史，并授权代表皇帝行使职权（假节），率领宋兵将军、交州刺史周几，吴兵将军、广州刺史公孙表所部步骑兵五万，渡黄河南下。

魏書卷三〔一〕

太宗紀第三

太宗明元皇帝，諱嗣，太祖長子也，母曰劉貴人，登國七年生於雲中宮。太祖晚有子，聞而大悅，乃大赦天下。帝明叡寬毅，非禮不動，太祖甚奇之。天興六年，封齊王，拜相國，加車騎大將軍。

初，帝母劉貴人賜死，太祖告帝曰：「昔漢武帝將立其子而殺其母，不令婦人後與國政，使外家爲亂。汝當繼統，故吾遠同漢武，爲長久之計。」帝素純孝，哀泣不能自勝，太祖怒之。帝還宮，哀不自止，日夜號泣。太祖知而又召之。帝欲入，左右曰：「孝子事父，小杖則受，大杖避之。今陛下怒盛，入或不測，陷帝於不義。不如且出，待怒解而進，不晚也。」帝懼，從之，乃遊行逃於外。

天賜六年冬十月，清河王紹作逆，太祖崩。帝入誅紹。壬申，卽皇帝位，〔二〕大赦，改年爲永興元年。追尊皇妣爲宣穆皇后。公卿大臣先罷歸第不與朝政者，悉復登用之。詔南是年（公元422年，北魏泰常七年、刘宋永初三年）十一月十一日，奚斤步骑兵两万混合兵团，渡过黄河，在滑台（河南省滑县）之东扎营。南朝滑台守将王景度向他驻镇虎牢关的指挥官毛德祖紧急求援，毛德祖派司马翟广率骑兵三千人赴援，才稳住滑台守势与奚斤僵持。

前东晋遗臣司马楚之等，原驻防河南郾师的柏谷坞。两年前刘裕篡了东晋，司马楚之是当时东晋皇族，当然不甘心服从刘裕，乃移师河南陈留境内伺机复辟。这时听说北魏奚斤的大军过河南下，他就派使节接应，并向奚斤表示愿配合作战。魏廷任命司马楚之为征南将军兼荆州刺史，并为之整编部队，对南朝刘宋政权展开攻击战。

虎牢关之战

南朝刘宋政权派河南长葛的长社郡守王法政率五百步兵进驻河南郾城东邵陵布防。派将军刘怜率两百骑兵进驻河南杞县的雍丘游动支援，构成犄角联合防线。

司马楚之攻击刘怜阵地，并截获南朝运补物资，同时魏军又占领了河南开封北的仓垣，南宋陈留郡守严稜已向魏将奚斤投降。

奚斤苦战一个多月不能攻下滑台，拓跋嗣亲自率领各部落联军步骑五万多大军南下支援奚斤，再战十天，滑台陷落北魏之手。南宋守将王景度逃走，阳瓒战死。北魏任命侯苟儿为兖州刺史，驻镇滑台。

拓跋嗣的南征北防

拓跋嗣决计动员南下之前，曾对北方的柔然做了准确的评估和严密的防御部署。他派太子拓跋焘率军进驻北疆边塞，严密监视柔然。

拓跋焘虽然年仅十五岁，可是他确有些兵学修养。他到北塞后，先实地观察大漠形势，研判柔然动态和他的兵力素质，遂决计修建长城来防堵柔然来去无踪的骑兵运动。于是下令动员十数万民工，修筑一道东自河北赤城，经张家口、山西大同而到内蒙古包头，限期完成长达两千多里的长城。在交通要衢设置要塞，配置各边防军就地屯垦，来长期性地防御部署，很能奏效一时。

柔然可汗郁久闾大檀入侵北魏北疆，拓跋嗣击退之，并派军追击到大漠以北。由于狂风大作，气温骤然下降，士卒冻死、冻断手指、冻掉耳朵者十之二三。

拓跋嗣深深体会到如不彻底消灭柔然，他的南下犯宋政策就不敢实行。于是再派大军进攻柔然，直把柔然追到内蒙古的涿邪山以北才班师。

拓跋嗣又南下驻节河南滑台。

奚斤乘胜进围虎牢关，南朝的守将司州刺史毛德祖屡次反攻，使奚斤部队不能接近城防。

拓跋嗣下令围城部队挖掘地道，把城内所有井水引放到城外，使井水干涸，让刘宋军没水吃而渴死，可是有的井中水位深达四十丈，这一战法成效不大。毛德祖在城墙上放长绠汲取河水，拓跋嗣施行“轒辒”战法，用船只排列河边，使刘宋军的长绠没法接触到水(《太平御览》说法)。

毛德祖也施以地道战法，分挖六个地道通达北魏军包围圈外，选敢死队数百人，由参军范道基指挥从地道出击魏军后营，杀魏军重要军官兵士数百人，焚毁魏军大批攻城战具。

魏军总指挥奚斤见一时不能攻下虎牢关，另率骑兵三千南下进攻南宋支援虎牢关的兵站许昌。宋守将李元德弃城逃走，奚斤派庾龙进驻许昌，卡着宋军的补给线。

虎牢关刘宋守将毛德祖乘奚斤主力南移的机会倾城出击，计划一举消灭魏军。魏军吴兵将军公孙表与之主力决战，鏖战两日夜，魏军战死近千人。正当危急时刻，奚斤自许昌回师，内外夹击刘宋军。毛德祖见死亡惨重，只好下令退回虎牢关固守。

毛德祖败在魏军公孙表之手，决计设法陷害公孙表。他探知魏廷太史令与公孙表不和，就伪造书信反间公孙表，使拓跋嗣怀疑公孙表阵前纵敌，竟下令把公孙表绞死军中。

拓跋嗣又派一万多步骑兵从邺城(河北省临漳县)的白沙渡口过河南下，进驻河南濮阳，声援虎牢关之战。

翌年(423)春，北魏名将黑稍将军于栗磾会同奚斤部队突破刘宋振威将军窦晃的黄河防线，攻陷洛阳东防的重要据点——金墉城，南宋洛阳守将王涓之弃城逃走。拓跋嗣任于栗磾为豫州刺史，驻镇洛阳。

拓跋嗣下令中领军娥清、闾大肥等率军七千会同宋兵将军周几、楚兵将军叔孙建，在山东茌平的碻磝集中而开辟东战场。

东晋遗臣司马爱之、司马季之等，早在山东郓城一带集结晋室残余，等待机会反攻南朝的刘宋政权。这时候就顺势向北魏东进大军娥清投降，配合打击刘宋的地方部队。刘宋驻守山东东阿(尹卯郡)的兖州刺史徐琰弃城南逃，于是山东泰安(泰山郡)、巨野(高平郡)、金乡(金乡郡)以及山东半岛全部为北魏占领，淮河以北的重要据点徐州(彭城)危在旦夕。

刘宋驻守山东青州的青州刺史竺夔，急向中央求援。刘宋派兖州刺史檀道济率军会同徐州刺史王仲德声援青州。另派龙骧将军沈叔狸率三千步兵进驻河南汝南(悬瓠)，听候豫州刺史刘粹指挥。刘粹派助理(治中)高道瑾率步骑五百人进驻河南项城，迎战由洛阳南犯的魏军。

山东此时已被魏军占去四分之三了，只剩下兖州(曲阜)以南地方。青州(山东省青州市)已经是四面楚歌，孤悬在距离刘宋的前进基地彭城(江苏省铜山区)近五百里路以外。而且魏军还正在不断向南扩张战果，以檀道济的几千步兵，可以说汲深绠短，没有办法去救了。

刘宋徐州刺史王仲德知道事态严重，不敢妄想反攻救援青州，只有积极部署防御。于是率领所部进驻山东鱼台的胡陆，在运河西岸构筑防御工事，准备迎战沿运河南下的魏军。青州刺史竺夔所部文武官员士兵只有一千五百人，他知道救兵难以进入这个纵深几百里路的魏军乱窜区，只好自求多福，施行坚壁清野，把境内所有居民、粮食、牲畜统统集中在青州城内，动员民众轮流登城。对于比较远的地区，分别依据现有地形，构筑防御工事，分区集中，多点固守。历城郡守也率地方团队东来效命。

北魏施行“就地取粮，就地征兵”政策，派年前曾在青州战败后转进到山东曹州郡山区的建义将军刁雍为青州刺史，拨给他军马五千匹，由他就地募兵。由于当时战乱频仍，民不聊生，青壮年为了找饭吃、求生存，只有踊跃当兵，民族意识已置之脑后了。

拓跋嗣从河南延津的灵昌津渡河，进驻开封西北的陈留郡督战，使转战经年疲惫不堪的魏军士气大振。

魏楚兵将军叔孙建率三万骑兵包围山东青州的东阳城。刘宋的青州刺史竺夔和济南郡守垣苗的部众虽然全部不到两千人，但是部署精密，无论文官、武官、将弁、兵士，人人一枪一刀一弓箭，都轮番上阵。男性家属、居民编成预备队担任运输、支援，妇女则有组织地送饭送茶水，真是官民一体、上下一心。而且经常组成许多小组敢死队，不时出击魏军，使有数万之众优势的魏军惊疑不定。

魏军施行人海战法，掳来附近的幼童为前波、妇女为第二波。前两波名之为“借箭队”，二人一组，抬着门板上阵，诱使刘宋守军乱箭射下。第三波壮年男人名为“造箭队”，捡拾宋军射下来的箭送到第四波的正规军备用。外围是骑兵游动巡察，监视逃亡。环绕城外，纵深十数里。并在附近农村搜刮农具、木材，大量制造撞车、担架、云梯等攻城器械。撞车是一种车体很重的木制四轮车，上盖木板，刀箭不能入，人在车内推动猛撞城墙，反复冲撞，致使城墙崩塌。

竺夔为反制人海战法，在城外挖掘四道壕沟，魏军运用人海传送土石填平三道。竺夔派壮汉力士从地道出击，用木桩绊着撞车，用麻绳把它拉翻，砍断车轴，使它失去功能。由于魏军在附近农庄里制造、储备了很多这种车，在阵前撞车越来越多，攻势越发猛烈。人海之外又加车海，人海是汉人组成的，车是拆汉人的房子造成的。人海、车海，死得最多的是汉人，物资损失最惨重的还是汉人，这段历史都是由汉人的生命和财产写成的。

宋军战士病死的、战死的不计其数。东阳城墙被撞车撞塌数处，宋军虽然疲惫不堪，但是仍然不屈不挠。竺夔下令一定要“坚持最后一时辰”，城墙被撞塌了，他们立刻背着门板以人墙挡箭堵着这个缺口。

南宋军“坚持最后一时辰”的精神力量见效了，他们终于等到南宋镇北将军檀道济、徐州刺史王仲德的救兵到来。没有接战魏军楚兵将军叔孙建和青州刺史刁雍就已知难而退。

叔孙建撤退到河南滑县(滑台)整补。刁雍则乘隙占据山东东阿(尹卯郡)，招集安徽亳州(谯郡)、河南商丘(梁郡)、江苏铜山(彭城)、江苏沛县(沛郡)等地难民五千多家，组成二十七个营寨。没有作战实力，不过是虚张声势而已。

根据虎牢关之战的实际经验，拓跋嗣已发现崔浩以面围点的建议是正确的，于是就在前方下达命令改变战略。命中领军娥清、宋兵将军周几、期思侯间大肥等率军分别进入山东境内展开全面性的略地。山东居民也很快展开筑寨、筑堡以自卫，自制弓箭，凭着寨堡抵抗入侵魏军。魏军总指挥娥清在山东巨野(高平郡)受到这种抵抗，损失惨重。竟下令洗城、洗寨，攻下寨堡，屠杀全部居民。这样更增加山东居民全面性的同仇敌忾之心！

拓跋嗣再派并州刺史伊楼拔率所属地方部队增援虎牢关前线的奚斤，可是战事仍然没有进展。是年(423)夏四月，围攻虎牢关经年而无成，拓跋嗣眼看虎牢关之战数次增援攻不下，断水、围城攻不下，御驾亲征还是攻不下，无奈之余，索性绕道前往洛阳观石经、祭嵩山去了。

拓跋嗣命叔孙建自滑台增援虎牢关战场，再施行撞车战法猛攻虎牢城。撞车撞塌虎牢关外城，南朝守将毛德祖再筑三层内城顽强抵抗。二层内城被毁，毛德祖坚守最后一城，仍然奋战不屈。将士由过度疲劳而生疮的、生病的有十之三四，毛德祖亲自为伤患煎药，甚至为生疮将士吮脓。毛德祖告诉将士们说："魏兵虽然野蛮、惨无人道，可是他们的伤亡，他们的痛苦，一定比我们防御方面的大得多。"这席话给宋军不少鼓舞，战事虽然不利，但是同仇敌忾的士气仍然很旺盛。

这时候在虎牢关以南的项城等地，都有刘宋的驻军，可是他们都有门户之见，各存私心，观望而不肯援救虎牢关。终于在被围的第二年夏天，虎牢关城破，毛德祖被擒。在破城之前，拓跋嗣还特别下令"不得伤害毛德祖"。

南宋原有的司州(河南省中部)、豫州(河南省东南部)、兖州(山东省境内)已完全为北魏占有，山东青州已经成为孤城。拓跋嗣除委派各郡县的主管外，还任命宋兵将军周几镇守洛阳，直接统治黄河以南的大平原、大谷仓。拓跋嗣又划出河南的南阳郡、汝南郡、南顿郡、新蔡郡等地为"南豫州"，交由东晋遗臣司马楚之管辖。这是对付刘宋的最前线。

拓跋嗣之死

帝王们宫中有很多美女，一则是要多子多孙，可以巩固他们的统治权，皇子皇孙封王封侯，不管年纪大小，他们都可以代表朝廷权力。二则是满足他们的淫欲，满足他们的天赋权威。这些东西能满足他们肉体的享受，但也正是他们的催命符咒。

拓跋嗣跟他父亲拓跋珪一样，在三十岁以前就要经常服用“寒食散”来增强他的精力。真奇怪，拓跋珪因常服用“寒食散”而致精神失常，拓跋嗣继任帝位那年已经十八岁了，难道还不知道他父亲的病情吗，为什么他还要再蹈覆辙呢?

拓跋嗣好像知道自己的日子不多了，去年(422)夏季他把七个儿子一口气都封了“王”。十五岁的拓跋焘，封了“太平王”、太子，还担任相国，加授“大将军”，这是执掌国政的文武全能之官。

从整个华北、西北以至黄河流域的河南、山东，淮河流域的安徽、江苏，尽入北魏版图了。这时候拓跋嗣计划把首都平城迁到邺城。理由是邺城是历史名城，舟车辐辏、交通便利、商业发达，由此可以致富，可以南进伐宋。

可是游牧民族的传统理念是“上马吃四方”，他们所有的财富、家当都在马上驮着随时带在身边，他们并不需要城池首都，免得被敌人来攻击。所以很多保守派的元老们反对拓跋嗣这个迁都计划。

拓跋嗣下令宋兵将军周几立即收复刚被南宋李元德夺回的许昌，摧毁许昌城墙，以许昌为南疆国界。再东进汝阳(河南省商水县)而后泰安郡。

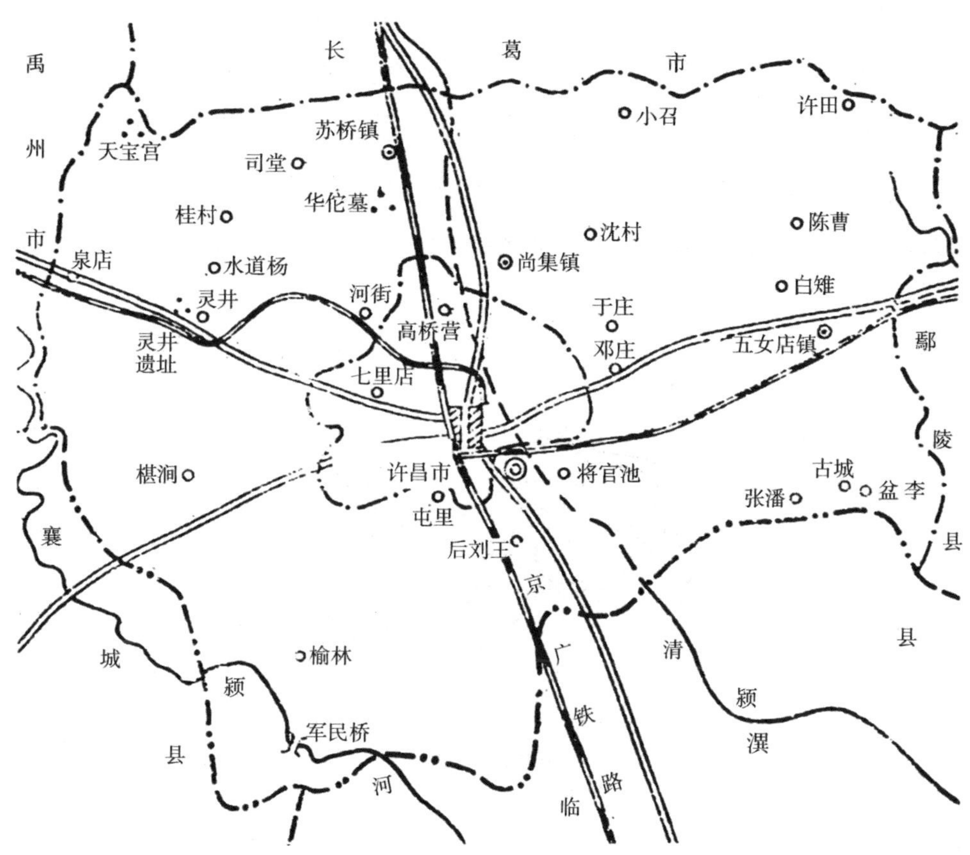

禹
州
市
长
葛
市
小召
许田
天宝宫
苏桥镇
司堂
华佗墓
桂村
陈曹
沈村
泉店
尚集镇
水道杨
白雉
灵井
河街
于庄
高桥营
灵井
遗址
五女店镇
鄢
邓庄
七里店
陵
椹涧
许昌市
将官池
古城
张潘
盆李
屯里
襄
后刘王
县
京
县
城
榆林
广
清
颍
颍
铁
军民桥
渠
县
路
河
临

河南省许昌市

这次战争前后历时两年，北魏胜了，而且占了河南许昌、山东泰安以北的大片土地。可是因战争而死的魏军、刘宋军，还有包括胡、汉的平民百姓不知道有多少。

拓跋嗣临死前总觉得还有很多应该享受的，于是广征天下美女，扩建皇城周围达二十里，还有……可惜他还是没有等到完工。

北魏泰常八年(423)冬，拓跋嗣征召奚斤等前线大臣，在宫中接受他们的战功报告。献俘报告之后，在十一月初六这一天，这位北魏明元帝拓跋嗣以三十二岁的盛壮之年去世。三天后，十六岁的太子拓跋焘继立，是为太武帝，次年正月改年号为“始光”。

北魏虎纹石刻